LA FRANCOPHONIE
Histoire, problématique et perspectives

Michel Tétu

LA FRANCOPHONIE
Histoire, problématique
et perspectives

préface de
Léopold Sédar Senghor

avant-propos de
Jean-Marc Léger

guérin
Universitaire

4501, rue Drolet
Montréal (Québec) H2T 2G2 Canada
Tél.: (514) 842-3481
Téléc.: (514) 842-4923

3ᵉ édition, revue et corrigée, *1992*

© Guérin, éditeur ltée, 1992
4501, rue Drolet
Montréal (Québec)
H2T 2S2
© Hachette, 1988
© Guérin littérature, 1987

Dépôt légal, 4ᵉ trimestre 1992
ISBN 2-7601-1922-X
Bibliothèque nationale du Québec
Bibliothèque nationale du Canada
IMPRIMÉ AU CANADA

Illustration de la page couverture:
Marielle Pelletier

Maquette de la page couverture:
Danielle Latendresse

Révision linguistique:
Marcelle Pilon

À toutes celles et à tous ceux
qui croient en la franccophonie

Je tiens à remercier les nombreux collaborateurs et amis qui m'ont assisté dans ce projet d'un ouvrage sur la francophonie, en particulier ceux qui ont participé directement à sa réalisation: les membres du Groupe de recherche sur la francophonie de l'Université Laval, dont son coordonnateur, M. Fernando Lambert, africaniste reconnu; Mme Françoise Tétu de Labsade; Mme Catherine Pelletier pour son important travail documentaire; Mme Carole Bergeron pour la production technique, et M. Pierre Tétu, de l'Université du Québec, comme conseiller à la rédaction et à l'édition.

AVERTISSEMENT AU LECTEUR

La présente édition de *La Francophonie*, la troisième, a été mise à jour en 1992 après la mise en place des résolutions du quatrième sommet. Certains textes de la première édition comme la préface de L.S. Senghor et l'avant-propos de Jean-Marc Léger ont été reproduits sans changement, car ils ont gardé tout leur intérêt: le lecteur le comprendra.

Avec l'actualisation du reste, *La Francophonie* demeure l'ouvrage indispensable pour la connaissance de la francophonie, de son histoire, de ses raisons d'être, de ses succès et de ses problèmes.

L'éditeur

PRÉFACE

Cet ouvrage de Michel Tétu sur la francophonie vient à son heure: à la veille du Deuxième Sommet des chefs d'État ou de Gouvernement, qui se tiendra symboliquement et, je l'espère, efficacement à Québec, au Canada.

Ce qui fait son originalité, c'est, d'abord, qu'il vient à point. C'est aussi qu'il traite de tous les aspects du problème – historique, linguistique, culturel, politique – et à l'échelle de l'Universel.

Or donc, dans la première partie de son ouvrage, après nous avoir tracé les origines et le sens du mot «francophonie», notre auteur nous présente ses promoteurs.

Quant à Charles de Gaulle, Michel Tétu souligne subtilement, avec la généreuse discrétion du Général, son sens, si français, d'un humanisme du XXe siècle. Je peux en témoigner d'autant plus sûrement que je fus membre de la Commission qui présenta le projet de la Constitution de 1958. J'avais déposé un amendement accordant aux pays d'outre-mer le droit à l'autodétermination. Il fut refusé et c'est le général de Gaulle qui, passant outre, le mit dans la loi soumise au référendum.

Il reste que, plus que les individus, ce sont les organisations internationales qui ont mis en œuvre la francophonie, comme le montre, avec précision, Michel Tétu. Et parmi celles-ci, le Conseil de la Vie française en Amérique, mais aussi, et d'une façon décisive, l'OCAM, c'est-à-dire l'Organisation commune africaine et malgache. C'est, très précisément, celle-ci qui, avec l'entrée du Québec, donnera à l'OCAM sa dimension panhumaine, qui englobera avec l'Europe, l'Afrique, l'Asie et l'Amérique. C'est sur cette lancée vers l'Universel que l'Agence de coopération culturelle et technique sera créée en 1970. Ainsi donc fut réalisée, dans les faits plus qu'en droit, la Francophonie, car le traité international qui la fondera est toujours en gestation.

La deuxième partie de l'ouvrage, qui traite de la problématique de la francophonie, est certainement la plus importante. En effet, nous passons, ici, de l'Histoire coloniale à la Civilisation de l'Universel, qui s'ébauche sous nos yeux, mieux, qui s'informe par nos mains, c'est-à-dire par les efforts conjugués de plus de 40 nations, de quelque 400 millions d'hommes.

Le problème est d'autant plus important qu'il s'agit, au-delà des différences de langue, de différences culturelles. Comme le montre Michel Tétu, le problème dans le *Commonwealth* est d'abord politique, éventuellement «éducatif», mais surtout économique, qui ressortit au *wealth*, à la richesse matérielle et non pas à la langue ni à la culture. Comme le montre notre auteur, l'aventure est autre dans la francophonie. C'est que celle-ci est fondée sur la langue, mais, surtout et au-delà, sur la culture: sur l'ensemble des valeurs intellectuelles et spirituelles d'une civilisation donnée. C'est, paradoxalement, mais précisément, parce qu'il en est ainsi que les Noirs de langue française ont posé le problème de la Négritude.

Michel Tétu l'a bien vu, qui s'attarde sur le métissage. Non pas le métissage biologique, qui se fait tout seul chaque fois que deux peuples ou deux races se rencontrent, mais le métissage culturel. Et ce n'est pas hasard s'il choisit l'exemple des États-Unis d'Amérique, qui ont découvert, mais surtout pratiqué, avec le métissage biologique, la symbiose culturelle. Après la Deuxième Guerre mondiale, les Yankees ont donc redécouvert et accueilli successivement les Humanités grecques, puis françaises. Et voilà qu'au mois de janvier de cette année, découvrant, à son tour, la Négritude, ils ont organisé, à l'Université internationale de Miami, en Floride, le «Premier Congrès international sur la Négritude». Et ils y ont invité ses promoteurs encore vivants, Aimé Césaire et moi.

Il reste que la France a fait mieux, ce qui n'est pas diminuer le mérite des USA. Il y a, d'abord, que, depuis le rapport Jeanneney du 18 juillet 1963, publié sous l'autorité du général de Gaulle, elle se présente, elle-même, comme issue d'un double métissage biologique et culturel. Il y a, essentiellement, qu'ayant beaucoup emprunté, même aux «arts nègres», elle est, dans les faits, comme en théorie, le meilleur défenseur du métissage. C'est à partir de là que, dans la deuxième partie de son ouvrage, Michel Tétu explique toutes les richesses de la francophonie dans le monde, qu'elle soit linguistique, économique ou politique, mais, encore une fois, surtout culturelle.

Avant d'aborder la troisième partie de son ouvrage, consacrée à l'institutionnalisation de la Francophonie, Michel Tétu nous parle, et en détail, de «la longue marche vers le sommet». Ayant participé à cette marche comme rapporteur des Conférences franco-africaines qui avaient précédé, organisées par Georges Pompidou, je puis témoigner de l'exactitude, mais vivante, du chapitre 6 en question. Il s'y ajoute que c'est un bon exemple du style, si français, de notre auteur. Je dis «français», parce que précis dans son élégance, encore qu'imagé. Mon étonnement en constatant que Tétu n'ignorait rien du drame québécois, rien du dialogue, citations à l'appui, qui s'était engagé, en son temps, entre les hommes politiques du Québec, les responsables français et moi, alors président du Sénégal.

S'agissant de la troisième et dernière partie de *la Francophonie: histoire, problématique, perspectives*, car tel est le vrai titre, je serai bref. En effet, il s'agit, ici, de l'institutionnalisation de la francophonie, telle que nous la vivons en ce mois d'août pluvieux, avec le soleil au cœur, plus exactement, à l'âme. Car c'est un acte de foi, et nous sommes tous en train de le réaliser: les gouvernements et les parlements, mais aussi les peuples, qui le manifestent à chaque occasion qui leur est donnée, comme dans les colloques, congrès et festivals.

Or donc, dans la troisième partie de son essai, si dynamique parce que solide, Michel Tétu, après avoir marqué les différences de notre entreprise avec le Commonwealth, nous entretient du Premier Sommet, tenu en février 1986, à Paris, puis du Second, qui va se tenir, au début de septembre 1987, à Québec. Ce sera, plus qu'un geste symbolique, une création en profondeur où le Québec, voire le Canada, jouera un rôle essentiel. Je l'ai déjà fait remarquer, aujourd'hui, le continent américain, du Nord au Sud joue, à côté de la France, un rôle majeur dans l'élaboration de la Civilisation de l'Universel.

C'est dans ce sens, au fond, que Michel Tétu conclut en allant «De la francophonie des spécialistes à la francophonie populaire.» C'est le vrai problème. Bien sûr, pour prendre cet exemple précis, on met de plus en plus d'écrivains africains et antillais, d'auteurs ultramarins, dans les programmes des lycées et des universités. Je crois, cependant, qu'on ferait mieux, pour commencer, de multiplier les fêtes populaires francophones: les festivals de musique, de chants et de danses, sans oublier les expositions d'art.

Pour conclure à mon tour, j'ai voulu, dans cette préface, non pas répéter, en les résumant, les idées et les propositions du professeur Michel Tétu, mais en souligner la philosophie dans son dynamisme vital, moderne et, pour tout dire, français. Je ne dis pas «francophone» avant que ne le confirme le Deuxième Sommet: celui de Québec. Ce que je souhaite, c'est que chaque participant à ce sommet emporte, dans sa valise, comme je le ferai, *la Francophonie* de Michel Tétu.

Léopold Sédar SENGHOR

20 août 1987   de l'Académie française

AVANT-PROPOS

C'est après quelque hésitation et avec beaucoup de modestie que, me rendant à l'amicale insistance de l'auteur, je viens m'insérer entre le principal inspirateur et chantre inégalé de l'entreprise francophone, Léopold Sédar Senghor, et l'animateur, organisateur et missionnaire hors de pair qu'est Michel Tétu.

Français et Québécois, également attaché à ses deux patries, professeur d'université, il a illustré quotidiennement la francophonie par un enseignement où la littérature québécoise, celle de l'Afrique et de la Caraïbe, avaient autant de part que la française. Bâtisseur du vaste réseau des départements d'études françaises au sein de l'AUPELF, dont il fut secrétaire général adjoint pendant plusieurs années, Michel Tétu était tout désigné pour concevoir et rédiger cet ouvrage, où le pédagogue, l'historien et le militant en lui ont eu également leur part.

L'ancien président du Sénégal a dit excellemment dans sa préface tout le bien qu'il pensait de l'ouvrage de

M. Tétu: je n'aurai l'outrecuidance ni d'y ajouter, ni d'en retrancher quoi que ce soit. Je souhaiterais simplement y aller de quelques réflexions personnelles sur cette entreprise tout ensemble généreuse et ambiguë, nécessaire mais incertaine que, faute d'un terme plus adéquat, on appelle la francophonie. C'est d'ailleurs pourquoi j'ai intitulé mon propre ouvrage sur ce thème: «grand dessein, grande ambiguité».

Il convient d'abord de souligner que la francophonie n'est point au sens propre une idée neuve, puisque dans sa formulation contemporaine elle a plus de trois décennies, mais c'est une idée périodiquement renouvelée et à laquelle la première conférence «au sommet» (Paris, février 1986) a apporté une éloquente caution et imprimé un nouvel élan. De même y a-t-il lieu de rappeler que ce fut d'abord au sein d'organisations non gouvernementales (où la conviction et l'ardeur compensaient en partie la modicité des moyens) que l'idéal francophone a été vécu, illustré, que la fécondité en a été démontrée: sans cette ferveur et cette lente maturation à la base, on ne parlerait sans doute pas aujourd'hui de «sommets» francophones.

Il faut noter ensuite la part déterminante qu'ont eue à la définition et à la mise en œuvre progressives du dessein francophone des personnalités intellectuelles et politiques ainsi que des institutions (universitaires, en particulier) africaines et maghrébines, d'un côté, québécoises de l'autre. Cela s'est vérifié aussi bien dans la création et le développement des organisations non gouvernementales que lors de la gestation laborieuse de l'Agence de coopération: dès le départ, la francophonie a été un lieu par excellence de dialogue des cultures et de rencontre fraternelle des peuples. La France a fait preuve en l'occurrence d'une réserve et d'une discrétion qui l'ont honorée – sans que cela mît en cause son adhésion et son soutien – et qui ont facilité le démarrage de l'entreprise, en dissipant d'entrée de jeu tout risque ou toute crainte d'hégémonie.

Il faut saluer, enfin, le caractère exemplaire d'une entreprise qui ne vise point d'abord la promotion d'une langue (quelque attachement qu'on lui porte) mais l'édification d'une communauté originale de peuples, orientée vers la pratique de la solidarité au sens le plus large, tant pour les fins de développement de chacun, et d'abord des plus démunis, que pour la défense en commun de toutes nos cultures, égales et fraternelles. Première communauté dans l'histoire fondée sur le partage de valeurs spirituelles et culturelles et sur l'usage d'une même langue, l'entreprise francophone témoigne par là même pour toutes les langues et toutes les cultures. La langue française peut ainsi retrouver, et de la plus heureuse façon, sa vocation à l'universel.

Cela dit, je confesserai ne point partager entièrement l'optimisme qui se dégage de l'ouvrage de Michel Tétu et du texte de son illustre préfacier. Mon inquiétude est à la mesure de l'ampleur de la tâche à accomplir, des périls qui montent, du retard que nous avons pris, collectivement. Comme les autres et plus que les autres, parce qu'elle est en première ligne, la langue française est menacée, tout comme les cultures représentées au sein de notre communauté se trouvent mises en cause par la diffusion constante d'un seul modèle socio-culturel, par le risque mortel de l'uniformisation, négation de l'universel. Il va nous falloir agir terriblement vite et consentir, dans la décennie qui vient, un énorme effort pour édifier une francophonie efficace, c'est-à-dire pour préserver et conforter l'essentiel. Cela suppose que l'opinion publique soit sensibilisée, que la jeunesse surtout soit mobilisée. Notre communauté francophone sera l'œuvre des peuples ou elle ne sera pas.

Jean-Marc LÉGER
Commissaire général
à la francophonie (Québec)
Premier secrétaire général
de l'AUPELF et de l'ACCT

INTRODUCTION

Lorsqu'en février 1986 le président François Mitterrand réunit à Paris le Premier Sommet des chefs d'État et de gouvernement ayant en commun l'usage du français, le projet de «communauté francophone» commença à devenir réalité. L'idée généreuse de quelques grands hommes tels Senghor et Bourguiba, reprenant un vieux rêve français, avait mûri pendant que se constituaient des organisations internationales gouvernementales et non gouvernementales. Les chefs d'État se réunirent à un moment où ils pouvaient, à leur niveau, créer une nouvelle dynamique.

Il avait fallu de longs efforts pour que l'on passe progressivement du discours aux actes et de la réflexion aux actions concrètes. Que l'on réalise aujourd'hui seulement l'idéologie des discours des années soixante alors que par exemple, en préface à l'ouvrage d'Hyacinthe de Montera, *la Francophonie en marche* (1966), Michel Debré écrivait en réponse aux présidents Senghor et Bourguiba:

La proposition de création d'une communauté des pays francophones, faite par les présidents Senghor et Bourguiba, exprime à la fois une nostalgie et une espérance.

Une nostalgie: après avoir connu le bénéfice de l'indépendance, les États africains souhaitent le bénéfice de la coopération et c'est avec la France qu'ils trouvent le meilleur moyen de sortir de l'isolement économique et intellectuel.

Une espérance: la France est le champion de la coopération sans arrière-pensée impérialiste. Elle ne cherche pas une clientèle disciplinée mais escompte un avantage culturel. Elle ne cherche pas à conquérir mais à créer un état d'esprit commun au bénéfice du plus grand nombre.

Les Français ont dû se défendre de cette idée de «nostalgie» avec tout son relent de passé colonial, pour œuvrer à construire une francophonie ouverte, plus égalitaire et davantage tournée vers un avenir communautaire.

En 1974, après qu'aient été créées l'Association des universités partiellement ou entièrement de langue française (AUPELF), l'Association internationale des parlementaires de langue française (AIPLF), l'Agence de coopération culturelle et technique (ACCT) et beaucoup d'autres associations et organisations, et qu'ensemble elles aient commencé à tracer le chemin, le président Edgar Faure recevant les parlementaires concluait ainsi son allocution:

À mes amis européens, québécois, canadiens, d'Amérique du Nord et à ceux d'Amérique latine, aux amis africains francophones, de l'océan Indien, de l'ancienne Indochine, de l'Afghanistan, je voudrais suggérer que la francophonie soit (...) en quelque sorte une «libérophonie».

La langue française qui, quelques années après l'ère des indépendances africaines, pouvait paraître suspecte à plusieurs, comme langue de la puissance coloniale, avait besoin d'être revivifiée et de s'ouvrir aux sciences et aux techniques modernes comme aux réalités des cinq continents, pour qu'on la perçoive, ainsi que dit à la tribune de l'Assemblée nationale en 1976 M. Xavier Deniau, «médiatrice et non impératrice». Ce discours s'est développé pendant dix ans jusqu'au dernier ouvrage de Gabriel de Broglie, *le Français, pour qu'il vive*, qui écrit, évoquant sa position actuelle: «Aujourd'hui il accueille.»

Plusieurs pays restent néanmoins méfiants. Le président Senghor a beaucoup travaillé à promouvoir l'idée de la francophonie, lui qui se définissait, il y a peu, comme un «Latino-Africain» et qui affirmait: «Les mots français rayonnent de mille feux comme des fusées qui éclairent notre nuit.» Ce lyrisme peut ne pas paraître innocent à ses compatriotes africains. À plusieurs reprises il a tenté de concrétiser sa pensée pour combattre les préjugés. Il le fit d'abord dans un discours célèbre prononcé à Québec à l'Université Laval en 1966. *«Qu'est-ce que la francophonie? Ce n'est pas, comme d'aucuns le croient, une machine de guerre montée par l'impérialisme français. (...) Avant tout, pour nous, la francophonie est culture.»*

Mais justement, la culture ne suffit pas aujourd'hui pour regrouper les nations. L'expérience du Commonwealth nous montre que le regroupement des pays anglophones qui le composent est beaucoup moins redevable à la culture qu'à l'économie et à la politique. Plusieurs pays africains francophones le comprirent dès leur indépendance, tenant à garder des liens privilégiés avec l'ancienne métropole et souhaitant continuer à bénéficier de ses largesses mais ne voulant plus d'une tutelle jugée trop pesante. Il fallait innover pour regrouper les pays de langue française sur des bases plus égalitaires et plus larges: une vision moderne de la culture implique les sciences et la technologie tout autant que l'économie.

Le Premier Sommet de 1986 essaya de bien préciser le rôle de la langue: *«La langue française n'est qu'un moyen d'expression de nos réalités et de communication avec les autres peuples.»*

Il fallut apprendre à dépasser les habitudes bilatérales pour que peu à peu l'on commence à penser à des opérations multilatérales. Là encore ce fut le rôle des organisations internationales que de préparer le terrain.

Maintenant, la francophonie existe au niveau le plus élevé des chefs d'État et de gouvernement. Mais il n'est pas acquis sans effort ni patience qu'une «*langue de culture et de civilisation, à la fois libératrice pour les uns et aliénante pour les autres*», symbole d'identité nationale pour les uns, simple moyen de communication pour les autres, puisse rassembler dans une aventure commune des peuples aux motivations diverses.

La francophonie n'est pas équilibrée économiquement avec la majorité de ses membres en voie de développement, «*beaucoup du côté du recevoir et peu du côté du donner*» (Senghor) alors qu'idéalement on souhaiterait les voir tous égaux. La francophonie n'est pas une «auberge espagnole», pour citer l'expression de Jean-Marc Léger reprise par René Depestre au Colloque des Cent de 1986. Il lui reste donc beaucoup à faire pour se fortifier et devenir une réalité conséquente, capable d'affronter l'an 2000 en maîtrisant les nouvelles technologies pour aider à réduire le déséquilibre.

À quoi sert de parler de démocratie et de culture, quand autant de peuples manquent de riz, de pain ou de mil? Pour que la francophonie subsiste et se développe, cette nouvelle dimension de solidarité économique et politique doit être le principal défi à relever, pour assumer les acquis originaux de la culture et de la langue, avec les moyens de la modernité.

PREMIÈRE PARTIE

HISTORIQUE
DE LA FRANCOPHONIE

Chapitre 1

QU'EST-CE QUE
LA FRANCOPHONIE?
LES ORIGINES DU MOT

Au cours des dernières années, les notions de francophone et de francophonie ont donné lieu à de nombreuses études, séminaires ou colloques. Pourtant, ce *«vocable au bonheur éminemment discutable»*, comme le dit Jean-Marc Léger, l'un des pionniers de la francophonie, a longtemps rebuté les lecteurs des journaux et des magazines et conséquemment les milieux de l'information. Sans doute trouve-t-on des articles sur la portée socio-culturelle et la géopolitique de la francophonie, mais le plus souvent sans enthousiasme visible de la part de l'éditeur. *Paris-Match, Le Point* ou *Le Nouvel Observateur* publient sur le sujet avec beaucoup de réticence, à telle enseigne qu'en matière de politique éditoriale, la francophonie n'est carrément pas recommandée. Seuls quelques rares journaux comme *Le Monde* et *Le Figaro* entretiennent une chronique régulière. La langue française continue par ailleurs à intéresser le lecteur moyen; mais la francophonie l'agace ou le déconcerte par le flou que dégage son concept et par l'ambiguïté d'intention de ses propagandistes comme de ses détracteurs.

C'est dans la générosité et l'ambiguïté à la fois que s'est développé et a commencé de s'incarner le concept de francophonie. Entend-on par francophonie le fait de parler français avec tout ce que la langue véhicule de culture et de civilisation? ou le regroupement des peuples qui utilisent, plus ou moins fréquemment, le français? ou encore le rassemblement des pays dont les locuteurs sont francophones en totalité ou en partie?

> Vocable au bonheur éminemment discutable, la francophonie a quelque chose d'une version contemporaine de l'auberge espagnole: chacun y trouve ou croit y trouver ce qu'il y a apporté. Qui l'exalte, parce qu'il l'a conçue comme une communauté novatrice et généreuse de peuples très divers; qui la stigmatise car il a décidé qu'elle ne pouvait être qu'une nouvelle manifestation, particulièrement insidieuse, de néo-colonialisme; qui en sourit avec un aimable scepticisme parce qu'il l'a, d'avance, associée à une entreprise nostalgique ou folklorique, selon le cas, ou parce qu'il a décrété qu'une langue commune n'est point un terreau suffisamment riche pour y faire germer une formule originale et durable de coopération.
>
> Jean-Marc Léger, *La Francophonie, une grande aventure spirituelle*, Colloque du Centre québécois des relations internationales, Francophonie et Commonwealth, Québec, 1978.

Parce qu'il aime la clarté, le Français n'est pas très à l'aise avec cette notion de francophonie, pas plus d'ailleurs que l'Africain qui répugne à se voir catalogué parmi les francophones. Pourtant, depuis que le Premier Sommet des chefs d'État ou de gouvernement ayant en commun l'usage du français s'est réuni à Paris en février 1986, la concrétisation d'une certaine idée a modifié la perception et surtout ouvert psychologiquement la voie à de nouvelles réflexions, à de nouvelles possibilités et enfin peut-être à un nouvel espoir.

Un sondage réalisé par l'IPSOS à la demande du Haut Conseil de la francophonie du 7 au 11 mai 1986 est particulièrement intéressant. Si on le compare à toutes les enquêtes effectuées avant 1986, il manifeste un changement de tendances. Sur neuf cents personnes interrogées, adultes et adolescents, la réaction favorable devient majoritaire. La francophonie paraît maintenant pour eux dégager un sens assez précis: 68 pour cent font référence à la langue et à ceux qui la parlent. 88 pour cent estiment même qu'il est important de développer cette langue; 63 pour cent jugent que l'organisation de réunions de chefs d'État et de gouvernement est efficace pour développer la francophonie, et 43 pour cent pensent que l'enseignement doit tenir compte de la francophonie, que c'est là qu'il faut agir en priorité. On est agréablement surpris de voir que 32 pour cent iraient jusqu'à donner de l'argent pour une fondation dont l'objectif serait l'enseignement de la civilisation francophone.

Il faut dire que les besoins sont grands dans ce domaine, puisque 39 pour cent des sondés ne peuvent répondre lorsqu'on leur demande le nombre de pays francophones et que 36 pour cent donnent un chiffre inférieur à 10 (les journaux avaient pourtant relaté et, dans certains cas, commenté la venue des 41 participants plus la Louisiane) et qu'à la quasi-unanimité, ils sont incapables de citer le nom de plusieurs écrivains d'expression française hors de France ou celui d'une seule organisation internationale francophone.

QUELQUES ÉLÉMENTS INTÉRESSANTS — PARFOIS CONTRADICTOIRES — RÉVÉLÉS PAR LE SONDAGE IPSOS:

QUESTION: «Diriez-vous que, depuis 10 ans, il y a de plus en plus, autant ou de moins en moins de gens qui parlent le français dans le monde?»

	ENSEMBLE (%):
– De plus en plus de gens	32
– Autant de gens	28
– De moins en moins de gens	30
– Ne se prononcent pas	10
	100

QUESTION: «Avez-vous le sentiment d'appartenir plutôt à une communauté francophone ou plutôt à une communauté européenne?»

ENSEMBLE (%):
- Plutôt à une communauté européenne   58
- Plutôt à une communauté francophone   33
- Ne se prononcent pas   9

   100

QUESTION: «Vous sentez-vous plus proche d'un habitant d'un pays voisin de la France où l'on ne parle pas le français ou d'un habitant d'un pays francophone, c'est-à-dire d'un pays où l'on parle le français?»

ENSEMBLE (%):
- Plus proche d'un habitant d'un pays francophone   52
- Plus proche d'un habitant d'un pays voisin de la France où l'on ne parle pas le français   32
- Ne se prononcent pas   16

   100

QUESTION: «Pouvez-vous citer un ou deux écrivains de langue française, mais non français?»

ENSEMBLE (%):
- Ont obtenu au moins 1 % des citations:
  - Léopold Sédar SENGHOR   6
  - Marguerite YOURCENAR   2
  - Georges SIMENON   2
  - Henri TROYAT   2
  - Martin GRAY   1
  - Tahar BEN JELLOUN   1
  - Jacques BREL   1
  - Julien GREEN   1
  - Milan KUNDERA   1

   soit 17

- Ont obtenu moins de 1 % des citations:
  - soit 130 auteurs   14
  - n'ont cité aucun nom   69

QUESTION: «Connaissez-vous, ou non, une organisation internationale francophone publique ou privée?»

ENSEMBLE (%):

– Oui   17
– Non   79
– Ne se prononcent pas   4

QUESTION: «Il y a eu, à Paris, le Premier Sommet des chefs d'État et de gouvernement des pays francophones. Le saviez-vous ou non?»

ENSEMBLE (%):

– Oui   50
– Non   <u>50</u>
                                     100

Sondage réalisé en France du 7 au 11 mai 1986 pour le compte du Haut Conseil de la francophonie.

Les lacunes sont très grandes. Toutefois, de façon surprenante, on constate que la francophonie, encore rébarbative un an plus tôt en France, peut devenir en quelques mois un thème mobilisateur. C'est sans doute ce qu'avait compris le Premier ministre Jacques Chirac qui, à son arrivée au pouvoir en mars 1986, un mois à peine après la convocation du sommet par le président Mitterrand, créait un secrétariat d'État à la francophonie.

Signe tangible de cette évolution, le portefeuille de la francophonie est alors confié à une Guadeloupéenne, Mme Lucette Michaux-Chevry. Depuis, le mot francophonie fait recette; les entretiens avec des hommes politiques impliqués à ce sujet ou avec des spécialistes de la langue fleurissent dans les revues, à commencer par les revues féminines.

C'est également à l'issue du sommet que le Québec créait le poste de commissaire général à la francophonie, qu'il confiait à M. Jean-Marc Léger. Plusieurs autres pays constituaient des comités, des commissions, des groupes de recherche, nommaient des ministres de la francophonie (Gabon) et des ambassadeurs auprès du Sommet francophone (Zaïre…).

Les Français exportent même le mot de francophonie depuis peu. Ainsi, un récent ouvrage portant essentiellement sur la littérature québécoise a été publié par les éditions Hatier sous le titre *Littérature canadienne francophone*. Peut-être verra-t-on là les conséquences du référendum sur la souveraineté du Québec en 1980 et de la défaite du Parti Québécois en 1985. Il y a quelques années, même si Antonine Maillet a fait découvrir la littérature acadienne et quelques autres auteurs des épigones de la culture d'expression française au Canada, on aurait rangé le tout sous l'étiquette «québécoise», ou à la rigueur «canadienne-française». On n'aurait sûrement pas utilisé l'adjectif francophone. Mais la tenue du Premier Sommet de la francophonie, comme on dit de plus en plus pour raccourcir l'expression officielle, a été suivie de beaucoup de commentaires. On en voit les résultats qui confirment les analyses du printemps 1986: la francophonie existe; elle aurait seulement besoin d'un peu de publicité.

Même en Afrique, le mot provoque beaucoup moins de réticence et les médias l'utilisent de plus en plus: on semble s'être familiarisé avec le terme.

Un peu d'histoire de la langue

On peut faire remonter fort loin les origines de la francophonie au sens linguistique. Les interrogations sur la langue française, la volonté de l'améliorer, de la répandre et de l'utiliser au mieux, ne datent pas d'hier.

Après sa naissance, la langue française reçut une sorte de consécration ou de certificat de baptême avec les Serments de Strasbourg en 842, lorsque Charles le Chauve et Louis le Germanique, les fils de Louis le Pieux, décidèrent de mettre fin à leur querelle d'héritage. Du latin dont il provenait avec beaucoup de ses frères et sœurs méditerranéens, le français du nord (oïl) se fortifia peu à peu au-delà de la Loire, bien qu'à travers des dialectes différents (picard, wallon, lorrain, bourguignon, anglo-normand, francien) tandis que le provençal (langue d'oc), au sud, était au contraire unifié.

Pour la première fois en Europe, le vocabulaire quotidien accède à la langue littéraire, jusqu'ici royaume du latin. Et dans les deux moitiés de la France, sous l'influence du trouvère (oïl) comme de celle du troubadour (oc) – celui qui trouve – la mélodie s'émancipe de l'Église et devient profane: un nouveau langage et une nouvelle civilisation prennent corps.

Peu à peu, avec l'évolution des mœurs de la société féodale, naît le roman et, la politique aidant, le français du nord se fixe et se répand, l'affermissement du pouvoir central amplifiant la conscience des écrivains de la nécessité d'une unification linguistique. Au XIIIe siècle, la langue française est solidement établie; elle s'est imposée. L'usage du latin s'est spécialisé, c'est la langue des clercs (même si, dès le concile de Tours en 813, l'Église avait recommandé aux prêtres de prononcer leurs sermons en «langue vulgaire»), alors que le français est la langue des chevaliers. Les deux siècles suivants qui nous conduisent à la fin du Moyen Âge et à la Renaissance voient les usages de l'Île-de-France se généraliser et les traits dialectaux disparaître peu à peu au profit d'une langue unifiée par la capitale.

C'est encore une langue populaire qu'utilise Villon, puis que porte à la truculence la verbe rabelaisienne. Mais la Renaissance est arrivée d'Italie. L'espagnol et l'italien sont devenus des langues importantes. Le latin a retrouvé un nouveau prestige. Il faut «défendre et illustrer» la langue française: on emprunte à l'italien, aux lexiques régionaux et on crée de nouveaux mots à partir du latin et du grec. Le français doit pouvoir répondre sans difficulté à toute la modernité de l'époque.

Par une décision politique, le roi François Ier impose la francophonie légale. L'ordonnance de Villers-Cotterêts en 1539 substitue le français au latin dans les actes notariés et les jugements des tribunaux. Le développement

des écoles et la création du Collège de France vont prolonger et institutionnaliser cette décision.

LE FRANÇAIS, LANGUE OFFICIELLE DU ROYAUME

Et pour que telles choses (ambiguïté ou incertitudes) sont
souventes fois advenues sur l'intelligence des mots latins
contenus ès dits arrêts. Nous voulons dorénavant que tous
arrêts (...) soit de nos cours souveraines ou autres subal-
ternes, et inférieures, soit de registres, enquêtes, contrats,
commissions, sentences, testaments, et autres quelconques
actes et exploits de justice (...) soient prononcés, enregistrés
et délivrés aux parties en langage maternel françoys et non
autrement.

François Ier, 1539, édit de Villers-Cotterêts

Le philosophe et théologien prestigieux que fut
Calvin se met au français. Après avoir publié en latin
L'Institution de la religion chrétienne en 1536, il l'édite
en français cinq ans plus tard. Sa langue est riche et vigoureuse. Le verbe est précis, l'esprit logique, d'une parfaite symétrie pour la démonstration. Après les arts, les
lettres et les lois, le français conquiert le discours philo-
sophique, la prose d'idées.

La science aussi adopte le français, à partir de 1545:
le chirurgien Ambroise Paré publie *La Méthode de traic-
ter les playes faites par les arquebuses et aultres bâtons
à feu*. Ridiculisé par ses collègues conservateurs qui con-
sidèrent encore le latin comme la seule langue apte à l'expression de la pensée scientifique, le père de la chirurgie
moderne se voit intenter un procès par les médecins sous
le prétexte qu'il «*avait manqué de respect à son art en
écrivant en français*». Il l'emportera «doctement», et deviendra célèbre. Henri Estienne le relaiera en écrivant
plusieurs ouvrages pour prouver la supériorité de la
langue française.

«Enfin Malherbe vint!... » L'hôtel de Rambouillet
et la préciosité tentent, au XVIIe siècle, de soustraire le
français à ses origines populaires. L'Académie française,

créée par Richelieu en 1635, s'applique à le normaliser, le disciplinant en le simplifiant. Racine le rend limpide comme eau de source, «pur et dur comme diamant». L'alexandrin en fixe la présentation aristocratique.

Le XVIIIᵉ siècle tente vainement de le rapprocher du peuple. La clarté du raisonnement et de l'exposé lui retire ses derniers beaux atours baroques, mais l'esprit encyclopédique et l'extension du français à toutes les cours européennes lui vaut son air distingué et son assurance d'être universel, comme se plaisent à le démontrer à l'Académie de Berlin en 1784 un Allemand, Jean-Christophe Schwab, et un Français d'origine italienne, Rivaroli, alias comte de Rivarol, qui obtiennent tous deux le premier prix.

On énumère alors toutes les qualités de la langue française, que l'on célèbre pour elle-même, alors qu'elle avait été surtout considérée comme un outil au XVIᵉ siècle («*Si le français n'y va, que le gascon y aille*»: Montaigne) et même au XVIIᵉ siècle, Louis XIV parlait italien avec le nonce et espagnol avec l'ambassadeur d'Espagne.

Le piquant pour nous aujourd'hui qui ne tenons pas à nous gargariser de ce fameux discours de Rivarol est la comparaison de son raisonnement et de son expression avec ceux de son concurrent qui préféra célébrer la langue française... en allemand. L'apologie francophone connaissait déjà une pluralité d'expression et de grandes variations sur le même thème!...

La Révolution de 1789 entraîne la chute des têtes et de la création littéraire. Elle ramène le discours français vers le peuple toutefois dont les productions se multiplient au XIXᵉ siècle. Foisonnement d'idées, multiplicité des orientations et des recherches correspondent à la création de nouveaux empires industriels tandis qu'apparaissent de nouveaux discours économiques à la suite de Karl Marx.

Le théâtre et les journaux permettent une large extension de la langue qui se fixe quant à l'orthographe mais ne connaît plus de contrainte dans l'expression.

La floraison linguistique du français du XIXe siècle est étonnante. L'adjectif de romantique qui l'a qualifiée était-il de meilleure venue que celui de francophone? A l'origine, «romantique» était péjoratif, mais une chapelle se l'appropria et le magnifia: la préface de *Cromwell* en 1827 et la représentation d'*Hernani* en 1830 firent de Victor Hugo le porte-flambeau de la nouvelle école qui allait renverser le mouvement littéraire et créer une nouvelle esthétique de la langue. Les hardiesses de la forme l'ouvrirent à toutes les tendances culturelles qui naîtront dans la deuxième moitié du siècle et au début du XXe. Le français prouvait sa richesse et sa diversité.

Onésime Reclus et la francophonie

Dans la variété des théories scientifiques, ou pseudo-scientifiques, de la fin du XIXe siècle, après qu'on eut tenté de classer les habitants de la planète en fonction de leur race, comme le fit Gobineau dans son *Essai sur l'inégalité des races humaines*, un modeste géographe imagina de répertorier les hommes en fonction de leur langue.

Onésime Reclus (1837-1916) est moins connu que son frère Elisée (1830-1905), auteur d'une géographie universelle (1875-1894), à qui l'on prête parfois par erreur l'invention de la francophonie. Moins connu même à son époque que ses frères Elie, homme politique très actif durant la Commune, et Paul, chirurgien, Onésime l'est devenu de nos jours pour avoir ébauché, après divers voyages en Europe et en Afrique du Nord, une nouvelle classification qui devait donner naissance au mot «francophonie».

Dans un premier texte datant de 1880 et exhumé par le regretté Maurice Piron, professeur à l'Université de Liège, l'adjectif «francophone» et le substantif «francophonie» figurent encadrés de guillemets, signe de leur nouveauté à l'époque. On peut lire dans son ouvrage *France, Algérie et colonies* (Hachette, 1880):

Nous mettons aussi de côté quatre grands pays, le Sénégal, le Gabon, la Cochinchine, le Cambodge dont l'avenir au point de vue «francophone» est encore très douteux sauf peut-être pour le Sénégal.

Par contre, nous acceptons comme francophones tous ceux qui sont ou semblent destinés à rester ou à devenir participants de notre langue: Bretons et Basques de France, Arabes et Berbères du Tell dont nous sommes déjà les maîtres. Toutefois nous n'englobons pas tous les Belges dans la «francophonie» bien que l'avenir des Flamingants soit vraisemblablement d'être un jour des Franquillons.

L'avenir devait le contredire sur l'évolution des Flamingants...

On retrouve dans ses autres ouvrages les mentions de «francophone» et de «francophonie». Ainsi, dans *La France et ses colonies*, il évalue le nombre des «francophones» et estime que le total de 51 750 000 représente la «puissance maxima de la francophonie».

Dans *L'Atlantide, pays de l'Atlas* (Algérie, Maroc, Tunisie), Reclus dénombre les populations en fonction des langues parlées dans les familles et dans les relations sociales. Il en arrive ainsi à noter que «*d'après le cens de 1911, la Tunisie comptait parmi ses étrangers 35 563 francophones dont 27 393 Italiens*».

Les mots étaient créés même si la réalité était approximative: il était particulièrement difficile alors de citer des chiffres précis sur les pratiques linguistiques de la population. Mais l'essentiel n'est pas là. Le sens premier de la francophonie était né: **le regroupement sur une base linguistique** en tenant compte des relations géographiques.

Les constatations géographiques d'Onésime Reclus se doublaient de considérations humanitaires et de prospectives généreuses. Dans la mise en valeur de son nouvel empire colonial, la France de la IIIᵉ République, héritière de la Révolution, voulait transmettre ses idéaux de liberté et de fraternité, en étendant aux territoires africains son œuvre de civilisation. Onésime Reclus n'échappe pas à l'idéologie de l'époque, ce qui en fera doublement le précurseur de la francophonie moderne pensée en termes de coopération, de dialogue Nord-Sud et d'aide au développement.

Les avatars du mot

Après Onésime Reclus, le mot francophonie tomba dans l'oubli ou presque, comme le nom de son inventeur. On a pu lire ainsi une lettre d'André Wautier à un militant du mouvement jurassien, M. Roland Béguelin, dans laquelle il explique que le mot est né en Flandre belge où *«je ne sais quel ignare de langue française, oubliant (ou ignorant) qu'il était en réalité «gallicant» (comme on dit «bretonnant» pour qui parle breton) a inventé dans les années 1920 ce terme qui dit si mal ce qu'il veut dire, puisque le grec «phôné» signifie la voix et non la langue».* (Ethnie française, Bruxelles, janvier 1981).

On employa davantage pendant un temps le terme de **francité** pour désigner les caractéristiques de ce qui est français: caractéristiques linguistiques, culturelles, parfois plus globales encore pour désigner tout ce qui émane de l'esprit français.

Le «génie de la langue française» dont on s'est plu longtemps à vanter les mérites, et dont on sait les habitudes centralisatrices, s'est satisfait pendant la première moitié de notre siècle du terme de francité qui revient à quelques reprises sous la plume d'essayistes et de penseurs. L'écrivain suisse Henri de Ziegler l'emploie dans son roman autobiographique *Aller et retour* (1943). Roland Barthes, dans ses *Mythologies* (1957), et les Belges l'utilisent régulièrement: une *Maison de la francité* a été fondée à Bruxelles. On trouvera aussi d'assez nombreux emplois du mot francité au Canada de 1950 à 1970: Jean-Marc Léger intitule un éditorial du quotidien montréalais *Le Devoir*: «*La Francité* et les tâches de coopération» (21 décembre 1966). Gérard Tougas parle de «l'avenir de la francité» dans son ouvrage intitulé par ailleurs: *La Francophonie en péril* (1967)...

FRANCITÉ, CULTURE FRANÇAISE ET NOURRITURE NATIONALE

Mon père avec tout son patriotisme avait fait de la France une élection (...). J'en avais hérité de son vivant comme d'un patrimoine. Il y a partout des catholiques dont l'Église est le véritable pays. De même, je devais peu à peu concevoir en dehors de ma patrie, ou plus exactement en elle et en dehors d'elle à la fois, une idéale nationalité: la langue, la culture française, la «francie» ou la «francerie» ou la «**francité**», comme on voudra.

Henri de Ziegler, Aller et retour, p. 29

Match nous a appris qu'après l'armistice indochinois, le général de Castries pour son premier repas demande des pommes de terres frites (...). L'appel du général n'était certes pas un vulgaire réflexe matérialiste, mais un épisode rituel d'appropriation de l'ethnie française. Le général connaissait bien notre symbolique nationale, il savait que la frite est le signe alimentaire de la «**francité**».

Roland Barthes, Mythologies, p. 89

Sur la couverture d'un magazine, un jeune nègre vêtu d'un uniforme français fait le salut militaire, les yeux levés, fixés sans doute sur un pli du drapeau tricolore. Cela, c'est le sens de l'image (...). Il y a un signifiant, formé lui-même déjà d'un système préalable (un soldat noir fait le salut militaire français); il y a un signifié (c'est ici le mélange intentionnel de **francité** et de militarité)...

Roland Barthes, ibid., p. 223

On pourra consulter les travaux de l'Académie royale de langue et de littérature françaises de Belgique, séance extraordinaire du 21 octobre 1970 en présence de S.E. M. Léopold Sédar Senghor. Communication de M. Maurice Piron, «Francophonie et francité».

En 1962, Jean-Marie Domenach, le directeur de la revue *ESPRIT* dont l'influence sur les élites intellectuelles d'expression française était alors fort grande, imaginait un numéro préparé avec Camille Bourniquel sur *Le Français, langue vivante*. Ce numéro, publié en novembre, devait faire date. Les mots «francophonie» et «francophone» y revenaient souvent. Ils devaient trouver là une sorte de terrain d'ancrage alors que quelques hommes politiques prestigieux les reprenaient à l'appui de leurs théories relatées par les journalistes.

LE FRANÇAIS, LANGUE VIVANTE

Il y a dans tout langage humain quelque chose de plus qu'un ensemble de signes qui rendent la pensée intelligible: une tradition, une culture, toute une hérédité s'exprimant au-delà des mots et signifiant plus qu'eux. Qu'attendre de ces hybridations, de ces métissages?

Nous abordons ces questions sur le cas du français puisque c'est la langue que nous parlons, la langue dans laquelle s'exprime cette revue qui, à son premier numéro, – il y a trente ans ce mois-ci – portait fièrement en exergue *Revue internationale*. De plus, le cas du français est particulièrement actuel et significatif. Langue de culture, chère aux élites traditionnelles, il doit être d'abord, pour des peuples qui s'émancipent, langue d'expression populaire et d'apprentissage technique, langue vivante. – Arme du colonisateur, puis arme des colonisés, il est revendiqué par la plupart d'entre eux comme un instrument de promotion. – Véhicule par excellence de l'Europe classique, il est promu de nouveau au rôle de langue mondiale, alors que les valeurs de l'Occident se voient âprement contestées.

Que naîtra-t-il de tout cela? L'avenir détient seul les réponses, et il ne nous appartient pas de décider à la place de ceux qui ont désormais en mains les commandes de leur destin. Notre intention était seulement de prendre la mesure de la **francophonie**, sans l'enfermer dans une visée nationale, sans en faire quelque habile revanche d'un impérialisme frustré, mais au contraire en la situant d'emblée dans son contexte mondial, aux frontières des religions, des cultures et des politiques. Est-ce à dire que tout souci national soit absent de ce numéro? Certes non. Le français a été d'abord, et il est encore, la langue des Français. Son importance au-delà du foyer d'origine dépendra pour une bonne partie de ce que les Français auront à dire et de ce qu'ils voudront faire. Un «fait français» enveloppe et déborde la langue; à lui seul il exigerait un autre numéro spécial, que nous lui consacrerons un jour. Il a survécu – les Canadiens en témoignent – à la catastrophe politique. L'apparition des nouveaux États francophones lui rend sa place internationale au moment où on la croyait condamnée. Mais dans la compétition des puissances, son originalité ne survivra que si les Français eux-mêmes y mettent leur foi, s'ils sont capables d'inventer encore de nouvelles formes et de donner des réponses humaines aux besoins du monde contemporain.

Camille Bourniquel,
Jean-Marie Domenach,
ESPRIT, novembre 1962.

Francophone et francophonie paraissent alors des mots utiles parce qu'ils correspondent à des concepts globalisants. Ainsi le voit-on clairement dans cette remarque de Marcel Thiry: «*Ceux qui sans quitter leur Wallonie (ou leur Bruxelles, car Wallons et «francophones» de Bruxelles tendent à se confondre, et l'on vient de voir naître le mot de «francophonie» pour désigner toute la Belgique de langue française), ont conquis droit de cité dans le Paris littéraire...* » (*La Revue française*, «Les Wallons dans la littérature française d'aujourd'hui», Paris, juin 1963).

Les dictionnaires, pourtant, tardèrent à intégrer vraiment ce mot. Le *Grand Larousse de la langue française* atteste «francophone» dès 1930; «francophonie», en revanche, reste considéré comme une sorte de néologisme jusqu'aux années soixante.

Le *Larousse de la langue française*, en 1962, donnait la définition suivante au mot francophonie: «*collectivité constituée par les peuples parlant le français*». En 1968 paraît le premier *Dictionnaire de la francophonie* émanant de l'Association de solidarité francophone. En 1968, le *Quid* consacre aussi à la francophonie un assez long article: de rêve, la francophonie devient réalité; on mentionne les noms de Senghor et de Bourguiba parmi les promoteurs de l'idée d'une large communauté réunissant les peuples pratiquant le français et bénéficiant de son héritage culturel.

47

Le sens politique s'ajoute ainsi au sens purement linguistique: le regroupement des pays complète celui des peuples dans l'extension du terme. C'est ainsi que le linguiste belge Joseph Hanse écrit en 1965: «*Les quelque cent vingt-cinq millions de citoyens qui le constituent [le monde d'expression française] forment désormais une grande patrie qu'on appelle depuis peu la francophonie*».

LA FRANCOPHONIE: LES DIFFÉRENTS SENS DU MOT

Un sens linguistique
Le substantif correspondant à l'objectif francophone: qui parle le français.

Un sens géographique
L'ensemble des peuples et des hommes, dont la langue (maternelle, officielle, courante ou administrative) est le français.

Un sens spirituel et mystique
Le sentiment d'appartenir à une même communauté: cette solidarité naît du partage de valeurs communes aux divers individus et communautés francophones.

Un sens institutionnel
L'ensemble des associations et organisations publiques et privées, éventuellement une communauté plus vaste de concertation et de coopération.

Selon les distinctions établies par Xavier Deniau dans «la Francophonie», Que sais-je? 1983.

Comme on le constate, pour beaucoup de dictionnaires, l'adjectif «francophone» figure relativement tôt tandis que le substantif «francophonie» s'ajoutera plus tard. Pour le *Robert*, en 1966, le mot «francophone» est ainsi décrit: «*adjectif et nom masculin, dont le français est la langue maternelle*». Pour le *Dictionnaire encyclopédique Quillet* (1969), on lit à «francophone»: «*se dit des pays où la langue française est en usage*». Suit une liste de pays sur chaque continent sans que la France y figure:

cela semble aller de soi. – À moins plutôt que l'adjectif francophone ait une connotation péjorative, ce qui expliquerait que pour l'auteur il y ait les Français et les francophones comme on le comprend par la définition du substantif: *un ou une francophone, habitant de ces pays et dont la langue usuelle est le français».* On verra apparaître dans le dictionnaire *Quillet* le mot «francophonie» à la suite de «francophone» en 1974 avec une définition nettement orientée: *«mouvement encore diffus, soucieux de donner une consistance politico-culturelle à l'ensemble des États dont la première langue est le français».*

Ces quelques exemples attestent que les dictionnaires, outre les différences de définition inhérentes à leur propos, n'ont fait figurer les mots «francophone» et «francophonie» que récemment. Il n'y a pas plus d'une dizaine d'années que ces mots se retrouvent partout avec leurs différentes acceptions, et que le lecteur finit par savoir approximativement de quoi il s'agit.

FRANCOPHONIE

Pour les uns, la francophonie repose sur le sentiment d'appartenir à une communauté que fonde le partage d'une langue: le français. Cette communauté linguistique a l'avantage de faciliter échanges et coopération multiforme. Pour d'autres, la francophonie n'est qu'une machine de guerre servant à maintenir les anciennes possessions françaises dans des liens de dépendance linguistique et coloniale. En fait, la francophonie, c'est d'abord la réalité des dizaines de millions de francophones: par le hasard de l'histoire, il existe maintenant des groupes parlant français sur tous les continents. Le français n'est plus la propriété exclusive du peuple français. Cette dispersion francophone autorise l'ambition de ceux qui veulent confirmer leur langue à son rang de langue internationale. On insiste alors sur l'unité du français. Mais le désir d'autonomie et d'affirmation culturelle de chaque groupe francophone fait émerger les particularismes. On découvre alors la diversité des français.

Jean-Louis Joubert,
Encyclopédia Universalis.

En résumé, disons que «francophonie», qui devrait normalement désigner l'appartenance de celui qui parle français, désigne essentiellement le monde d'expression française, l'ensemble des utilisateurs de la langue française. Dans une acception non seulement descriptive mais dynamique, et pour répondre à l'évolution politique de notre temps, le mot sous-tend de plus en plus les liens de solidarité entre les pays ayant en commun l'usage du français qui visent à institutionaliser leurs relations pour mieux organiser «l'espace francophone».

Au sens premier de francophone, «qui parle français», s'est adjoint un sens second: «qui est relatif à la francophonie», et le signifié linguistique s'est chargé de tout un ensemble de connotations politiques. L'espace francophone, aujourd'hui éclaté dans la diaspora du fait français, ne correspondrait-il pas, sur le plan sociopolitique, à cette ouverture du discours déjà amorcée au XIXe siècle et dont la bataille d'*Hernani* représentait le choc initial et symbolique?...

Chapitre 2

TROIS GRANDES FIGURES

«*Après 1945, la francophonie devient affaire de tous*», écrit Xavier Deniau dans le *Que sais-je?* qu'il a consacré à la question. En effet, après la Seconde Guerre mondiale, les problèmes se posent en termes nouveaux, en fonction de grands ensembles, de blocs, d'empires linguistiques, etc. Et les hommes politiques vont s'impliquer dans la francophonie après les spécialistes de la langue et de la culture: c'est ainsi qu'elle commence à s'institutionnaliser.

L'idée de francophonie est bien loin de susciter l'enthousiasme et d'entraîner les foules. Elle soulève plutôt de nouvelles questions; on échafaude quelques hypothèses pour reconstruire le monde. «*On pourrait dire plaisamment que l'étape actuelle serait de créer quelque chose qui soit à mi-chemin de la Ligue arabe et de l'UNESCO,*» écrit par exemple Jean de Broglie, ministre gaulliste qui milite pour la francophonie. «*Il faut en tout état de cause dépasser le stade culturel.*»

Les personnalités politiques de l'époque sont appelées à intervenir dans le débat. Trois d'entre elles émergent nettement: le général de Gaulle, Léopold Sédar Senghor et Habib Bourguiba.

Le général de Gaulle

Charles de Gaulle, habile pédagogue et remarquable orateur, savait insister sur les mots-clés de sa politique: autodétermination, participation, souveraineté de la France... Or, dans ses discours, il ne prononça jamais officiellement le mot de francophonie. La seule fois où il utilisa le mot en public fut, dit-on, le jour où, recevant les parlementaires de langue française en 1968, on lui apprit la mort du Premier ministre québécois Daniel Johnson. Ému, en raison des liens d'amitié qui unissaient les deux hommes depuis le voyage du général au Canada l'année précédente, il s'exclama: «*Voilà une grande perte pour la francophonie.*»

Xavier Deniau note aussi que lors d'une conférence de presse donnée le 28 octobre 1966, la seule question à laquelle ne répondit pas le général fut celle d'un journaliste dahoméen qui concernait la francophonie.

De Gaulle était-il donc insensible à la francophonie? Bien loi de là, semble-t-il. Les sentiments qui le portaient d'abord vers l'Afrique l'entraînèrent vers les pays francophones de l'Asie et vers le Québec. Il souhaita profondément un regroupement de tous ces pays dans une «*communauté de langue, de culture, d'idéal*». Mais par discrétion et par prudence, par réserve, il ne se fit jamais le champion de cette cause, laissant à d'autres chefs d'État, Senghor et Bourguiba principalement, ainsi qu'à ses ministres, le soin d'en parler, d'en dégager les orientations et de préparer l'avenir.

«*Vous ne parlerez jamais assez en sa faveur*», disait à l'auteur du présent ouvrage L.S. Senghor à propos du général de Gaulle, insistant sur sa compréhension profonde et prémonitoire de la francophonie. On ne peut parler de francophonie sans rappeler la politique internationale du général, son impact sur le cours de l'histoire, et par là, dans l'ambiguïté apparente de sa politique, sur le sort de la francophonie. N'ayant jamais cessé de faire de la défense de l'indépendance nationale un des axes majeurs de sa politique, il tenait sans doute à ne pas imposer une communauté plus ou moins désirée: on sait ses déboires avec la Guinée, ses difficultés avec l'Algérie, le Viêt-nam, etc. La communauté francophone ne pouvait naître et durer que si elle procédait de la libre adhésion de partenaires égaux. Pourtant, de Gaulle tenait au regroupement des hommes de culture et de langue française jusqu'à en faire un modèle pour l'univers. Sa pensée profondément humaniste et son pragmatisme supérieur ne se réduisaient pas à quelques principes d'action simple.

Si la France, sous la présidence du général de Gaulle, n'a pas pris d'initiative importante visant à l'institutionnalisation de la francophonie, ce n'était peut-être pas à cause de sa réserve, encore moins de son hostilité à la cause, peut-être plus simplement en raison des circonstances. Les conséquences s'en feront longtemps sentir.

1) L'homme de la décolonisation

Le libérateur de la France passe aux yeux des Africains essentiellement pour celui qui a entamé le processus de la décolonisation et les a conduits progressivement vers l'indépendance.

Déçu à Dakar en 1940 de n'avoir pu convaincre l'ancienne Afrique occidentale française (AOF) de rejoindre la France libre, il avait eu plus de chance à Brazzaville en Afrique équatoriale française (AEF) d'où il organisa la résistance. En 1944, il prononce à Brazzaville un discours qui deviendra fameux, entraînant irrésistiblement la décolonisation. «*À Brazzaville, le colonisé, même si on le tenait par la main, était perçu comme un homme en marche.*» (Georges Buis)

DISCOURS DE BRAZZAVILLE
(extrait)

Nous croyons, en particulier, qu'au point de vue du développement des ressources et des grandes communications le continent africain doit constituer dans une large mesure un tout. Mais, en Afrique française, comme dans tous les autres territoires où des hommes vivent sous notre drapeau, il n'y aurait aucun progrès si les hommes, sur leur terre natale n'en profitaient pas moralement et matériellement, s'ils ne pouvaient s'élever peu à peu jusqu'au niveau où ils seront capables de participer chez eux à la gestion de leurs propres affaires. C'est le devoir de la France de faire en sorte qu'il en soit ainsi.

Tel est le but vers lequel nous avons à nous diriger. Nous ne nous dissimulons pas la longueur des étapes. Vous avez, Messieurs les Gouverneurs généraux et Gouverneurs, les pieds assez bien enfoncés dans la terre d'Afrique pour ne jamais perdre le sens de ce qui y est réalisable, et par conséquent, pratique. Au demeurant, il appartient à la nation française et il n'appartient qu'à elle de procéder, le moment venu, aux réformes impériales de structures qu'elle décidera dans sa souveraineté. Mais, en attendant, il faut vivre, et vivre, c'est chaque jour entamer l'avenir.

Discours prononcé à l'ouverture de la conférence de Brazzaville, le 30 janvier 1944.

2) L'Union française

Comment donner satisfaction au désir d'émancipation des peuples africains sans menacer la cohésion, voire l'existence, de l'ensemble français? Entre les nostalgiques de la «*France de cent millions d'habitants*», ceux qui pensaient que les peuples coloniaux étaient incapables de se gérer eux-mêmes et ceux qui voyaient avant tout les intérêts économiques de la France, les tenants de la situation coloniale d'avant-guerre opposaient une force d'inertie impressionnante.

On tenta de transformer le statut colonial sans porter atteinte aux droits de la métropole, en envisageant deux solutions: l'assimilation ou le fédéralisme. Un premier projet de constitution à caractère fédéraliste fut rejeté en mai 1946. Un second texte adopté en assemblée et ratifié au suffrage universel par le référendum du 13 octobre 1946 créait l'Union française, qui était formée de deux groupes de territoires: la République française (France métropolitaine, départements et territoires d'outre-mer); les Territoires associés (anciens pays sous mandat, devenus pays sous tutelle) et États associés (protectorats). Les organes de l'Union étaient le président (le président de la République française), le Haut Conseil et l'Assemblée de l'Union française.

Le Haut Conseil se réunit très rarement, l'Assemblée fut convoquée régulièrement à Versailles pour deux sessions de plusieurs semaines par année; son autorité fut surtout morale puisque son rôle n'était que consultatif. Le fédéralisme était bien vague. On avait tenté de concilier l'affirmation d'égalité et la volonté de la France de diriger l'attelage, ce qui était assez contradictoire comme on peut le voir dans le préambule de la constitution.

> **PRÉAMBULE DE LA CONSTITUTION DE L'UNION FRANÇAISE**
>
> La France forme avec les pays d'Outre-Mer une Union fondée sur l'égalité des droits et des devoirs, sans distinction de races et de religions. L'Union française est composée de nations et de peuples qui mettent en commun ou coordonnent leurs ressources ou leurs efforts pour développer leur civilisation respective, accroître leur bien-être et assurer leur sécurité. Fidèle à sa mission traditionnelle, la France entend conduire les peuples dont elle a pris la charge, à la liberté de s'administrer eux-mêmes et de gérer démocratiquement leurs propres affaires.

3) La Communauté

L'Union française donna très vite des signes de faiblesse. Charles de Gaulle, retiré à Colombey-les-Deux-Églises, eut tout le loisir de méditer sur les avatars de la situation qui fut modifiée par une loi-cadre de juin 1956 (loi Deferre). La nouvelle loi créait huit républiques semi-autonomes en Afrique occidentale (AOF): Côte-d'Ivoire, Dahomey, Guinée, Haute-Volta, Mauritanie, Niger, Sénégal, Soudan; quatre républiques semi-autonomes en Afrique équatoriale (AEF): Gabon, Moyen-Congo, Oubangui-Chari, Tchad; et la république semi-autonome de Madagascar. Le double collège était remplacé pour les élections aux Assemblées territoriales par le suffrage universel. Le Togo devenait république autonome au sein de l'Union française le 24 août 1956.

Mais les Africains s'agitèrent de plus en plus dans leur désir d'émancipation politique. En septembre 1957, le Rassemblement démocratique africain (RDA), présidé par Houphouët-Boigny, se prononce à Bamako pour la reconnaissance immédiate du *«droit à l'indépendance»* des pays africains francophones qui, forts de ce droit, s'engagent à former avec la France une communauté fédérale égalitaire.

En août 1958, le Parti du regroupement africain (PRA) de Léopold Sédar Senghor fait acclamer à son congrès de Cotonou le mot d'ordre *«d'indépendance immédiate»*. S'il est question de fédération, ce n'est plus avec la France mais entre les divers territoires africains, appelés à former des *«États-Unis d'Afrique»* qui négocieraient avec la France, sur la base de l'indépendance, *«une confédération multinationale de peuples libres et égaux»*.

De Gaulle, revenu au pouvoir – *«aux affaires»*, disait-il – , reprend à son compte l'ensemble des revendications; il va plus loin en proposant une constitution fédérale qui introduit le terme d'autodétermination (même s'il juge le terme *«inélégant du point de vue de la langue»*.) L'organisme projeté sera la Communauté, sur proposition du malgache Tsiranana à qui l'on a peut-être soufflé le mot: discrète référence au Commonwealth, ce qui ne déplaît à personne, pas même au général!...

CONSTITUTION DE 1958
XII: DE LA COMMUNAUTÉ

Art. 77. Dans la Communauté instituée par la présente constitution, les États jouissent de l'autonomie; ils s'administrent eux-mêmes et gèrent démocratiquement et librement leurs propres affaires.

(...) Il n'existe qu'une citoyenneté de la Communauté.

Tous les citoyens sont égaux en droits, quelles que soient leur origine, leur race et leur religion. Ils ont les mêmes devoirs. (...)

Art. 86. (...) Un État membre de la Communauté peut devenir indépendant. Il cesse de ce fait d'appartenir à la Communauté.

4) L'ère des indépendances

La Communauté durera peu. Un an après le vote de la nouvelle constitution, de Gaulle accepte l'indépendance du Mali, puis celle de Madagascar, qui se retirent ainsi de la Communauté. La Guinée, en ayant refusé la Communauté, était devenue indépendante dès le lendemain du référendum de 1958. Les autres pays suivront progressivement.

De Gaulle avait prévu cela. Il ne freinera pas le mouvement en cours, malgré l'ardeur de la campagne qu'il avait faite pour la Communauté avant le référendum du 28 septembre 1958, et le voyage triomphal qu'il avait effectué en Afrique en août précédent – sauf à Conakry, où l'attitude de Sékou Touré le surprit: il fut évident pour de Gaulle que la Guinée voterait non et qu'on la laisserait faire, mais en lui faisant porter les responsabilités de son geste.

Le discours de Brazzaville de 1944 annonçait l'émancipation des individus; celui d'août 1958, l'émancipation des collectivités. Les années suivantes ne firent que concrétiser la situation prédite. «*Construite sur un compromis, comprise comme une simple transition, elle ne pouvait être que temporaire*», commentait Christian Philip au congrès de Dakar sur «De Gaulle» en 1978.

De Gaulle s'emploie alors à multiplier les accords bilatéraux et à renforcer la coopération sous toutes ses formes avec les pays devenus indépendants, en respectant leur volonté. «*Il est tout à fait naturel qu'on ressente la nostalgie de ce qu'était l'Empire, tout comme on peut regretter la douceur des lampes à l'huile, la splendeur de la marine à voiles, le charme du temps des équipages. Mais quoi? Il n'y a pas de politique qui vaille en dehors des réalités*», lance-t-il à ses compatriotes le 14 juin 1960.

> **DE GAULLE, MAURIAC ET LA COMMUNAUTÉ**
>
> — Alors Mauriac, qu'en pensez-vous?
> — Mon général... vous construisez, pour l'éternité, un Commonwealth à la française...
> La riposte fuse sans ménagement:
> — Pensez-vous! La Communauté, c'est de la foutaise! Ces gens-là, à peine entrés, n'auront qu'une idée: celle d'en sortir.
>
> *(cité par Jean Lacouture.)*

La «*mutation vertigineuse*» dont avait parlé de Gaulle devint une «*dispersion en fanfare*», comme le dit Jean Lacouture, l'un des principaux biographes du général.

S'ouvrait alors la possibilité de construire la francophonie. La politique gaulliste ne retint toutefois que le bilatéral. Plus de deux cents accords bilatéraux furent conclus sous l'impulsion du général. Mais il n'y eut pas de développement au niveau multilatéral pour créer une autre sorte de Commonwealth. Il y eut pourtant des initiatives africaines en ce sens. Par prudence, ou par lassitude, de Gaulle ne voulut pas endosser un nouveau regroupement.

En mars 1962, Senghor propose à Bangui au congrès de l'Union africaine et malgache (UAM) de prolonger les accords bilatéraux par un ensemble multilatéral entre la France et les États africains et malgache. Interrogé sur la question dans une conférence de presse le 15 mai 1962, de Gaulle répond:

> Nous souhaitons qu'ils s'organisent entre eux de façon que leurs rapports avec nous soient plus cohérents, si j'ose dire, plus rassemblés. Si les États dont vous parliez tout à l'heure jugent à propos de constituer entre eux quelque chose qui, en tant que tel, veuille entrer en rapport direct avec nous, ce n'est pas le général de Gaulle qui y fera la moindre objection.

Tous les collaborateurs de de Gaulle sont formels: il était persuadé de l'utilité d'une communauté francophone organisée et solidaire. Recevant par exemple le président de l'UAM en 1964, de Gaulle lui explique que la France «*avec une UAM qui voudrait se resserrer*» est prête à instituer «*une coopération plus efficace et mieux ordonnée*». Mais il ne prendra pas les devants.

Le 1ᵉʳ décembre 1965 est annoncée la création d'un Haut Comité pour la défense et l'expansion de la langue française. Mais cet organisme qui a entre autres missions de «*coordonner les contacts avec les pays francophones*» n'a qu'un objet limité, uniquement linguistique.

Les ministres de de Gaulle sont parfois plus explicites. Le secrétaire d'État chargé de la coopération, M. Charbonnel, dit l'intérêt du gouvernement pour les premiers jalons de la francophonie. Il le fait devant l'Association des journalistes d'outre-mer, puis il évoque la possibilité d'un groupe interparlementaire francophone, voire d'un parlement francophone, et de réunions régulières des titulaires francophones des ministères techniques.

5) L'année 1967 — «Vive le Québec libre»

M. de Broglie, secrétaire d'État aux Affaires étrangères, s'explique aussi, mais avec prudence: «*Depuis quelque temps, les appels à la naissance d'une communauté culturelle des peuples francophones se sont multipliés, venus d'États étrangers.*» Devant l'Association de solidarité francophone, le 26 janvier 1967, il précise:

> La francophonie, qui n'est encore rien, aspire à devenir quelque chose de plus qu'une simple association culturelle. La francophonie n'a pas pris encore de forme concrète. Elle n'en a pas moins accompli de réels progrès. C'est ainsi qu'elle a franchi deux étapes importantes. La première, à laquelle la France ne pouvait pas s'associer pour ne pas être soupçonnée d'arrière-pensée, consistait à lancer l'idée et à attendre qu'elle ait une certaine résonance... La deuxième étape était celle de contrats bilatéraux destinés à préciser un certain nombre de points pour éviter de partir sur des malentendus... La troisième étape, celle des contacts multilatéraux, est commencée. Cette étape, la France est prête à l'aborder en 1967 avec la sympathie et l'intérêt qu'elle a toujours portés au projet, à l'égard duquel son attitude est de plus en plus positive.

Quelques mois plus tard, lorsqu'il aura quitté le gouvernement, M. de Broglie sera beaucoup plus libre d'exprimer clairement sa pensée.

L'année 1967 marque un changement dans l'attitude du général. Il favorise au début de l'année la création de l'Association internationale des parlementaires de langue française qu'il recevra avec faste l'année suivante (en juillet 1968) à Versailles, au Trianon. Cette association jouera un rôle important par la suite dans la mise en œuvre de la francophonie, sans doute à cause de son dynamique secrétaire général, le député Xavier Deniau, profondément attaché à la francophonie.

Mais, surtout, 1967 est l'année du voyage au Canada. L'ensemble francophone s'élargit au-delà des pays africains et englobe dorénavant le Québec.

Recevant Jean Lesage, alors Premier ministre du Québec, le 5 octobre 1961, le général avait déjà évoqué la francophonie sans le dire:

> Il s'agit, cette fois, non point seulement de sentiments à partager, mais bien de choses à faire ensemble. Vous et nous cons-tatons que plus que jamais notre langue et notre culture, pour être à nous-mêmes essentielles, constituent pour un grand nombre d'hommes, hors de France et hors du Canada, un foyer capital de valeurs, de progrès, de contacts et que c'est tout à la fois notre avantage et notre devoir de les pratiquer et de les répandre.

S'il privilégiait les pays africains, il entrevoyait nettement une plus grande solidarité quand il définissait ainsi la mission de la France: «*pratiquer la coopération avec les États du monde – avant tout ceux d'Afrique – dont nous sommes solidaires par l'idéal, la langue, la cul-ture*» (8 juin 1962).

En 1967 à Montréal, le général exalte «*la commune conception de la vie et des rapports humains qui est nôtre et qu'exprime notre langue*». À son retour en France, l'ensemble francophone s'est clairement élargi. La France va faire entrer à la réunion des ministre de l'Éducation nationale le Québec dont le sort sera désormais lié, à travers la France, à celui de l'ensemble francophone.

> Le général de Gaulle est tout à fait clair dans sa conférence de presse du 27 novembre 1967: La deuxième condition dont dépend la solution de ce grand problème (l'avenir du Québec), c'est que la solidarité de la communauté française de part et d'autre de l'Atlantique s'organise. À cet égard, les choses sont en bonne voie. La prochaine réunion, à Paris, nous l'espérons, du gouvernement du Québec et du gouvernement de la République, doit donner une plus forte impulsion encore à cette grande œuvre française essentielle à notre siècle.

Trois semaines auparavant, au début du mois de novembre 1967, Jean de Broglie, ancien ministre du général, avait dans la rubrique «Libres opinions» du journal *Le Monde* bien fait ressortir la différence entre la tiédeur de la majorité des politiciens français et l'engagement du général de Gaulle au Québec.

POUR LA FRANCOPHONIE

Paul Valéry aimait à dire qu'à force de lire la poésie du vague à l'âme trop de gens en venaient à confondre le vague avec la poésie.

De même, à force de parler vaguement de la francophonie, ce qui pourrait être un projet vigoureux risque de devenir le modèle des faux-semblants et un couplet classique du rituel des idées nébuleuses.

Alors que le président Senghor s'est clairement fait l'avocat et le philosophe de cette idée, que le président Bourguiba lui a donné ouvertement un contenu étatique, que plusieurs chefs de gouvernement africains en ont officiellement examiné les contours, il serait incroyable que la France continue à donner l'impression de n'oser regarder le problème en face.

Regarder le problème en face, c'est avoir une doctrine de la francophonie ou, à tout le moins, une doctrine à proposer. Mieux valent d'ailleurs plusieurs conceptions qui s'affrontent qu'un empirisme trop proche du scepticisme. La netteté seule entraîne l'adhésion et permet, en fin de compte, la synthèse des conceptions.

La France peut soutenir que, selon elle, la francophonie devrait devenir au monde de demain ce que la Communauté aurait pu être au monde d'hier si elle n'avait porté en elle cette tare originelle de naître dans la foulée de l'époque coloniale.

Le propos est audacieux, mais il aurait le mérite d'exister. Aucune francophonie n'existera si on ne croit pas à quelque chose et si on ne le dit pas. Les anticomplexes de l'ancienne puissance coloniale peuvent, ici, être aussi néfastes qu'aurait risqué de l'être la survie des complexes des anciens colonisés. Or il semble bien que ces derniers aient dépassé un stade où se meut encore une France traumatisée. C'est la France, et elle seule, qui retient l'élan vers la francophonie dans les limbes des relations purement culturelles.

Il faut le dire ouvertement. La francophonie sera finalement politique, ou elle ne sera pas.

N'est-ce pas ainsi qu'il faut interpréter le voyage du général de Gaulle au Canada? Sans doute s'agissait-il dans l'immédiat d'aider une collectivité de langue et de tradition françaises, et de prononcer à l'égard d'une nation sous-considérée les paroles qu'elle attendait de son illustre visiteur. Mais, par-delà, le sens politique de cette affaire a bien été de donner une dimension nouvelle à la diplomatie française: celle de la francophonie.

Jean de Broglie, Le Monde, 5-6 novembre 1967.

6) Les raisons de la prudence

Lorsque, le 28 avril 1969, le général de Gaulle se retirait de nouveau à Colombey-les-Deux-Églises après avoir quitté l'Élysée, il laissait un héritage néanmoins ambigu aux tenants de la francophonie. Il avait tenté de créer une communauté organique, mais il refusait de s'impliquer personnellement dans l'institution de la francophonie, après l'indépendance des pays africains.

Craignait-il les accusations de néo-impérialisme? Pensait-il que plusieurs pays ne voudraient pas se rallier (Algérie, Maroc...), et craignait-il par avance un nouvel effritement? Pressentait-il les répugnances des jeunes générations africaines à se faire taxer de francophones et à se faire embrigader sous une bannière linguistique qu'ils ne percevaient pas vraiment comme la leur?

Ou bien pensait-il qu'il était encore trop tôt pour intervenir dans ce sens et qu'il ne fallait pas brusquer l'histoire?

On peut imaginer de nombreuses autres raisons, sans doute toutes valables: l'opinion française n'était pas prête, autour de lui plusieurs n'étaient pas du tout favorables à la francophonie à commencer par son ministre des Affaires étrangères, Maurice Couve de Murville. Il était lui-même un peu désenchanté des expériences précédentes et peu enclin aux grands rassemblements. Il avait dénoncé l'ONU comme un «*machin*» et était sorti de l'organisation militaire de l'OTAN. Il préféra toujours les rapports bilatéraux et ne pensait pas qu'on puisse recréer un Commonwealth à l'exemple de l'Angleterre. Il préférait les réalisations concrètes et progressives pour aboutir à une solidarité de fait, etc.

Peut-être, enfin, après les péripéties de son histoire, craignait-il de voir le rôle de la France minimisé alors que tous ses efforts convergeaient pour lui redonner une place importante. (Non pas pour écraser les autres: il était fier pour la France et simple pour lui-même.)

Peu importe finalement. L'histoire dira si sa prudence à l'endroit de la francophonie était exagérée ou si elle était marque de sagesse.

Ce qu'il faut retenir de toute façon, c'est que le comportement du général de Gaulle a malgré tout apporté beaucoup à la francophonie, par sa générosité d'une part, liée au sens du concret, et d'autre part par la démonstration que l'on pouvait influer sur le monde, sans être forcément Anglo-Saxon et sans se rattacher à la langue anglaise.

On lui a reproché son anglophobie. Sans doute avait-il été marqué par son séjour à Londres et les humiliations reçues de la part des Américains à la fin de la guerre. Mais sa philosophie politique était plus profonde, reposant sur une vision globale du monde, vision simplement plus équilibrée, aussi bien pour la justice que pour l'esthétique. Il a montré par là ce que la francophonie pouvait apporter au monde. En y réfléchissant aujourd'hui, c'est peu-être son plus grand mérite vu de l'angle qui nous préoccupe.

DE GAULLE: LA FRANCOPHONIE ET LE JARDIN À LA FRANÇAISE

Qu'est-ce qu'un jardin «à l'anglaise» et un jardin «à la française»? Le premier est-il touffu, l'autre, géométrique? Ce serait trop simple!

«Dans le jardin à la française, aucun arbre ne cherche à étouffer les autres de son ombre, les parterres s'accommodent d'être géométriquement dessinés, le bassin n'ambitionne pas de cascades, les statues ne prétendent point s'imposer seules à l'admiration. Une noble mélancolie s'en dégage parfois. Peut-être vient-elle du sentiment que chaque élément, isolé, eût pu briller davantage. Mais c'eût été au dommage de l'ensemble et le promeneur se félicite de la règle qui imprime au jardin sa magnifique harmonie.»

Charles de Gaulle, *«La Discorde chez l'ennemi».*

(La francophonie serait-elle un jardin à la française qui intégrerait des essences différentes, sans hiérarchie de valeurs ni passéisme sur fond gréco-latin avec ruines modèles? ...)

* * *

LA DÉCOLONISATION FRANÇAISE
DATES ESSENTIELLES

1944	janvier	Conférence de Brazzaville
1945	mai	Troubles en Algérie (Sétif)
	juin	Crise en Syrie-Liban. — Abandon du Mandat du Levant
	septembre	Le Viêt-nam se proclame république indépendante
1946	6 mars	Accord Leclerc-Hô Chi Minh sur l'indépendance du Viêt-nam au sein de l'Union française
	septembre	La Tunisie demande son indépendance
	octobre	CRÉATION DE L'UNION FRANÇAISE Constitution de 1946
1946	décembre	Début de la guerre d'Indochine
1947		Insurrection et répression à Madagascar

1948	juin	Installation du système Bao Daï au Viêt-nam (accords de la baie d'Along)
1949		Le Viêt-nam de Bao Daï est reconnu État indépendant
1950	octobre	Le sultan du Maroc demande l'autonomie
1951		Crise en Tunisie
1952		Aggravation de la crise en Tunisie et au Maroc
1953	août	Déposition et exil du sultan du Maroc
1954	mai	Diên Biên Phu
	juillet	Accords de Genève: indépendance de la République démocratique du Viêt-nam et fin de la guerre d'Indochine Indépendance du Cambodge et du Laos Discours de Carthage (P. Mendès France): l'autonomie est accordée à la Tunisie
	octobre	Les établissements français de l'Inde décident leur rattachement à l'Union indienne
	novembre	Début de l'insurrection algérienne
1955	juin	Conférence afro-asiatique de Bandung
	août-octobre	Négociations avec le sultan du Maroc exilé
	novembre	Déclaration de La Celle Saint-Cloud: le Maroc obtient son indépendance
1956	mars	Proclamation de l'indépendance du Maroc et de la Tunisie
	juin	Loi-cadre Deferre pour l'Afrique noire
	septembre	Le Togo devient République autonome
1958		NAISSANCE DE LA COMMUNAUTÉ (référendum constitutionnel du 28 septembre). Indépendance de la Guinée. Les autres territoires africains optent pour le statut d'État membre de la Communauté.
1960	juin	Réforme constitutionnelle: création de la Communauté «rénovée»; faculté pour les États indépendants d'appartenir à la Communauté. Indépendance des pays sous tutelle (Cameroun, Togo), de Madagascar et des États d'Afrique occidentale et équatoriale. Accords de coopération, et entrée de ces États à l'ONU.
1962	mars	Accords d'Evian
	juillet	Indépendance de l'Algérie

Léopold Sédar Senghor

L'homme politique associé à l'idée de francophonie et dont le nom est le plus connu est sans conteste Léopold

Sédar Senghor. Le sondage de l'IPSOS en mai 1986 le confirme: il est le seul écrivain francophone non français dont les répondants du sondage aient tant soit peu entendu parler.

1) Le poète de la négritude

En 1928, l'élève du collège Libermann puis du lycée de Dakar était devenu étudiant à Paris, en khâgne au lycée Louis-le-Grand. Avec l'Indochinois Phan Dui Kiem, avec Georges Pompidou, Henri Queffelec, Paul Guth, Robert Merle, etc., il découvrait la littérature française de son temps tout en «bûchant» les auteurs grecs et latins. Après un mémoire sur *L'Exotisme de Baudelaire*, il devenait en 1935 le premier Africain à obtenir l'agrégation.

Mais une rencontre l'avait particulièrement marqué, celle d'Aimé Césaire en 1929, qui arrivait des Antilles et avait comme lui le désir de détruire l'image du souriant et niais «nègre Banania» (célèbre marque française de cacao), que l'exotisme de pacotille de l'Exposition coloniale de 1931 allait populariser. Blaise Cendrars, Paul Morand et d'autres écrivains européens avaient découvert l'art nègre; le jazz battait son plein. Mais il fallait que les Noirs réagissent et s'expriment solidairement.

En 1934, Senghor participait à la fondation d'une petite revue: *L'Étudiant noir*, où le terme de «négritude» figurait pour la première fois sous la plume de Césaire. Senghor devait le populariser et en devenir le porte-parole le plus éminent: rendre au monde noir sa dignité, se rendre compte que l'Afrique avait sa propre civilisation et n'était pas une terre vierge, que les Noirs avaient quelque chose à apporter au monde pour l'enrichir et le conduire à une plus grande culture, la future «*civilisation de l'universel*».

Avec le Guyanais Léon Gontran Damas, le Martiniquais Césaire, plus tard le Guadeloupéen Guy Tirolien qu'il rencontra pendant la guerre, et plusieurs autres, le Sénégalais Senghor découvrait la possibilité – à partir de la langue française – de célébrer les qualités et l'originalité des Noirs sur les divers continents, et de chanter la négritude.

C'était déjà, sans qu'on le dise, de la francophonie en acte, d'autant plus qu'un philosophe français, Jean-Paul Sartre, venait préfacer en août 1948 son *Anthologie de la nouvelle poésie nègre et malgache de langue française* qu'il intitulait «*Orphée noir*».

2) Le député africain

Après deux ans de captivité, Senghor devenait en 1945 professeur de «langues et civilisations africaines» à l'École nationale de la France d'outre-mer. En 1946, il par-ticipait comme grammairien à la révision du texte de la nouvelle constitution de la République française qui instituait l'Union française.

Mais surtout il devenait député du Sénégal à l'Assemblée constituante. On le retrouve même secrétaire d'État à la présidence du Conseil en 1955 et 1956 sous le gouvernement d'Edgar Faure. Membre du parti socialiste français (SFIO), il créait plusieurs mouvements et partis en Afrique. Il allait s'illustrer à la tête du Parti du regroupement africain (PRA) pour préparer la nouvelle fédération entre la France et les pays africains, la future Communauté. Son influence sera très grande auprès du général de Gaulle qui le reçoit, l'écoute volontiers, et tient compte de ses remarques. «*Il n'est pas de désaccord qu'une heure de conversation entre nous n'ait dissipé*», dira plus tard Senghor (se souvenant sans doute de Diderot qui avait écrit: «*Je n'ai pas connu de chagrin qu'une bonne heure de lecture ne dissipât.*»)

De Gaulle retiendra même quelques expressions de Senghor qu'il citera à son tour: «*le métissage culturel*» en est une.

L'AVENIR EST AU MÉTISSAGE

Le général avait décidé de faire de tous les habitants des colonies, des citoyens français sans aucune restriction. Comme l'avait fait la grande Révolution de 1789. Et le gouverneur, alors directeur des Affaires politiques, rue Oudinot, de lui poser la question: «N'avez-vous pas peur que le sang français soit pollué par les sangs arabe et noir?» Et de Gaulle, souriant: «Mais, mon cher gouverneur, vous êtes un bourgeois. L'avenir est au métissage.» Parole historique et prophétique en même temps.

Allocution de L.S. Senghor, juillet 1978.

3) Le président du Sénégal

Après avoir été élu président de l'éphémère Assemblée fédérale du Mali, d'avril 1959 à août 1960, Senghor est proclamé à l'unanimité le premier président de la République du Sénégal le 5 septembre 1960.

Son influence ira grandissant. Bientôt Senghor pèsera de tout son poids pour développer un grand organisme francophone. En 1962, en plus de collaborer au numéro spécial d'*Esprit* qui consacrera le mot de «francophonie», il propose à Bangui lors d'une réunion de l'Union africaine et malgache, de compléter les accords bilatéraux entre la France et les pays africains par des liens multilatéraux visant la construction d'un Commonwealth à la française. Il souhaite une *«organisation verticale solidement structurée encore que souple, apte à promouvoir une coopération africaine exemplaire»*. Et l'on suggère pour commencer des réunions périodiques des ministres de l'Économie et des Finances.

La Francophonie, c'est cet Humanisme intégral, qui se tisse autour de la terre: cette symbiose des «énergies dormantes» de tous les continents, de toutes les races, qui se réveillent à leur chaleur complémentaire. «La France, me disait un délégué du FLN (Front de libération nationale), c'est vous, c'est moi: c'est la Culture française.» Renversons la proposition pour être complets: la Négritude, l'Arabisme, c'est aussi vous, Français de l'Hexagone. Nos valeurs font battre, maintenant, les livres que vous lisez, la langue que vous parlez: le français, Soleil qui brille hors de l'Hexagone.

L.S. Senghor, «Le Français, langue de culture», Esprit, novembre 1962.

Trois idées guident essentiellement le président du Sénégal: d'abord il tient à l'unité africaine et s'oppose à une certaine «balkanisation» de l'Afrique qu'il sait trop fragile après la décolonisation pour supporter un redécoupage géographique et une multiplication des nouveaux États. Il veut ensuite maintenir des liens privilégiés avec l'ancienne métropole qui l'a vraiment formé et révélé à lui-même. On a dit non sans raison qu'il était le plus Français des Africains. Il tente enfin de concrétiser dans sa politique les idées du penseur et du poète qui veut réunir les hommes, noirs et blancs, et les conduire dans de nouvelles relations fraternelles.

En juillet 1966, lors d'une réunion de l'Organisation commune africaine et malgache (OCAM), à Tananarive, il présente un projet de communauté francophone et suggère pour commencer des rencontres périodiques des ministres de l'Éducation, ainsi que la création d'un Conseil africain de l'enseignement supérieur comprenant *«les États de l'OCAM et les autres États francophones intéressés par l'expérience, plus naturellement la France».* Ce sera le CAMES.

Il préconise des réunions interparlementaires pour étudier toutes les possibilités avec un secrétariat à Paris. Il est chargé par l'OCAM, avec le président en exercice de cet organisme, Hamani Diori, de *«prendre les contacts utiles en vue de la réalisation de cette francophonie dans les domaines culturels et économiques».*

Le 24 septembre de la même année, recevant un doctorat *honoris causa* de l'Université Laval à Québec, il prononce un grand discours qui fait l'éloge de la francophonie; ce discours servira désormais de référence et de base de travail à toutes les réflexions des années suivantes qui conduiront à la création de l'ACCT en 1970.

ÉLOGE DE LA FRANCOPHONIE

Qu'est-ce que la francophonie? Ce n'est pas, comme d'aucuns le croient, une «machine de guerre montée par l'impérialisme français». Nous n'y aurions pas souscrit, nous Sénégalais, qui avons été parmi les premières nations africaines à proclamer et à pratiquer, nous ne disons pas le «neutralisme positif», mais le non-alignement coopératif. Voilà exactement vingt ans, qu'en 1946, je proclamais, en France, notre volonté d'indépendance, au besoin «par la force» mais, en même temps, notre volonté d'entrer dans une communauté de langue française. Si nous avons pris l'initiative de la francophonie, ce n'est pas non plus pour des motifs économiques et financiers. Si nous étions à acheter, il y aurait sans doute plus offrant que la France. Et si nous avons besoin de plus d'assistants techniques francophones de haute qualification, c'est qu'avant tout, pour nous, la Francophonie est culture. (...)

La francophonie ne sera pas, ne sera plus enfermée dans les limites de l'Hexagone. Car nous ne sommes plus des «colonies»: des filles mineures qui réclament une part de l'héritage. Nous sommes devenus des États indépendants, des personnes majeures qui exigent leur part de responsabilités: pour fortifier la communauté en la grandissant.

Je n'entrerai pas dans les détails de l'organisation de la francophonie. Les États membres en décideront dans une libre confrontation. L'essentiel est que la France accepte de décoloniser culturellement et qu'ensemble nous travaillions à la défense et à l'expansion de la langue française comme nous avons travaillé à son illustration. Et elle l'accepte si elle n'en a pas pris l'initiative.

L.S. Senghor, Discours à l'Université Laval,
24 septembre 1966.

4) Le militant de la francophonie

Lorsque, prenant sa retraite, en 1981, L.S. Senghor a laissé les rênes de l'État sénégalais à son Premier ministre Abdou Diouf, il ne s'est pas arrêté pour autant de célébrer la francophonie et de travailler à la rendre plus vivante, en multipliant ses interventions à travers le monde.

«La Francophonie doit être ce que nous appelons au Haut Conseil une communauté plurielle. C'est très important. Chacun doit d'abord s'enraciner dans son continent, dans sa nation, dans sa culture de sorte que partout, si j'étais Corse, je m'enracinerais d'abord dans la «corsitude»; si j'étais Basque, ce serait dans la «basquitude»; mais pour le moment, je m'enracine dans la négritude. Et je crois que nous avons tous beaucoup à apporter car le français comme langue représente, au demeurant, une culture de synthèse, de symbiose. Depuis le général de Gaulle, la France présente comme une symbiose biologique et culturelle; c'est d'ailleurs la doctrine officielle de la France que de Gaulle a exprimée quand je l'ai entendu dire: «Le métissage, voilà l'avenir.»

Il s'agit donc de nous enraciner mais de nous ouvrir en même temps à cette civilisation de symbiose, cette civilisation de l'universel qu'est la Francophonie».

Colloque des Cent, 15 février 1986,
L'arbre à palabre des Francophones.

Habib Bourguiba

Grâce à Habib Bourguiba, c'est la rencontre de l'Afrique blanche et de l'Afrique noire autour de l'idée de coopération. L'enthousiasme de son pays, la Tunisie, au début des années soixante fut important; il contrastait avec l'attitude négative de l'Algérie et la très sérieuse réserve du Maroc.

Pour Bourguiba, la langue française est le véhicule de la modernité en Tunisie: «*Étrangère, séductrice et troublante (...) la langue française est un puissant moyen de contestation et de rencontre*», déclarait-il en 1968 à Montréal. «*Nous avons conscience, poursuivait le président Bourguiba, non seulement d'avoir enrichi notre culture nationale, mais de l'avoir orientée, de lui avoir conféré une marque spécifique que rien ne pourra plus effacer. Nous avons aussi conscience d'avoir pu forger une mentalité moderne.*»

1) L'implication

Après avoir mené son pays, protectorat français, à l'indépendance, Bourguiba adhéra ensuite à l'idée de communauté lancée par le président Senghor et en devint même un *«fervent apôtre»* (J.-M. Léger). On l'a dit aussi le *«parrain de la francophonie»* (Yao Assogba).

Les relations franco-tunisiennes n'avaient pourtant pas toujours été harmonieuses. Deux ans après l'indépendance de la Tunisie (1956), se posait la question de l'évacuation des troupes françaises. La France, pour des raisons stratégiques, tenait à garder la base navale de Bizerte, ce qui était inacceptable pour la Tunisie, Bizerte étant la deuxième ville en importance du pays. La France s'engagea alors dans une opération d'intimidation et de défense qui dégénéra en lutte sanglante en 1961, jusqu'à ce qu'elle finisse par se retirer. «L'affaire de Bizerte» amena plusieurs responsables tunisiens à demander le rejet du français dans les écoles, au moment même où Bourguiba, voyant l'entrée massive des délégations africaines à l'Organisation des Nations unies, avait décidé de renforcer l'enseignement du français. *«En Afrique, on ne sépare pas comme en Europe la culture de la politique»*, dira Senghor.

Malgré les «dérapages» plus ou moins graves, Bourguiba appuiera fortement à partir de 1965 les idées que Senghor avait proposées en République centrafricaine à Bangui en 1962. Pour lui, comme pour Senghor, *«la colonisation n'a pas été un phénomène purement négatif, il faut utiliser l'acquis colonial dans le sens des intérêts des nouveaux États»*. C'est pourquoi en novembre 1965 il appelait de ses vœux un Commonwealth à la française, une sorte de communauté qui respecte les souverainetés de chacun et harmonise les efforts de tous. *«La francophonie est une réalité en Arique»*, dit-il alors. Et il soulignait devant les étudiants de l'Université de Dakar ce que représentait *«la langue française, seule voie d'accès à une culture universelle, à la modernité»*. Il affirmait encore: *«À nous francophones, seul un Commonwealth à la française pourra donner les énormes moyens nécessaires au progrès de nos élites, c'est-à-dire de nos États.»*

En 1966, Bourguiba engage son pays à plusieurs reprises dans cette nouvelle voie multilatérale.

UNE COMMUNAUTÉ FRANCOPHONE

Une communauté francophone?... C'est un idéal. Beaucoup de pays dans le monde, particulièrement en Afrique, utilisent la langue française comme trait d'union avec la civilisation occidentale. Depuis leur indépendance, ces pays ont renforcé l'enseignement de la langue française et consolident leurs relations culturelles avec la France. J'ai pensé que pour améliorer cette coopération, il serait utile d'établir un courant de coopération multilatérale à travers tous les pays où la langue française est à l'honneur.

J'ai estimé que ces réunions périodiques, dans le cadre d'une organisation basée sur un lien légitime développerait la coopération entre ses membres et permettrait l'établissement de rapports nouveaux et bénéfiques entre eux.

En effet, si la France continue de nous aider dans ce domaine, rien n'empêche que nous songions à nous aider aussi nous-mêmes.

Habib Bourguiba, juillet 1966.

2) Un certain désenchantement

Mais la France ne se montre pas empressée. Le général de Gaulle se tait. Un certain désenchantement se fait jour en Afrique. Mohammed Masmoudi, ambassadeur de Tunisie à Paris, au nom du président Bourguiba, déclare en janvier 1967:

À nous Tunisiens, l'accueil que la France a réservé aux propositions du président Bourguiba ne nous a pas paru encourageant. Pourquoi vous le cacher, cet accueil nous a même un peu déçus. Ce que la presse française a écrit au sujet des propositions tunisiennes nous a d'autant plus irrités que notre sincérité était mise en cause. Pour certains bien-pensants (...) il ne s'agissait pour Bourguiba que d'une opération, d'une ruse en somme destinée à nous assurer les faveurs de la France (...) et à nous faciliter l'accès au club privé qu'elle réserve à ses amis privilégiés. Aussi, nous nous sommes abstenus de prendre de nouvelles initiatives dans ce domaine.

On sent plus que des regrets, presque du ressentiment; Mohammed Masmoudi va jusqu'à se demander quel jeu joue la France:

> Et quand nous voyons que la France en est encore à se poser des questions sur ce que représente la francophonie proposée par des étrangers d'Afrique et d'Asie, nous sommes amenés nous-mêmes à nous demander si la France, après tout, ne cherche pas simplement à utiliser l'Afrique francophone pour peser plus lourd sur le continent européen et pour réussir plus rapidement et plus sûrement une Europe communautaire francophone, quitte par la suite à encourager les Africains à construire entre eux une communauté d'un type inférieur.

Pourtant la conviction de Bourguiba ne changera pas. Son adhésion à l'idée de francophonie est importante. C'est «*un dépassement de l'indépendance et non un recul*».

Aujourd'hui la situation a évolué. L'arabisation a fait des progrès et repris du terrain aux dépens du français en Tunisie. Plusieurs Tunisiens rejettent même l'idée de francophonie. Pourtant, les interventions de Bourguiba ont permis à son pays d'être présent dans presque toutes les organisations internationales. Plus présente que le Maroc qui l'a rejointe dans la francophonie, la Tunisie est souvent le porte-parole du Maghreb et bénéficie toujours du prestige que lui conféra son président, Habib Bourguiba.

Ce dernier toutefois n'eut pas la sagesse du président Senghor. N'ayant pas su se retirer à temps, il fut destitué de sa charge le 7 novembre 1987 en raison de son état de santé et de son grand âge, pour «incapacité absolue d'assumer les charges de la présidence de la République», selon les termes utilisés par son successeur et dernier premier ministre, le général Ben Ali.

Hamani Diori

À ces trois grandes figures, il faudrait ajouter celle d'Hamani Diori, président de la République du Niger de

1960 à 1974. Militant convaincu et efficace, il prit part à de nombreuses manifestations destinées à hâter la réalisation d'une communauté francophone.

La personnalité et l'envergure de L. S. Senghor ont fait un peu d'ombre sur l'action de M. Diori. N'oublions pas que c'est chez lui, à Niamey, et grâce à lui que fut créée l'Agence de coopération culturelle et technique en 1970, comme on le verra plus loin (ch. 4). Pendant toutes les années qu'il passa à la tête de son pays, avant qu'un coup d'État ne vienne le renverser, il travailla inlassablement à réunir les pays francophones dans un organisme commun. «Avec l'aide de Senghor, écrit Nkole Kazadi dans son ouvrage intitulé: *L'Afrique afro-francophone*, Hamani Diori joua vraiment un rôle de commis-voyageur pour expliquer et faire accepter son projet».

On retiendra le discours important qu'il prononça à la première conférence de Niamey (17-20 février 1969) en accueillant les délégués.

ALLOCUTION DU PRÉSIDENT HAMANI DIORI
Président en exercice de l'organisation commune
africaine et malgache

«Pour la première fois dans l'histoire, voici donc réunis – très amicalement réunis – les représentants hautement qualifiés de la plupart des pays totalement ou partiellement de langue française.

Ainsi, dans le vaste monde, trois pays d'Europe, quatre pays d'Asie, deux pays d'Amérique, dix-sept pays d'Afrique, trois pays de l'océan Indien, soit au total 185 millions d'hommes (dont 25 millions d'écoliers et de lycéens et un million d'étudiants), manifestent qu'ils ont pris conscience d'appartenir à une même communauté spirituelle, malgré l'éloignement géographique, malgré la diversité des races, des croyances, des niveaux de vie et malgré les liens de tous ordres – en particulier économiques ou juridiques – qui les unissent à d'autres communautés.

Ainsi un état de fait établi depuis plusieurs siècles, la Francophonie, puisqu'il faut l'appeler par son nom, a abouti depuis quelques années et cela tout naturellement en raison de l'évolution du monde, à la prise de conscience collective de cette situation de fait, annonciatrice de développements féconds – volontairement conçus et volontairement poursuivis.

C'est une évidence que l'expansion de la Francophonie, qui débute au Moyen Âge, est directement liée à l'expansion française. Nous n'en ressentons aucune humilité, pas plus que le monde européen ne rougit d'une culture gréco-latine imposée d'abord par la conquête.

C'est également une autre évidence que, malgré les reflux de l'expansion française sous la poussée ou sous le choc d'autres expansions, malgré les défaites militaires, les reculs politiques et les abandons territoriaux, les populations francophones ont toujours résolument défendu et maintes fois brillamment illustré leur patrimoine linguistique considéré par elles, à juste titre, comme un des caractères essentiels et permanents de leur personnalité. Il en fut ainsi au cours des siècles au Canada, en Louisiane, à l'île Maurice et aux Seychelles.

Ce remarquable attachement à la langue n'est pas uniquement le fait des populations involontairement séparées du contexte politique français; il se constate aussi, et c'est un fait non moins remarquable, chez tous les peuples qui, volontairement, que ce soit par les armes ou par la négociation, ont pris leur destin en mains: depuis le début du XIXe siècle pour Haïti, jusqu'aux années récentes pour l'Asie du Sud-Est, l'Afrique noire et l'Afrique du Nord.

Comment ne pas conclure à la relation historique qui existe entre le génie de la langue française et l'idéal d'émancipation dont elle fut et demeure le support? Comment ne pas admettre que, par voie de conséquence, c'est aussi la langue et l'esprit qui l'anime qui ont modelé les structures politiques, juridiques, intellectuelles et sociales des peuples devenus indépendants?

Notre réunion est donc l'aboutissement normal d'un processus devenu irréversible. Nous rejetons solennellement tout ce qui pourrait ressembler à une sorte d'impérialisme culturel. Nous sommes conscients de détenir et de préserver des valeurs qui constituent une part importante du patrimoine universel.»

Chapitre 3

L'ÈRE DES ORGANISATIONS INTERNATIONALES

Avant la deuxième guerre mondiale, on ne peut guère parler d'association ni d'organisation «francophone» au sens précis du terme. Les regroupements d'envergure mondiale s'effectuent essentiellement après que l'ensemble des nations impliquées dans la guerre aient pris conscience de la nécessité de s'unir et de se réunir pour reconstruire pacifiquement et solidairement sur les bases internationales et dans des domaines spécialisés (le travail, la santé, la culture, la nourriture, etc.). Les grands ensembles mondiaux, relevant pour la plupart des Nations unies, susciteront des regroupements de moindre envergure un peu partout; ils inspireront aux francophones la formation d'associations et d'organisations plus modestes, ayant des fonctions spécifiques et utilisant la langue française comme langue de communication et comme base de regroupement.

Toutefois, dès la fin du XIXe siècle, plusieurs associations avaient été imaginées pour des fins éducatives et culturelles, destinées à regrouper les francophones et les francophiles d'un pays donné, d'une région du monde et parfois de la planète tout entière. De ces associations et organisations pionnières, quelques-unes méritent d'être soulignées comme exemplaires dans leur genre.

Les premières associations et organisations à vocation francophone avant la Deuxième Guerre mondiale

L'Alliance française

La plus ancienne et la plus connue de toutes les associations françaises répandues à travers le monde a plus d'un siècle. C'est le samedi 21 juillet 1883 que fut créé le premier organisme culturel à vocation francophone, à savoir l'Alliance française.

Ce jour-là, à la Société historique Saint-Simon, 215 boulevard Saint-Germain à Paris, se réunissaient une dizaine de personnalités de l'époque (un ancien ministre de l'Éducation, le résident général de France à Tunis, etc.) décidées à fonder une *«association nationale pour la propagation de la langue française dans les colonies et à l'étranger.»*

Bientôt, le groupe s'élargissait et comptait en son sein des personnes aussi éminentes que Louis Pasteur, le général Faidherbe, ancien gouverneur du Sénégal, des écrivains comme Taine et Renan, des ecclésiastiques (dont le cardinal Lavigerie, archevêque d'Alger), des juifs (dont le grand rabbin Zadoc Kahn), des diplomates (tel Ferdinand de Lesseps, le responsable du canal de Suez qui venait d'entreprendre le percement du canal de Panama), etc.

Le 24 janvier 1884, l'association est officiellement reconnue sous le nom d'Alliance française. La défaite de 1870, encore présente dans l'esprit des Français, avait inspiré ce slogan, largement diffusé par un «comité de propagande»: *Il faut rendre à la France son image de marque internationale.»* Des «comités d'action» se chargèrent de faire rentrer des dons, legs et cotisations à travers toute la France et à l'étranger, et d'implanter de multiples sections locales. Les progrès sont foudroyants. Dès l'année suivante, l'Alliance a tellement essaimé que son secrétaire général proclame dans l'enthousiasme: «*Il n'est guère, hors de nos frontières, de régions où nous n'ayons déjà pénétré et fait quelque bien.*» En 1889, le ministre de la Guerre autorise même les officiers à participer aux comités de soutien. On en comptera trente-cinq mille à travers le monde en 1900 – ce qui est vraiment phénoménal – et deux cent cinquante écoles relevant de la maison mère de Paris.

Comme l'Alliance française avait dû s'effacer sous l'occupation allemande pendant la Deuxième Guerre mondiale, les nazis la trouvant trop prompte à faire du «dénigrement antiallemand», le général de Gaulle devint président du comité de gérance en exil. Il devait déclarer en 1958 à son retour au pouvoir, à l'occasion du soixante-quinzième anniversaire de l'Alliance: «*On ne résiste pas à l'Alliance française (...) L'Alliance française, c'est une expression de la chose française à travers le monde.*»

Lors du centenaire en 1983, on pourra s'enorgueillir de trois cent mille élèves répartis en mille deux cents centres établis dans plus de cent pays; six mille professeurs (pas toujours très bien payés, mais dévoués et efficaces); un demi-million de sociétaires bienfaiteurs. On sait le travail qu'aura fait cette institution depuis sa fondation. Si elle est omniprésente en Amérique latine, on la retrouve très forte à Hong-kong, en Inde, en Europe de l'Est, etc. Et son école du boulevard Raspail est un centre de regroupement important des étudiants étrangers à Paris.

Le nombre d'étudiants de cette école a diminué au cours des dernières années en raison de plusieurs facteurs: les lois françaises modifiant le séjour des étrangers à Paris; les conflits armés dans plusieurs pays envoyant traditionnellement des étudiants à l'Alliance, la baisse du pouvoir d'achat dans d'autres pays, etc., ainsi que l'impression, de l'extérieur, d'un manque de rajeunissement des méthodes pédagogiques et du corps professoral. Un effort particulier a été fait dans ce domaine et commence à porter ses fruits. Pendant le mandat de Marc Blancpain, puis de Philippe Greffet comme secrétaire général, les initiatives ne manquèrent pas, dont la plus importante est sans doute la création de la Maison des cultures du monde, permettant à des troupes, orchestres et groupes divers du monde entier de se produire dans le théâtre de l'école. Le renouveau est assuré et l'on doit déjà admirer le choix de ces deux hommes à la tête de l'organisme. Le premier, d'un courage et d'une résistance extraordinaires, sut reconstruire l'Alliance avec les faibles moyens de l'après-guerre pour lui redonner son prestige d'antan. Le second, d'un remarquable dynamisme et d'une très grande ouverture d'esprit, n'hésite pas en plus d'écrire et de courir le monde comme son prédécesseur, à monter sur les planches pour valoriser la poésie et entraîner aussi personnellement ses auditeurs vers les grands textes français.

La grande idée de l'Alliance française avait été de ne pas se constituer en bloc monolithique. On oublie très souvent qu'il faut parler maintenant de la Fédération des Alliances françaises à travers le monde. Dans chaque pays, il y a une organisation nationale, relevant des lois du pays et administrée par des ressortissants locaux. L'Alliance est ainsi française de nom, mais elle est tout à fait internationale, quasi mondiale, et vraiment «francophone» au sens linguistique du terme.

Avec le temps, les membres de ces comités ont parfois pris de l'âge: le public des conférences ne s'est pas toujours renouvelé. Mais l'Alliance forme un ensemble remarquable. Bien que centenaire, elle a de belles années devant elle: elle constitue pour la francophonie l'instrument le plus efficace de la diffusion du français et de la propagation de la culture française. Depuis quelques années, l'Alliance d'ailleurs fait place aux littératures et civilisations des pays de langue française autres que la France. À titre expérimental, un accord avec le Québec a permis l'envoi d'un professeur québécois pour enseigner la littérature québécoise à l'Alliance de Hong-kong. D'autres initiatives de ce genre devraient permettre à l'Alliance de devenir de plus en plus francophone dans son enseignement et dans son rayonnement.

> ### LES CENT ANS DE L'ALLIANCE FRANÇAISE
>
> «L'Alliance française a célébré cette année, à Paris, son centenaire en présence du chef de l'État. (...) Cent ans pour une grande institution, c'est la consécration. L'Alliance fait partie maintenant de ces établissements pour lesquels les Français n'ont souvent qu'ironie, mais qui, à l'étranger, apparaissent comme ce que la France a fait de mieux: la Sorbonne, l'Académie, la Comédie-Française.»
>
> J. P. Peroncel-Hugoz, *Le Monde*, 25 décembre 1983.

La Mission laïque

Vingt ans après l'Alliance française, était fondée en 1902, à Paris, une autre association ayant pour but de diffuser hors de France la langue et la culture françaises. Reconnue d'utilité publique en 1906, la Mission laïque, comme son nom l'indique, fut créée pour aider la République à répandre à travers le monde son action civilisatrice sans aucune référence confessionnelle. La séparation de l'Église et de l'État au début du XXe siècle était de règle: on gardait de l'Église «l'esprit missionnaire» pour des objectifs purement éducatifs et scolaires.

À la différence de l'Alliance, la Mission organisa des programmes et des cycles complets d'enseignement, pas seulement des cours de français. On construisit des lycées français, des écoles et des instituts de tout genre, et même beaucoup de «petites écoles» (écoles primaires). En général, les élèves sont à la fois des non-francophones des pays concernés et des francophones: enfants de fonctionnaires détachés, diplomates, techniciens... La première école non confessionnelle fut celle de Thessalonique en 1906. Les écoles se multiplièrent partout. Environ vingt mille élèves relèvent d'elles à travers le monde.

Un des premiers responsables de la Mission fut le général Gallieni, célèbre par ses circulaires sur l'éducation des populations africaine et malgache. Plusieurs anciens présidents de la République acceptèrent aussi de présider la Mission laïque, tels Poincaré, Édouard Herriot, Gaston Doumergue.

En France, la Mission s'est faite depuis quelques années l'apôtre du baccalauréat international, bilingue. Comme ses statuts ne lui permettaient pas d'intervenir en métropole, elle l'a fait par l'intermédiaire de la Fondation scolaire et culturelle à vocation internationale. Deux institutions ont beaucoup fait parler d'elles: l'école et le centre culturel de Valbonne (Sophia-Antipolis) à quelques kilomètres de Nice (c'est un village à finalité culturelle ouvert toute l'année, d'une structure originale); et le Collège européen international installé dans le château de Draveil, aux portes de Paris, où l'on prépare le baccalauréat international.

Depuis quelques années, la Mission laïque a dû revoir considérablement son action. Plusieurs lycées français et autres institutions ont été fermés à l'étranger. En revanche, des petites écoles ont été ouvertes, souvent avec l'aide du secteur privé, en particulier celui des industries pétrolières. Généralement, les écoles de la Mission laïque travaillent assez étroitement avec le gouvernement français dont elle reçoivent beaucoup de professeurs qui lui sont détachés.

Elle est très «hexagonale», comparée à l'Alliance française. Son audience a sensiblement diminué, mais sa présence est toujours conséquente en Europe et dans le pourtour méditerranéen.

De moindre envergure que l'Alliance française, et moins soutenues officiellement que la Mission laïque française, sont les Amitiés catholiques françaises et l'Alliance Israélite universelle qui ont joué néanmoins et jouent encore un rôle assez important. Cette dernière, créée en 1860, comptait 20,000 élèves scolaires, en 1985, dans les pays du Maghreb et du Moyen-Orient où s'exerce principalement son influence.

Le Conseil de la vie française en Amérique

En 1901, une rencontre à Québec sur la langue française donnait naissance à la Société du parler français qui se développa en 1902 en association linguistique militante pour devenir plus tard l'association Parlons mieux. Elle stimula l'étude des particularités du français au Canada qui firent l'objet d'un glossaire; elle publia aussi un bulletin régulier.

Mais c'est à Montréal en 1910, puis à Québec à l'occasion de congrès successifs, que la volonté de défendre la langue française et de s'unir pour cette fin, permit la naissance d'organisations conséquentes. Du 6 au 11 septembre 1910 eut lieu à Montréal le XXIe Congrès eucharistique international, le premier en Amérique. La manifestation attira des milliers de visiteurs, et l'église Notre-Dame était pleine à craquer pour entendre le cardinal Bourne, archevêque de Westminster. Ce dernier, à la stupeur de son auditoire en majorité canadien-français, souligna l'influence et le prestige de la langue anglaise en Amérique du Nord, se disant convaincu que l'Église catholique avait tout intérêt à utiliser cette langue pour prêcher et répandre sa doctrine au Canada.

Henri Bourassa, le fondateur du journal *Le Devoir*, se fit le porte-parole de ses compatriotes pour répliquer au cardinal dans un brillant discours qui souleva un enthousiasme délirant. Ce n'était pas parce que les anglophones étaient les plus nombreux en Amérique du Nord que les Canadiens français devaient renier leur race et leur langue. Le Christ était tolérant: une poignée de pauvres hommes, les douze apôtres, avaient révolutionné le monde. Le Québec ne voulait pas conquérir l'Amérique, mais vivre en paix dans sa foi et dans sa langue. Le respect de la langue française et de la foi catholique serait d'ailleurs pour l'Empire britannique «la garantie la plus certaine de sa puissance au Canada».

FOI CATHOLIQUE ET LANGUE FRANÇAISE

(...) Sa Grandeur a parlé de la question de langue. Elle nous a peint l'Amérique tout entière comme vouée dans l'avenir à l'usage de la langue anglaise; et au nom des intérêts catholiques elle nous a demandé de faire de cette langue l'idiome habituel dans lequel l'Évangile serait annoncé et prêché au peuple.

Ce problème épineux rend quelque peu difficiles, sur certains points du territoire canadien, les relations entre catholiques de langue anglaise et catholiques de langue française. Pourquoi ne pas l'aborder franchement, ce soir, au pied du Christ et en chercher la solution dans les hauteurs sublimes de la foi, de l'espérance et de la charité? (...)

De cette petite province de Québec, de cette minuscule colonie française, dont la langue, dit-on, est appelée à disparaître, sont sortis les trois quarts du clergé de l'Amérique du Nord, qui est venu puiser au séminaire de Québec ou de Saint-Sulpice la science et la vertu qui ornent aujourd'hui le clergé de la grande république américaine, et le clergé de langue anglaise aussi bien que le clergé de langue française du Canada. (...)

Que l'on se garde, oui, que l'on se garde avec soin d'éteindre ce foyer intense de lumière qui éclaire tout un continent depuis trois siècles; que l'on se garde de tarir cette source de charité qui va partout consoler les pauvres, soigner les malades, soulager les infirmes, recueillir les malheureux et faire aimer l'Église de Dieu, le pape et les évêques de toutes langues et de toutes races.

«Mais, dira-t-on, vous n'êtes qu'une poignée; vous êtes fatalement destinés à disparaître; pourquoi vous obstiner dans la lutte?» Nous ne sommes qu'une poignée, c'est vrai; mais ce n'est pas à l'école du Christ que j'ai appris à compter le droit et les forces morales d'après le nombre et les richesses. Nous ne sommes qu'une poignée, c'est vrai; mais nous comptons pour ce que nous sommes, et nous avons le droit de vivre.

Douze apôtres, méprisés en leur temps par tout ce qu'il y avait de riche, d'influent et d'instruit ont conquis le monde. Je ne dis pas: Laissez les Canadiens français conquérir l'Amérique. Ils ne le demandent pas. Nous vous disons simplement: Laissez-nous notre place au foyer de l'Église et faire notre part du travail pour assurer son triomphe.

Après la mort du Christ, saint Pierre voulut un jour marquer la supériorité des Hébreux sur les Gentils. Saint Paul, l'apôtre des nations, lui rappela qu'il devait être le père de toutes les races, de toutes les langues. Le pape le comprit; depuis dix-neuf cents ans, il n'y a pas eu de pape hébreu, de pape romain, de pape italien, de pape français, mais le Pape, père de toute la grande famille catholique.

Montons plus haut, montons jusqu'au Calvaire, et là, sur cette petite montagne de Judée, qui n'était pas bien haute dans le monde, apprenons la leçon de la tolérance et de la vraie charité chrétienne. (...)

Que dans le Christ et dans l'amour commun de l'Eucharistie, toutes les races du Canada, ayant appris à respecter le domaine particulier de chacune, à conserver à chacune les forces d'expansion nationale qui lui sont propres, sachent enfin s'unir étroitement pour la gloire de l'Église universelle, pour le triomphe du Christ et de la papauté; et, ajouterai-je en terminant, pour la sécurité de l'Empire britannique, car c'est dans l'unité de foi des catholiques canadiens, des Canadiens français surtout, que l'Empire britannique trouvera, dans l'avenir comme dans le passé, la garantie la plus certaine de sa puissance au Canada.»

(Le discours d'Henri Bourassa, prononcé le 10 septembre 1910, a été reproduit dans *Le Devoir* du 11 février 1950.)

Les fêtes du tricentenaire de la ville de Québec, fondée par Samuel de Champlain en 1608, avaient attiré dans cette ville un très grand nombre de visiteurs. Ce rassemblement servit de prélude au Grand Congrès de la langue française organisé en 1912 par la Société du Parler français et l'une des plus importantes sociétés francophones du Canada, la Société Saint-Jean-Baptiste. Cette société, fondée en 1843 et vouée à la promotion des Canadiens français, avait réussi à créer une section en France en 1887 qui fonctionna pendant une quinzaine d'années avec un mandat touchant en particulier l'économie et le commerce. (Ce fut, de loin, l'ancêtre de France-Amérique.) Le congrès de 1912 fut un grand succès.

L'Académie française avait envoyé une délégation, beaucoup de visiteurs du Canada, des États-Unis se rendirent à Québec où l'on établit un comité pour donner suite aux recommandations. Ce comité fonctionna pendant une dizaine d'années.

Une autre rencontre eut lieu en 1928, puis un très grand congrès fut organisé de nouveau par les différentes sections de la Société Saint-Jean-Baptiste en 1937. Cette fois, plusieurs milliers de participants se rendirent à Québec. Le gouvernement français était représenté ainsi que les provinces canadiennes et plusieurs états américains dont la Louisiane qui avait délégué son gouverneur, M. Lêche. Académiciens, universitaires, hommes de lettres, de gouvernement et d'église travaillèrent, semble-t-il, très sérieusement entre les grandes manifestations de prestige et les cérémonies religieuses. Le 1er juillet 1937, 46 résolutions sur l'avenir du français en Amérique furent adoptées, dont celle qui instituait un Comité permanent du deuxième congrès qui deviendra le Comité permanent de la survivance française, puis le Conseil de la vie française en Amérique en 1952.

Cet organisme allait être efficace et discret et constituer un appui réconfortant dans les régions d'Amérique où le français était souvent très menacé. Aussitôt après sa création, le comité organisait une mission franco-québécoise comprenant des représentants du Canada, de la France, dont l'Académie française, qui fit un grand tour d'Amérique. Après Cuba, où l'on célébra la mémoire de Pierre Le Moyne d'Iberville, mort à la Havane après être parti de Montréal pour fonder la colonie de Louisiane dont il fut le premier gouverneur, la mission se rendit en Louisiane bien sûr, puis au Texas, où l'on fêta l'anniversaire de Cavelier de la Salle, mort deux cent cinquante ans plus tôt (1687), après avoir «découvert» la Louisiane et parcouru le Mississipi. (N'oublions pas que le diocèse de Québec à l'époque de son premier évêque, Mgr de Montmorency Laval s'étendait du Saint-Laurent au Mississipi.)

La mission se continua encore à Chicago, où fut organisée une Journée civique française, enfin à Montréal et à Québec. Le rapport de Mgr Moreau, recteur de l'Université de Montréal, qui était du voyage, est extrêmement intéressant, de même que la lettre du directeur de l'Académie française qui se réjouit alors des ententes intervenues et de leurs conséquences prévisibles.

En 1938, la Louisiane, à l'honneur, est encore l'objet d'un rapport détaillé d'Omer Héroux, le directeur du journal *Le Devoir* de Montréal.

Notons encore que cette même année 1937, en plus de donner naissance au Conseil de la vie française en Amérique, suscita la création d'une quinzaine d'organismes et associations dont la Société historique de Québec, toujours bien vivante. L'Université Laval officialisait sa Faculté des lettres et lançait ses cours d'été de français qui accueillirent depuis lors plusieurs dizaines de milliers d'Américains, de Canadiens anglais et de Latino-américains.

Les échanges avec la Louisiane et les autres États américains se développèrent. Le Conseil se chargea de l'envoi de livres et de matériel scolaire aux soixante-cinq écoles françaises de la Louisiane qui existaient alors. On envoya plus tard des professeurs (Adrien Pouliot, l'éminent doyen de la faculté des sciences de l'Université Laval, fit une importante tournée en 1944) et on organisa des échanges d'étudiants à partir de 1947.

Entre 1950 et 1956, le Conseil de la vie française eut un représentant à Paris avec un comité (dont faisaient partie plusieurs membres de l'Académie française), qui participa à la création des associations France-Canada et France-Québec. Dans les mêmes années, le Conseil permit la création de postes de radio pour les Canadiens français de l'Ouest à Winnipeg, Edmonton, Saskatoon et Gravelbourg.

Le but du Conseil était de maintenir et de développer si possible la vie française en Amérique, des Caraïbes aux provinces éloignées du Canada, en passant par les États-Unis. Ce mandat, tel que l'ont voulu ses fondateurs, est plus précisément de «*promouvoir l'unité des francophones d'Amérique du Nord dans leur diversité de situations*». Pour cela, il poursuit des objectifs de rapprochement, d'information, d'entraide et de promotion par un ensemble d'initiatives et de programmes. C'est surtout un organisme de services, un partenaire – souvent important – pour aider les activités des francophones, là où ils se trouvent en Amérique.

Son cinquantenaire a été célébré fin juin 1987 à Québec, à l'occasion d'un colloque «Horizon 2037», présidé par le gouverneur du Canada, S. E. Mme Jeanne Sauvé.

On ajoutera aux activités officielles du Conseil, celles plus cachées et d'ordre non plus linguistique et scolaire mais économique et politique, qu'il conduisit souvent en relation avec les membres de l'Ordre de Jacques-Cartier, cette institution secrète bien connue au Canada français et surnommée la «patente». Fondée en 1926 pour contrecarrer la franc-maçonnerie anglo-saxonne, elle fut encouragée par l'Église jusqu'à ce que cette dernière, s'inquiétant de son importance souterraine, en suscite la dissolution en mars 1965. L'Ordre de Jacques-Cartier fut partiellement remplacé – et au grand jour – par le Club Richelieu qui s'est répandu au cours des années quatrevingts avec succès à travers toute la francophonie (voir en annexe).

L'Académie royale de langue et littérature françaises de Belgique

Pendant ce temps, on se préoccupait aussi en Belgique de l'évolution du français et du sort des francophones: les Wallons étaient alors politiquement majoritaires et les Flamands ne refusaient pas de parler le français.

Après la création en 1902 de l'Association des écrivains belges de langue française, et avant celle en 1932 de l'Association royale des écrivains wallons (franco-phones et dialectaux), le roi Albert 1er fondait en 1920 l'Académie royale de langue et de littérature françaises de Belgique, à l'initiative de son ministre des Sciences et des Arts, Jules Destrée. L'article 1 des statuts précise que l'Académie *«groupe les personnalités qui, par leurs travaux, leurs écrits ou leurs discours, ont contribué de la façon la plus éminente à l'illustration de la langue française, soit en étudiant ses origines et son évolution, soit en publiant des ouvrages d'imagination ou de critique»*. L'Académie qui comprend une trentaine de membres belges et une dizaine de membres étrangers, se divise en deux sections: littérature et philologie. Cette dernière section est plus spécialement chargée de reconstituer l'histoire littéraire des anciennes provinces.

On notera que cette académie fait figurer au nombre de ses prix le Grand Prix de littérature française hors de France et qu'elle se préoccupe régulièrement des problèmes de la francophonie, au moins sur le plan linguistique. Parmi les académiciens belges figurent plusieurs spécialistes reconnus et militants de la francophonie comme Joseph Hanse, Maurice Piron décédé en 1986, Willy Bal, etc.

Les grandes organisations internationales

Le mouvement de mondialisation des échanges et des courants d'idées devait donner naissance, après la première guerre mondiale puis surtout après la seconde, à une série d'organisations internationales très officiellement reconnues. Le poids de ces institutions allait influencer les peuples francophones et les inciter à organiser davantage leurs rapports dans des organismes et des associations spécialisés. La volonté d'internationaliser les échanges allait se développer après la constitution des institutions mondiales dont il peut être utile de rappeler les grands traits, à savoir la Société des Nations et l'Organisation des Nations unies avec ses filiales spécialisées.

89

Au-delà des problèmes linguistiques, après la Croix-Rouge créée en 1863 par Charles Dunant, la fin du XIXe siècle avait vu la naissance des premières organisations internationales reconnues officiellement: l'Union postale universelle apparut avec le développement des chemins de fer en 1874. Puis ce fut l'Union internationale des télécommunications qui s'organisa graduellement de 1868 à 1927 à partir du télégraphe, du téléphone puis des radiocommunications. L'utilisation systématique de la météorologie dans la navigation maritime amena l'Organisation météorologique internationale en 1878.

Mais la grande organisation internationale d'entre les deux guerres fut la Société des Nations (SDN) créée en 1919, à l'issue de la Première Guerre mondiale, par le trai-té de Versailles et installée à Genève. Son objet était *«de développer la coopération entre les nations et de garantir la paix et la sécurité»*. On sait qu'il n'en fut rien: l'organisation devait sombrer avec la Deuxième Guerre mondiale.

L'Organisation internationale du travail (OIT), créée également en 1919 par le Traité de Versailles et installée aussi à Genève, eut plus de chance: elle survécut à la guerre et devint une des organisations spécialisées des Nations unies. Le Bureau international du travail (BIT) en constitue le secrétariat permanent.

L'Organisation des Nations unies (ONU), est née officiellement le 5 mars 1945, mais elle fut préparée pendant la guerre à partir d'une déclaration commune du président Roosevelt des États-Unis et du Premier ministre britannique, Winston Churchill, qui se réunirent en mer au mois d'août 1941 (les États-Unis n'étaient pas encore en guerre) et publièrent une déclaration commune appelée «Charte de l'Atlantique» (14 août 1941). Le 2 janvier 1942, l'URSS, la Chine et les autres pays alliés dans la guerre contre l'Allemagne adhéraient à la Déclaration des Nations unies.

C'est donc à partir d'une conception américano-britannique que fut créée l'ONU. L'Organisation des Nations Unies pour l'éducation, la science et la culture

(UNESCO) fut une initiative franco-britannique, alors que, de 1942 à 1945, les ministres de l'Éducation français et anglais se rencontraient souvent à Londres pour étudier les problèmes de l'éducation posés par l'occupation nazie. On considéra qu'une paix durable passait nécessairement par une solide éducation. Le but de l'UNESCO fut ainsi défini: «*contribuer au maintien de la paix et de la sécurité, en resserrant, par l'éducation, la science et la culture, la collaboration entre nations, afin d'assurer le respect universel de la justice, de la loi, des droits de l'homme et des libertés fondamentales*». La France obtint, malgré l'Angleterre, que son siège s'installât à Paris.

L'Organisation pour l'agriculture et l'alimentation (FAO), autre agence spécialisée des Nations unies, date de la même époque et fut créée à Hot Springs (États-Unis) en 1943. On notera que comme pour l'UNESCO, le sigle usuel est celui qu'on a tiré de l'appellation anglaise.

À cause de la guerre, la France s'était effacée pendant plusieurs années même si un gouvernement provisoire à Londres parlait en son nom et la représentait le plus possible dans les réunions internationales. On prit l'habitude de s'exprimer en anglais, de nommer les nouvelles institutions en anglais. Le développement des États-Unis entraîna une montée fulgurante de la langue anglaise dans le monde.

Les francophones commencèrent à réagir. Ils se sentiront enclins à se regrouper. La famille d'institutions spécialisées autour de l'Organisation des Nations unies allait être projetée intellectuellement à l'échelle du monde francophone. Les réalisations toutefois commencèrent par la création d'organisations non gouvernementales, ou gouvernementales spécialisées; l'institution centrale est encore à venir.

Les associations francophones après la Deuxième Guerre mondiale

L'édition française avait aussi beaucoup ralenti pendant la guerre et ne pouvait plus approvisionner les marchés éloignés. Les Antilles et le Canada surtout se sentirent investis d'une nouvelle mission. Les presses canadiennes prirent le relais de l'imprimerie française. Le gouvernement provisoire de la France était à Londres, et une partie de ses forces vives en Afrique. Le contexte avait ainsi beaucoup changé: en 1945, de nouveaux centres d'attraction et de décision existaient hors de l'Hexagone.

Les francophones éprouvèrent alors vraiment le besoin de s'unir. Les effusions franco-canadiennes du lendemain du débarquement ne pouvaient rester sans lendemain. La solidarité qui s'était fait jour pendant la guerre entraînait les peuples à vouloir concrétiser leurs désirs de coopération pour apporter leur pierre à la reconstruction du monde. Parmi les «Américains» qui débarquèrent sur les plages de Normandie, il y avait de nombreux Canadiens français qui, d'une certaine façon, se réapproprièrent ainsi la mère patrie: ils l'avaient libérée avec leur sang.

La fierté de la langue renaissait plus forte. On ne pouvait accepter de voir le français relégué à un rôle secondaire et l'anglais prendre ses aises sur tous les continents et dans toutes les réunions internationales. Les Canadiens, les Belges, les Suisses et plus tard les Africains avec la décolonisation y furent particulièrement sensibles. Ils commencèrent à envisager des regroupements d'intérêts, chez eux ou entre eux, à partir de la langue française: on allait créer de nouveaux organismes ou associations internationales, francophones cette fois, où l'on se retrouverait entre soi et où l'on pourrait débattre de problèmes communs en français.

Comme le rappelait Jacques Chirac en 1984 à l'occasion de la réunion à Québec de l'Association des maires francophones, «*la Francophonie est le résultat de combats qui ont été menés la plupart du temps en dehors de la France. Cela nous donne à nous autres Français, une certaine modestie*».

On ne saurait mentionner toutes les initiatives de l'époque. On retiendra essentiellement les grandes pionnières parmi les associations internationales créées à ce moment-là: l'Union internationale des journalistes de la presse de langue française (UIJPLF), l'Union culturelle française (UCF), l'Association des universités partiellement ou entièrement de langue française (AUPELF), l'Association internationale des parlementaires de langue française (AIPLF), le Conseil international de la langue française (CILF), la Fédération internationale des professeurs de français (FIPF).

L'Union internationale des journalistes de la presse de langue française (UIJPLF)

En 1952, était créée à Paris l'Association internationale des journalistes de la presse de langue française (AIJPLF) dont l'idée avait été lancée à Limoges en 1950. Le sigle n'était peut-être pas très heureux alors que les sigles anglais, eux, beaucoup plus courts, commençaient à s'imposer. L'influence de l'Association fut toutefois très importante autant par ses objectifs que par les membres qu'elle rassemblait. La mission que se donnait l'association, qui deviendra Union en 1970, était de veiller à la «*sauvegarde de la langue française*», d'échanger des informations et des expériences sur le plan technique et professionnel, et de favoriser la coopération entre tous les médias de langue française, qu'il s'agisse de la presse écrite, orale ou audiovisuelle.

En rassemblant des journalistes, l'idée de solidarité francophone trouvait un écho particulier et un énorme amplificateur. Tous les journalistes adhérents n'étaient peut-être pas des fervents militants de la francophonie. Plusieurs virent là seulement le moyen de se tenir au courant de l'évolution de leur profession, à partir des expériences des autres pays de langue française. Mais les plus convaincus utilisèrent leurs journaux et périodiques et véhiculèrent largement l'idée de la francophonie. Ce fut d'ailleurs par un de ces périodiques, *Esprit*, qu'en 1962 la francophonie commença à faire bonne figure dans le monde des intellectuels.

Parmi les membres de l'UIJPLF se trouva Jean-Marc Léger, journaliste puis rédacteur en chef du *Devoir* de Montréal, que l'on retrouve à la fondation de l'Union culturelle française en février 1954, puis surtout de l'AUPELF en 1961. Il aura d'ailleurs l'idée de cette dernière association lorsque, après une conversation avec Mgr Lussier, recteur de l'Université de Montréal, il imagina de réaliser au niveau des universités ce qui avait été fait pour les journalistes.

L'Union culturelle française (UCF)

L'Union culturelle française, qui devint l'Union culturelle et technique de langue française, avait beaucoup d'ambition à sa naissance à Monaco en 1954. Elle se voulait un véritable carrefour international des francophones du monde entier. On imaginait des congrès biennaux, une revue, des expositions, etc. On imagina même – la comparaison est significative de l'idéologie francophone des années cinquante – *«susciter avec le temps une sorte d'UNESCO francophone, c'est-à-dire un vaste rassemblement de tous les parlants français»*. L'avenir ne fut pourtant pas aussi ample que l'on avait imaginé et l'association perdit progressivement de son envergure.

L'Association des universités partiellement ou entièrement de langue française (AUPELF)

L'Association des universités partiellement ou entièrement de langue française eut en revanche un sort beaucoup plus prestigieux. Fondée à Montréal en septembre 1961 par les représentants de 33 universités de langue française qui décidèrent de se retrouver périodiquement et d'établir un lien permanent entre eux par le biais d'une association internationale, elle doit son nom à l'ancien ministre marocain Mohammed El Fasi. C'est lui en effet qui suggéra l'appellation «*d'entièrement ou partiellement de langue française*», ne pouvant accepter la seule étiquette d'universités de langue française. Cette expression devait faire fortune; on la retrouva de plus en plus souvent dans la francophonie. Si elle paraissait un peu lourde à l'époque avec ses deux adverbes, elle avait le mérite de permettre à des institutions bilingues et des pays parfois engagés politiquement dans des voies différentes de celle de la France, de se sentir à l'aise dans l'association et de coopérer sans restriction.

Aujourd'hui, l'association regroupe pratiquement tous les établissements d'enseignement supérieur entièrement ou partiellement de langue française (universités et grandes écoles, soit environ deux cent trente). De plus, en 1972, elle permettait le regroupement des centres et départements d'études françaises dans les universités francophones comme non francophones à travers le monde. Ces derniers formèrent le Comité, puis le Conseil international des études françaises (CIEF) dont les dix comités régionaux devaient devenir en 1984 partie intégrante de l'AUPELF après modification des statuts de l'association pour leur permettre de bénéficier de trois sièges au conseil d'administration. Environ quatre cents départements d'études françaises se sont prévalus de la possibilité qui leur était offerte de devenir membre associé de l'AUPELF.

Après avoir développé divers services et lancé des programmes dans le domaine de la coopération et de l'aide au développement, du dialogue des cultures et des études françaises, de la pédagogie universitaire et de l'éducation permanente etc., la «culture technologique» fut mise à l'honneur. L'AUPELF développa ce secteur et organisa plusieurs réseaux de chercheurs et d'institutions. De là naquit l'UREF (Université des réseaux d'expression française).

Ce dernier projet, préparé lors du vingt-cinquième anniversaire de l'AUPELF, fut réellement lancé les 2 et

3 juin 1987 à Paris à l'occasion d'un colloque «Science, technologie et francophonie». Son auteur, Michel Guillou, à la fois président de l'AUPELF (jusqu'en novembre 1987) et conseiller technique du ministre français de la Coopération, le justifiait ainsi: «*Il faut multiplier les réseaux, les synergies, les solidarités entre les pôles de recherche du Nord et du Sud et mettre en place rapidement des mécanismes de partenariat souple.*» Cette université de la francophonie ne doit pas être une université avec des murs, «*mais un maillage de réseaux institutionnels (à l'image de la conférence des doyens de faculté de médecine d'expression française) et de réseaux thématiques (lutte contre le SIDA, le paludisme, la sécheresse, ...).*»

Le ministère français de la Coopération a versé dès la première année une dizaine de millions de francs pour la mise en place de réseaux dans le domaine de la forma-tion des ingénieurs, des vétérinaires, des agronomes et des spécialistes de l'information. L'UREF devait se développer après le Deuxième Sommet de Québec.

En 1992, après le 4e Sommet de la Francophonie qui réserva à l'AUPELF-UREF la présidence du Comité permanent de programme sur l'enseignement supérieur et la recherche, la France devait hausser sa participation à 54,5 millions de francs (sur 74), soit environ 80 % du budget de l'UREF.

Bien établie avec son secrétariat général à Montréal, un bureau pour l'Europe à Paris et un autre pour l'Afrique à Dakar (depuis 1974), l'AUPELF a créé ensuite un bureau pour les Caraïbes à Port-au-Prince et un autre pour l'océan Indien à Antananarivo. D'autres implantations sont projetées pour le monde arabe.

Il était bien légitime que les universités de langue française s'unissent à leur tour alors que l'Association des universités du Commonwealth avait été fondée en 1911, et l'Association internationale des universités en 1950. Le projet initial de l'AUPELF était d'échanger de l'information, des étudiants et des professeurs, et de coopérer à travers tout l'espace francophone à la formation des générations futures. Le succès présent montre la perspicacité de ses créateurs et rend hommage à leur ténacité dans les débuts de l'association.

L'AUPELF fut rapidement reconnue comme l'une des institutions les plus utiles au développement de la francophonie. Le général de Gaulle reçut lui-même à l'Élysée le premier conseil d'administration. Mais les moyens furent toujours limités, ce qui força ses dirigeants à de perpétuelles acrobaties. C'est pour cette raison que fut créé en 1967 au sein de l'AUPELF le Fonds international de coopération universitaire (FICU), ayant pour objet de «*recueillir auprès du secteur public et du secteur privé (...) et de gérer des sommes destinées à assurer le financement d'opérations de coopération universitaire*».

L'impécuniosité est-elle aussi une caractéristique de la francophonie? S'il en est ainsi, l'AUPELF est doublement exemplaire des organismes francophones, à qui elle a souvent donné le ton. On a pu dire avec justesse qu'elle a été dans une certaine mesure «*à l'origine du vaste mouvement de coopération et de solidarité entre pays de langue française*». La création de l'UREF a modifié l'image de marque de l'AUPELF qui a été un peu écrasée par son rejeton: l'avenir devrait permettre de rétablir l'équilibre.

L'Association internationale des parlementaires de langue française (AIPLF)

Très tôt après la naissance de l'AUPELF, les hommes politiques – surtout les Africains – imaginèrent la création d'une association qui regrouperait les parlements, comme les universités, de langue française. Au sein de l'OCAM, il en fut souvent question. En février 1966, le président Senghor déclarait: «*Ce sont les peuples qui, par l'intermédiaire de leurs élus, pousseront les gouvernements à aller de l'avant. Il faudrait réunir dans une association interparlementaire les parlements de tous les pays où l'on parle le français.*»

L'AIPLF fut fondée à Luxembourg le 18 mai 1967 par une assemblée constitutive composée de délégués de 23 pays d'Europe, d'Afrique, d'Amérique et d'Asie, qui précisaient les buts de l'association. À la différence de l'AUPELF pour qui le français, langue commune, est essentiellement considéré comme un outil de communication et un dénominateur commun, l'AIPLF se donne dans ses statuts comme premier objectif le rayonnement de la langue française.

EXTRAIT DES STATUTS DE L'AIPLF

Article 2: L'Association internationale des parlementaires de langue française a pour but de favoriser les initiatives de toute nature pour le rayonnement de la langue française.

Elle n'a pas d'objectif politique.

Elle participera à toute initiative qui aura pour but de défendre et d'illustrer la culture française dans les pays entièrement ou partiellement francophones.

Elle participera à toute action qui aura pour but de développer et de faire connaître, par la langue française, les cultures et les civilisations des peuples qui font un usage habituel du français, sans être de culture et de civilisation françaises.

L'Association internationale des parlementaires de langue française entend, pour l'étude des questions culturelles, économiques et sociales d'intérêt commun:

– constituer entre les parlementaires qui la composent une étroite coopération pour renforcer la solidarité que l'usage de la langue française crée entre eux

– contribuer à l'instauration d'un véritable dialogue des cultures.

18 mai 1967

L'Association bénéficiait à sa naissance d'une structure bien définie: on prévoyait que les membres étaient des parlementaires regroupés en sections nationales dans les pays partiellement ou entièrement de langue française; dans le cas où il n'y aurait pas de section nationale, les parlementaires pouvaient être admis à titre de membres associés.

L'Association étant ouverte aux parlementaires utilisant le français comme «langue de relations internationales», elle pouvait donc accueillir des représentants de pays dont le français n'est ni la langue maternelle ni la langue officielle (l'Égypte, par exemple).

La première assemblée générale eut lieu à Versailles du 26 au 28 septembre 1968. Les parlementaires furent magnifiquement reçus par l'État français. Depuis, chaque année, l'assemblée se réunit dans un pays de langue française à l'invitation d'une section nationale. Une fois cependant, en 1976, l'assemblée générale eut lieu dans un pays non francophone, puisque ce fut au siège de l'Organisation des Nations unies à New York. M. Kurt Waldheim, alors secrétaire général des Nations unies, inaugura cette session qui rassemblait des délégués de 43 pays.

M. Xavier Deniau, député du Loiret et ancien ministre des Départements et Territoires d'outre-mer, fut le premier secrétaire général de l'Association. Il joua un rôle important dans la mise sur pied de l'Agence de coopération culturelle et technique que l'AIPLF, après en avoir préconisé la création lors de sa première assemblée générale à Versailles en 1968, encouragera vivement. On lui doit de nombreuses initiatives au sein de la francophonie.

Parmi les réalisations de l'AIPLF, on retiendra les travaux sur la sécheresse au Sahel, sur l'énergie solaire et ses applications, sur l'immigration des travailleurs et sur le droit d'accès à la mer pour les pays enclavés. On lui doit aussi un colloque international sur «la femme et la vie publique», des stages de formation de journalistes parlementaires ou de secrétaires généraux de parlements. Comme on le voit, son champ d'activités touche, au-delà de la langue française, à tous les problèmes sociaux et économiques d'intérêt commun. L'AIPLF dispose d'une revue: *Parlements et francophonie*.

On ne saurait confondre l'AIPLF avec le Groupe des délégations d'expression française à l'organisation des Nations unies ni avec l'Association française pour les Nations unies. On sait qu'aujourd'hui 41 États membres utilisent exclusivement le français dans leurs relations avec le secrétariat général des Nations unies; 7 autres y ont recours avec l'anglais et l'espagnol (soit en tout près du tiers des membres). Mais à l'origine, le français eut beaucoup de mal à être accepté aux Nations unies: ce ne fut qu'à une voix de majorité que le conseil de sécurité l'agréa. En effet, des cinquante et un pays fondateurs, seuls quatre étaient de langue française: la France, la Belgique, Haïti et le Luxembourg. Les groupes de pression francophones, dont l'AIPLF, durent intervenir à plusieurs reprises, en particulier contre la répartition inégale des postes au sein du secrétariat général, au détriment des pays d'expression française; contre les délais de traduction en français des travaux et documents, etc.

Le Conseil international de la langue française (CILF):

En 1965, sous l'impulsion du professeur Alain Guillermou, avait lieu à Namur une rencontre linguistique qui allait devenir la Première Biennale de la langue française, puisque les participants décidèrent de se retrouver toutes les années impaires.

En 1967, lors de la Seconde Biennale à Québec, fut décidée la création d'un Conseil international de la langue française qui tint sa première assemblée générale en octobre 1968 à Versailles. Selon ses statuts, le CILF doit tenir son assemblée une fois sur deux hors d'Europe.

Son but, tel que défini, était essentiellement de maintenir l'unité du français dans le monde, en facilitant son développement par une meilleure connaissance et un enrichissement important. Pour ce faire, le CILF entreprit des travaux sur la standardisation de l'orthographe et de la grammaire. Il développa très vite d'autre part ses recherches dans le domaine de la terminologie et de la création lexicale pour rendre le français plus apte à la communication scientifique moderne. Les résultats furent publiés dans de nombreuses monographies, des périodiques comme *La Banque de mots, Langues et terminologies*, et des dictionnaires spécialisés.

Enfin, le Conseil s'orienta délibérément vers une politique d'aide au développement, d'adaptation aux besoins économiques et sociaux, à partir du français et des autres langues en contact avec lui. Le Conseil compta d'abord deux secrétaires généraux, MM. Alain Guillermou (linguistique) et Hubert Joly (administration); l'académicien belge bien connu M. Joseph Hanse en fut le président: il l'est toujours. Après quelques mois de fonctionnement, M. Hubert Joly resta seul comme secrétaire général. Son dynamisme et sa générosité l'ont amené tout naturellement à orienter l'action du CILF en faveur des déshérités d'Afrique et plus particulièrement ceux du Sahel. En février 1986, il déclarait au Colloque des cent: «*Il importe de développer des outils bilingues, à bas prix, qui puissent servir à la lecture, à l'alphabétisation, à l'enseignement du français, mais aussi à l'enseignement de chacune des langues maternelles pour fixer également les graphies des différentes langues nationales.*»

La Fédération internationale des professeurs de français (FIPF)

De la même époque ou à peu près, puisque l'idée en fut lancée lors de la Biennale de 1967 à Québec, date la FIPF créée en juillet 1969 qui regroupe maintenant 85 associations de professeurs de français à travers le monde, et à travers elles, environ cinquante mille professeurs de français (trente-cinq mille cotisants déclarés). Pour son congrès mondial de Québec en juillet 1984, 88 pays étaient représentés.

La FIPF est née, comme les autres associations de l'époque, de l'inquiétude de voir le français régresser à l'échelle internationale, du fait de la progression de l'anglais d'une part, et d'un certain rejet du français d'autre part, qui risquait de devenir, dans certains pays, synonyme de langue coloniale.

La FIPF publie une revue, *Dialogues et cultures*, *une Lettre de la FIPF* et organise de nombreux colloques et séminaires. Depuis les années quatre-vingts, elle est devenue très importante par son implantation sur les cinq continents et son action pédagogique.

Elle a joué et joue encore un rôle important dans la diffusion des littératures des pays francophones et la connaissance de leurs civilisations. On lui doit entre autres une des premières anthologies dans ce domaine.

D'autres associations naquirent ou se développèrent à cette période. On retrouvera la plupart en annexe (quelques-unes seront aussi mentionnées au chapitre 5).

Chapitre 4

LA MISE EN ŒUVRE
DE LA FRANCOPHONIE

L'esprit qui avait donné naissance aux premières organisations francophones ne pouvait se satisfaire de créations éparses. Toute la décennie 1960-1970 est caractérisée par un effort pour tisser des liens entre les divers organismes et pour constituer autant que possible un ensemble structuré, cohérent. *«La francophonie,* dit Jean Tardif (colloque de l'Agence de coopération culturelle et technique (ACCT), 1983), *ce n'est pas seulement une série d'associations ou de relations intergouvernementales, c'est un réseau de collaboration fonctionnel entre partenaires qui ont tous des intérêts vitaux.»*

Comme on l'a déjà dit plus haut, c'est surtout hors de France que la volonté fut la plus vive: en Afrique après la décolonisation et l'échec de la communauté; et au Québec où la «Révolution tranquille» de 1960 entraîne une volonté d'affirmation nationale et une recherche de soutiens et d'appuis dans les pays de langue française, afin de prolonger à l'extérieur les compétences de la province, telles que définies par la constitution canadienne pour l'intérieur du pays.

L'évolution des relations franco-africaines

Si la montée du nationalisme et la conquête de l'identité sont allées de pair au Québec et en Afrique, c'est d'abord dans les pays africains que s'est engagée l'aventure de la francophonie. Ayant accédé à l'indépendance, les pays africains eurent comme premier souci de renforcer leur identité nationale à l'intérieur des frontières établies, et de maintenir des liens privilégiés avec la France et les autres États francophones d'Afrique. Le français était un précieux atout pour favoriser l'unité de ces pays caractérisés le plus souvent par la multiplicité des langues vernaculaires. L'aide de la France était obligatoire pour le développement; linguistique et politique ne pouvaient être dissociées.

En 1961, alors que sombrait l'éphémère Communauté, la France créait un ministère de la Coopération qui allait coordonner les activités bilatérales. Le travail de pionnier qui se faisait alors dans ce ministère était tout à fait passionnant. Il fallait apprendre à dialoguer avec des interlocuteurs nouvellement parvenus à la vie internationale. La France pouvait ainsi, si elle n'était plus la mère patrie, jouer au moins le rôle de grand frère, de protecteur, de financier et d'éducateur avec les nombreux coopérants qui furent alors recrutés. Elle y prit goût. Les anciens fonctionnaires coloniaux servirent tout naturellement de cadres au nouveau ministère. On développa un esprit assez différent de celui qui animait les relations internationales au ministère des Affaires étrangères.

Les préoccupations et les rapports de la France avec l'extérieur devinrent ainsi de deux ordres. On tentera plus tard d'atténuer les différences, en faisant de la coopération un «secrétariat d'État» à l'intérieur du ministère des Affaires étrangères, au début du régime socialiste, pour revenir quelques années plus tard à la tradition gaullienne et au partage à peu près semblable des responsabilités traditionnelles: relations internationales d'un côté et développement de l'autre.

Les accords bilatéraux de coopération se généralisèrent et touchèrent à peu près tous les secteurs (accords économiques et culturels, accords militaires, accords diplomatiques...). Cela semblait pourtant insuffisant aux États africains qui avaient appris à s'organiser au sein de grands ensembles: l'Union française en 1946, la Communauté de 1958 à 1961.

En septembre 1961 était créée l'Union africaine et malgache (UAM), qui ne réunissait que des pays africains francophones. (C'était la première manifestation «spontanée» de la francophonie). Dans son discours d'ouverture à la Conférence des chefs d'État et de gouvernement de l'UAM, le 25 mars 1962, à Bangui, le président L. S. Senghor s'exprimait ainsi:

> De même que nous organisons ensemble nos rapports avec les autres États africains, il nous faut organiser ensemble nos rapports avec la France. Les États anglophones au sud du Sahara tirent une partie de leur force de leur appartenance au Commonwealth. Avec la France, nous pourrions édifier une organisation verticale aussi bonne, peut-être meilleure. Il ne s'agit pas d'imposer le mot communauté. Il n'est pas question de mot, il est question d'un ensemble solidement structuré, encore que souple, qui organisera la coopération africaine exemplaire, parce que fondée sur la liberté et l'égalité pour le développement réciproque de la fraternité. Il est question de proposer au général de Gaulle une conférence des chefs d'État, où nous harmoniserions les relations qui lient chacun de nos États à la France.

Le 23 mai 1963, à Addis-Abeba, était fondé un ensemble plus vaste, panafricain: l'Organisation de l'unité africaine (OUA) à laquelle adhéraient 30 États qui s'entendirent sur une charte. L'UAM fut dissoute en mars 1964, transformée en union de caractère économique (l'UAMCE). Mais le groupe francophone de l'OUA éprouva le besoin de consolider ses liens. Il le fit en créant l'Organisation commune africaine et malgache (OCAM) avec une charte signée à Tananarive en 1966.

Cette structure fut particulièrement importante pour le développement de la francophonie, à la fois pour l'élaboration d'une certaine doctrine de la francophonie – ce qui fait qu'on a très souvent lié la francophonie à la négritude – et pour la mise en œuvre des opérations à venir: l'avant-projet de 1966, et le projet de création de l'Agence de coopération en 1969.

Le regroupement de pays francophones ainsi envisagé visait plusieurs buts: il permettait de mieux faire valoir les intérêts communs à l'échelle mondiale, dans les organismes internationaux, par exemple, de favoriser le développement économique et technique de chacun des pays, et de valoriser la langue commune – l'obligée de la culture française comme des cultures autochtones.

L'avant-projet de l'OCAM

Le 16 septembre 1966, le président nigérien Hamani Diori présentait au général de Gaulle au nom de l'OCAM un avant-projet d'organisation de la francophonie qui était définie comme une *«communauté spirituelle des nations qui emploient le français, que celui-ci soit langue nationale, langue officielle ou langue d'usage»*.

La conférence des ministres de l'Éducation nationale avait été étendue en 1965 aux pays ex-belges (Congo Kinshasa – qui deviendra le Zaïre – Rwanda, Burundi). Mais il fallait aller au-delà et *«étendre la francophonie à tous les États parlant français et, aussi, sans tomber dans le juridisme, lui donner une organisation institutionnelle sous la forme d'accords multilatéraux plus soucieux d'efficacité que de logique juridique»*.

Une organisation mondiale était envisagée, faite de *«plusieurs cercles concentriques de solidarité»* appelés dans le projet francophonie A, B et C, en raison des différences de besoins et de possibilités des pays susceptibles d'y participer.

1) La francophonie «A» devait rassembler la France, les États d'Afrique noire et de Madagascar membres de l'OCAM, plus le Mali (qui n'en faisait pas partie) ainsi

que les États ex-belges et Haïti qui seraient invités à se joindre au groupe.

Dans ce premier cercle, la coopération serait très étroite au niveau économique et financier. On envisageait d'étendre la *«zone franc»*. On formerait un bloc homogène pour discuter à la conférence de la CNUCED à New Delhi en 1968 et faire valoir les revendications africaines. Dans le domaine culturel, on étendrait la coopération en matière d'éducation à tous les aspects de la culture (jeunesse et sports, information). On projetait un conseil consultatif sur l'enseignement supérieur. Plus généralement, on tenterait de promouvoir une politique générale de développement et on intensifierait les échanges.

2) La francophonie «B» serait composée des États de la francophonie «A», auxquels se joindraient les pays du Maghreb, le Liban et les pays de l'ancienne Indochine (Viêt-nam, Laos, Cambodge).

Ces États différaient des premiers pour des raisons linguistiques (ils possédaient une langue nationale qui était parfois leur seule langue officielle), et monétaires (leurs liens avec le franc étaient plus lâches).

La coopération consisterait alors principalement en réunions intergouvernementales et en consultations périodiques: conférences des chefs d'État et de gouvernement, conférences des ministres de l'Éducation nationale, de la Jeunesse et des Sports, de l'Économie et des Finances.

Les parlementaires pourraient d'autre part se retrouver au sein d'une association de parlementaires de langue française (une association française avait été créée en juin 1966; l'Association internationale le sera en 1967).

3) La francophonie «C» comprendrait tous les pays précédemment mentionnés, plus les États développés dont le français était la langue nationale, à côté d'une ou plusieurs autres langues: le Canada, la Belgique, la Suisse, le Luxembourg.

La coopération à ce niveau serait uniquement culturelle. Pour cela, on verrait à élargir le Haut Comité pour la défense et l'expansion de la langue française constitué en France le 30 mars 1966. Au niveau de l'enseignement supérieur, la coopération pourrait se développer à travers l'AUPELF qui regroupait depuis 1961 la plus grande partie des universités francophones de ces pays.

Le projet de l'OCAM se terminait par la proposition d'une réunion des chefs d'État et de gouvernement ressortissant au groupe «A» et «B» de la francophonie. Cette réunion serait précédée et préparée par une réunion des ministres des Affaires étrangères et de l'Éducation nationale. Cette réunion prévue à Abidjan en décembre 1966 aurait pour tâche d'adopter les principes proposés et d'en fixer les modalités.

La réponse française malgré les pressions des présidents Senghor et Bourguiba fut pour le moins réservée. La France craignait d'être accusée de néo-colonialisme au moment où le gouvernement se rapprochait de l'URSS et souhaitait voir les États-Unis se désengager du Viêtnam. On connaît l'attitude du général de Gaulle exprimée dans son discours de Phnom Penh.

Les États africains commençaient à bénéficier de subventions canadiennes et le dollar était prisé. Le président L. S. Senghor s'en fut recevoir un doctorat honorifique à l'Université Laval (voir au chapitre 1). Il fut fêté à Québec et à Montréal pendant une semaine, prononça de nombreux discours sur la francophonie et recueillit partout un appui chaleureux.

L'entrée en scène du Québec
Les relations Paris-Québec-Ottawa

Le 5 juin 1966, Daniel Johnson succédait à Jean Lesage. Le Québec s'apprêtait à recevoir plusieurs millions de visiteurs dans le cadre de l'Exposition universelle de Montréal en 1967 et à cette occasion, une soixantaine de chefs d'États dont la reine Élisabeth et le général de Gaulle.

Le gouvernement Lesage avait eu à cœur dès le début des années soixante de renforcer les liens du Québec avec la France, tout en développant aussi des liens avec la Belgique et la Louisiane et en essayant d'explorer de nouveaux terrains diplomatiques et économiques, en particulier dans les pays arabes et ceux d'Afrique noire. Le Québec voyait, à partir de 1964, l'Agence canadienne pour le développement international (ACDI) multiplier ses interventions financières sur le continent africain et venir chercher au Québec des coopérants pour les envoyer dans des écoles africaines ou des établissements hospitaliers. L'éducation et la santé étant de compétence provinciale, le Québec décida de prolonger sa juridiction au niveau international et d'intervenir directement.

Le ministre de l'Éducation, Paul Gérin-Lajoie, entend bien ainsi ne pas rester à l'écart de la naissance des Conférences des ministres de l'Éducation Nationale (CONFEMEN). Il veut voir le Québec assumer pleinement ses responsabilités en matière d'éducation, à l'intérieur et à l'extérieur: «*Il n'est plus admissible, dit-il, que l'État fédéral puisse exercer une sorte de surveillance et de contrôle d'opportunité sur les relations internationales du Québec.*» P. Gérin-Lajoie en visite en France précise aussi les vœux du Québec touchant à une entente institutionelle «*qui ne doit pas englober seulement la France et le Québec, mais tous les pays de langue française*». La confrontation Québec-Ottawa ne fait que commencer. Marcel Masse et Jean-Guy Cardinal accentueront, dans le domaine de l'éducation, les revendications de Paul Gérin-Lajoie.

Lorsqu'au libéral Jean Lesage succède le nationaliste Daniel Johnson, la visite des présidents Senghor et Bourguiba donne le premier prétexte à une affirmation renouvelée de la volonté du Québec de jouer un rôle sur le plan international: «*Le Québec est gagné d'avance à l'idée de la création d'une communauté des pays francophones»*, répond Johnson au discours du président Senghor.

Le grand responsable de l'Expo '67, le maire de Montréal, Jean Drapeau, qui se prononcera plus tard ouvertement pour le fédéralisme lorsque viendra au pouvoir le Parti québécois, mais qui est profondément nationaliste, s'enthousiasme pour le projet des Africains. Il reçoit Senghor avec faste et lui répond quasiment en chef d'État: *«l'État du Québec, qui serait en cette occurrence l'expression du Canada français, entend apporter sa contribution à l'édification de la francophonie»*. Il confirme à son illustre visiteur que le Québec *«entend exercer pleinement sa juridiction et la prolonger dans les relations internationales»*. Il l'assure que la nation canadienne-française qui a besoin de resserrer les liens avec les autres pays francophones *«mesure les bénéfices d'ordre spirituel et matériel qu'une communauté francophone mondiale apporterait à tous ses membres»*.

> **L'APPUI DU MAIRE DE MONTRÉAL**
> **AU PRÉSIDENT SENGHOR**
>
> «Il y a deux grandes conditions à la survivance rayonnante de la communauté franco-canadienne: d'abord un témoignage original et une exigence de qualités; ensuite, l'établissement de liens étroits et de relations très nourries avec le reste du monde francophone, quand ce ne serait que pour faire équilibre aux pressions énormes et inévitables de l'ensemble anglo-américain.
>
> La première condition tient à la mesure dans laquelle nous pourrons mener une vie autonome, culturellement, économiquement et politiquement et, à cet égard, les événements des dernières années autorisent l'optimisme. L'évolution en cours permet de penser que le Canada français est en voie de reconquérir la maîtrise de son destin, grâce notamment à l'affermissement de son État national, le Québec.
>
> La deuxième condition tient à la mesure dans laquelle, par la voie d'accords multiples et par de nouvelles institutions, le Canada français engagera avec tout le monde francophone, un nécessaire et vivifiant dialogue, d'où l'intérêt qui chez nous s'attache à l'idée de la constitution d'une communauté des peuples de langue française.

(...) Pressés par de multiples drames, aux prises avec les conditions difficiles que vous devinez, nous n'avons point toujours gardé intacte notre langue commune, mais la volonté de la préserver, elle, est demeurée entière. Et voici que l'Afrique nous apporte aujourd'hui, par vous, une caution éclatante et la justification d'un espoir qui n'a jamais abdiqué (...) L'édification d'une communauté organique des pays de langue française ne fait pas qu'obéir à une tendance naturelle, mais elle répond à une nécessité chaque jour plus évidente.

La nation canadienne-française, en raison même de la situation où elle se trouve, ressent avec une particulière acuité le besoin d'avoir avec l'ensemble des pays francophones, des liens toujours plus étroits et mesure les bénéfices d'ordre spirituel et matériel qu'une communauté francophone mondiale apporterait à tous ses membres. L'État du Québec, qui serait en cette occurence l'expression du Canada français, entend apporter sa contribution à l'édification de la francophonie.

Extraits du discours de M. Jean Drapeau,
maire de Montréal, accueillant le président
du Sénégal, M. Léopold Sédar Senghor, à Montréal
le 25 septembre 1966.

Le premier ministre du Canada ne veut pas envenimer les choses. Il surveille le tout avec une relative bienveillance: Lester B. Pearson est anglophone; il croit au Commonwealth; il a aussi été Prix Nobel de la Paix en 1957 et se doit de ne pas échauffer les esprits. Il va pourtant avoir des problèmes l'année suivante avec la venue du général de Gaulle. Son successeur Pierre Elliott Trudeau sera, lui, beaucoup moins accommodant lorsqu'il lui succédera à la tête du Parti libéral le 6 avril 1968 et remportera de triomphales élections le 25 juin 1968.

«*La compétition est désormais engagée entre le Canada et le Québec dans le champ de la francophonie*» écrit André Patry, devenu en 1966 le premier chef de protocole du gouvernement du Québec.

Avec la visite du général de Gaulle et le fameux «*Vive le Québec libre*» du 24 juillet 1967, la «compétition» allait devenir «bataille» de la francophonie.

En septembre 1967, le ministre de l'Éducation québécois recevant son collègue français Alain Peyrefitte, lui demande à être invité officiellement à la prochaine réunion de la Conférence des ministres de l'Éducation prévue à Libreville du 5 au 10 février 1968. À l'instigation de la France, le Gabon envoie directement le 17 janvier la dite invitation, laquelle, qui plus est, au lieu d'être adressée au ministère des Affaires intergouvernementales du Québec, est destinée au «ministère des Affaires étrangères». Ottawa est furieux: le gouvernement fédéral essaie de «rattraper» l'invitation, en envoyant une mission au Gabon; elle ne saurait être admise à la Conférence. Il poussera alors le ministre de l'Éducation du Nouveau-Brunswick à se faire accepter à son tour à Paris dans la deuxième partie de la réunion de la Conférence, pour que le Québec ne soit pas seul à y parler au nom du Canada français.

Après de longs pourparlers, une solution fut trouvée pour la conférence suivante à Kinshasa (du 13 au 20 janvier 1969): une seule délégation canadienne, dirigée par le Québec, avec trois plaques d'identification de la même dimension: Canada-Québec, Canada-Nouveau-Brunswick, Canada-Ontario. Trudeau avait proclamé: *«La politique étrangère du Canada ne peut être fragmentée. Il existe de grands et de petits pays: il n'existe pas de demi-pays».*

La naissance de l'Agence de coopération culturelle et technique

La visite du chef de l'État français au Québec avait eu à Paris de mémorables répercussions. De Gaulle consacra une grande partie de sa conférence de presse du 27 novembre 1967 aux problèmes québécois. Par-delà le Québec, il rejoignait les Africains et le problème général de la francophonie: *«Ainsi, en particulier, le fait que la langue française perdra ou gagnera la bataille au Canada pèsera lourd dans la lutte qui est menée pour elle d'un bout à l'autre du monde.»*

En facilitant au Québec l'accès à la scène internationale, la France élargissait la portée des conférences interministérielles francophones et s'ouvrait davantage aux propositions de l'OCAM. Le gouvernement français d'autre part acceptait de participer à la création d'un organisme de coopération multilatéral – et gouvernemental – francophone.

Les efforts renouvelés des présidents Senghor et Hamani Diori aboutirent en mars 1968 à une nouvelle proposition de l'OCAM visant à la création d'une Agence de coopération culturelle et technique entre les États utilisant la langue française dont l'action viserait à «*compléter et à diversifier la coopération existante et non pas à la remettre en cause*».

En novembre, malgré les interventions de P. E. Trudeau qui avait essayé de prendre les devants en écrivant à Hamani Diori, le Québec recevait une invitation officielle du Niger.

**LETTRE D'INVITATION D'HAMANI DIORI
PRÉSIDENT DU NIGER ET PRÉSIDENT DE
L'OCAM
AU PREMIER MINISTRE DU QUÉBEC
JEAN-JACQUES BERTRAND**

... Je crois savoir que des consultations entre Québec et Ottawa au sujet de la représentation canadienne sont en cours, et j'ai pleine confiance dans leur heureux aboutissement. En tout état de cause, je vous demande de bien vouloir assurer la représentation du Québec à la Conférence de Niamey par une délégation de votre choix. Dans cette perspective, il m'est apparu que la venue ici du ministre de l'Éducation du Québec, pour traiter des questions inscrites à l'ordre du jour de la conférence, serait appréciée de tous. Aussi, ai-je demandé à mon ministre de l'Éducation nationale d'inviter de son côté personnellement M. Cardinal.

Je suis certain que vous reconnaîtrez comme moi-même, l'importance d'une conférence qui, pour la première fois, réunira les pays intéressés à l'affirmation de la langue et de la culture françaises, auxquelles je sais que, pour des raisons historiques, le Québec est plus que tout autre attaché...

18 novembre 1968.

Citée par Claude Morin dans *L'Art de l'impossible* qui la présente comme «un petit chef-d'œuvre».

Le 17 février 1969, les représentants des gouvernements de 28 pays francophones se réunissaient à Niamey et jetaient les bases de l'Agence. Trente pays avaient été invités. Les quinze membres de l'OCAM (Cameroun, Centrafrique, Congo-Brazzaville, Congo-Kinshasa, Côte-d'Ivoire, Dahomey, Gabon, Haute-Volta, Madagascar, Île Maurice, Niger, Rwanda, Sénégal, Tchad, Togo), plus Algérie, Belgique, Burundi, Canada, Cambodge, France, Guinée, Haïti, Laos, Liban, Luxembourg, Mali, Maroc, Mauritanie, Viêt-nam du Sud, Suisse et Tunisie. La délégation canadienne comprenait celles du Québec et du Nouveau-Brunswick. Il y avait de nombreux observateurs parmi les principales associations francophones.

Seules la Guinée et la Mauritanie ne répondirent pas. L'Algérie et la Suisse avaient envoyé des observateurs. André Malraux, alors ministre de la Culture, prononça un de ses grands discours où il célébra à travers la francophonie «*la culture de la fraternité*». Il assura les participants du plein appui de la France à la création projetée.

Jean-Marc Léger, alors secrétaire général de l'AUPELF, était choisi pour remplir les fonctions de secrétaire exécutif provisoire. Il était chargé de préparer une seconde réunion qui créerait officiellement l'Agence, en en définissant les modalités de fonctionnement et le budget.

Le 20 mars 1970, de nouveau à Niamey, une entente finale était signée par les représentants de 21 gouvernements qui devenaient les membres fondateurs du nouvel organisme: les pays de l'OCAM moins le Congo-Kinshasa qui tenait à n'être pour l'instant que membre associé, la Belgique, le Burundi, le Canada (dont le Québec, le Nouveau-Brunswick, l'Ontario et le Manitoba), la France, le Luxembourg, le Mali, Monaco, la Tunisie et le Viêt-nam du Sud. Haïti se joindra au groupe peu après. Le Cambodge s'était retiré; le Laos souhaitait n'être que membre associé. Le Liban et le Maroc demandaient quelques mois de réflexion (le Liban deviendra membre en 1972 et le Maroc membre associé).

La participation des gouvernements croîtra au cours des années suivantes, au fur et à mesure de la création de nouveaux États et de l'entrée de nouveaux pays dans la francophonie.

EXTRAITS DE LA CONVENTION RELATIVE À L'AGENCE DE COOPÉRATION CULTURELLE ET TECHNIQUE, NIAMEY, 20 MARS 1970

Article 1er: Buts et principes

Le but de l'Agence de Coopération Culturelle et Technique ci-après dénommée «l'Agence» est de promouvoir et de diffuser les cultures des Hautes Parties contractantes et d'intensifier la coopération culturelle et technique entre elles. L'Agence doit être l'expression d'une nouvelle solidarité et un facteur supplémentaire de rapprochement des peuples par le dialogue permanent des civilisations.

Article 2: Fonctions

L'Agence, pour atteindre son but, exerce les fonctions suivantes: a) aider les États membres à assurer la promotion et la diffusion de leur culture respective;

b) susciter ou faciliter la mise en commun d'une partie des moyens financiers des pays adhérents pour la réalisation de programmes de développement culturel et technique utiles à l'ensemble des adhérents ou à plusieurs d'entre eux et faire appel aux États membres pour réunir les ressources humaines et techniques appropriées à cette fin.

EXTRAITS DE LA CHARTE DE L'AGENCE DE COOPÉRATION CULTURELLE ET TECHNIQUE

Article 1er: Objectifs

L'Agence a pour fin essentielle l'affirmation et le développement entre ses membres d'une coopération multilatérale dans les domaines ressortissant à l'éducation, à la culture, aux sciences et aux techniques, et par là au rapprochement des peuples.

> Elle exerce son action dans le respect absolu de la souveraineté des États, des langues et des cultures, et observe la plus stricte neutralité dans les questions d'ordre idéologique et politique.
>
> Elle collabore avec les diverses organisations internationales et régionales et tient compte de toutes les formes de coopération technique et culturelle existantes.

Les organes de l'Agence étaient définis comme suit: une conférence générale se réunissant au moins tous les deux ans; un conseil d'administration se réunissant chaque année; un comité des programmes, un conseil consultatif regroupant des représentants des associations francophones non gouvernementales et un secrétariat permanent qui sera basé à Paris. Jean-Marc Léger était nommé secrétaire général.

Un point tournant pour l'Agence sera la création des Sommets de la Francophonie. Pratiquement pas associée à la tenue du premier, l'Agence tenta de se faire valoir au deuxième, pour faire reconnaître par le troisième son rôle possible comme Secrétariat permanent de la francophonie, que le quatrième entérina enfin après quelques réticences de la France qui tint à ce que l'AUPELF-UREF préside l'un des neuf comités (permanents) de programme (l'AUPELF étant considérée avec TV5 et l'Université d'Alexandrie comme *«opérateur privilégié»*).

Les premières années de l'ACCT

Aussitôt née, l'Agence fut l'objet de nombreuses critiques; elle dut faire face à plusieurs difficultés. Pour certains observateurs extérieurs, c'était un véhicule du néo-colonialisme qui allait prolonger indûment l'action politique française, en particulier en écrasant les langues de l'Afrique au profit du français, langue européenne, et en détournant les pays africains de leurs voisins anglophones ou lusophones (la fameuse *«machine de guerre montée par l'impérialisme français»*). À l'extérieur comme à l'intérieur du monde francophone, auprès des jeunes générations, l'Agence n'était pas perçue très favorablement ni même très clairement.

D'un autre côté, pour les partisans d'un vrai multilatéralisme francophone, la montagne avait accouché d'une souris: une organisation très modeste avec des objectifs limités, des possibilités restreintes et un budget nettement insuffisant: en 1970, seulement 1 566 000 francs. Le budget était constitué par la contribution statutaire des pays membres, répartie comme suit: France 45 %, Canada 31 %, Belgique 12 %, Québec 3 %, Luxembourg 0,6 %, Monaco 0,3 %, et tous les autres États (s'ils pouvaient payer leur cotisation) 0,2 %.

Le budget de départ était mince; on pensait qu'il s'accroîtrait rapidement. Il n'en fut rien. La France n'était pas prête à dégarnir le budget de ses opérations bilatérales pour financer l'action multilatérale. Les délégations du Canada intervinrent régulièrement pour tenter de hausser le niveau du budget. À l'instigation du Canada, un fonds spécial fut créé qui entraîna une augmentation des moyens par des voies indirectes. Le Programme spécial de développement (PSD), alimenté par des contributions volontaires en provenance des pays membres ou non membres et du privé, fut lancé à la quatrième session de la conférence générale à l'île Maurice en 1975 et mis en œuvre par la conférence suivante à Abidjan en 1977. Trois missions principales lui étaient confiées: l'assistance technique, particulièrement sous l'angle de la coopération horizontale; la formation et le perfectionnement des cadres des pays membres; la prospection pour le financement des projets agréés.

Le secrétaire général bâtit l'édifice avec les moyens dont il disposait. Il tenta de lancer de grands projets et de mobiliser l'intérêt des États pourvoyeurs de fonds. L'École internationale de Bordeaux vit le jour, destinée à former ou à recycler des fonctionnaires pour tous les États francophones, en même temps qu'à constituer un Centre international d'échanges, de rencontres et de documentation. On conçut des projets d'envergure dont plusieurs malheureusement ne purent être menés à terme ou furent ramenés à des proportions plus modestes.

Jean-Marc Léger ne sollicita pas de second mandat, malgré les pressions de ses nombreux amis africains. Il reprit la tête du secrétariat général de l'AUPELF dont il s'était mis en disponibilité. Lui succédèrent alors trois Africains, un Nigérien, M. Dan Dicko, et deux Gabonais, M. Owono N'Guéma et M. Okumba d'Okwatségué.

Depuis lors, quelques programmes solides ont été mis peu à peu sur pied dans les secteurs de l'éducation, de la culture, du développement; des publications ont été lancées, soit directement préparées par l'Agence, soit aidées par elle. Mais la gestion ne fut pas toutefois sans reproches. Une administration lourde, des dépenses parfois inutiles, des programmes peut-être mal gérés ou mal orientés. Cela n'a pas servi le prestige de l'Agence; la dernière session de la conférence générale en 1985 non plus, alors que la France, dont on avait souhaité qu'elle présentât la candidature de Michel Jobert, dut retirer, devant le refus catégorique des Africains, le candidat qu'elle proposa finalement, le ministre socialiste de l'Information, M. Fillioud. Les Africains, après s'être concertés, proposèrent la candidature de M. Paul Okumba d'Okwatségué. Ce dernier fut élu à la succession de M. Owono N'Guéma. *Le Canard enchaîné* qui depuis longtemps faisait des gorges chaudes des «francofaunes», s'en donna de nouveau à cœur joie.

Pourtant, malgré tous les défauts qu'on lui reconnaît volontiers, l'Agence demeure le pivot gouvernemental de la francophonie. Sur le plan politique, elle a donné une tribune, un canal d'information et des moyens d'action dans plusieurs domaines cruciaux à de nombreux pays sous-développés. Elle a permis, d'une certaine façon, aux Canadiens et aux Québécois de se mieux situer. Comme le dit Louis Sabourin, «*le texte juridique de 1971 qui permit à Ottawa et à Québec de s'entendre sur la participation de Québec aux activités de l'ACCT a certes* «**confiné**» *l'action du Québec dans la francophonie, mais* *elle l'a aussi* **«confirmée»** *face à un gouvernement fédéral qui voyait dans toute expansion de la compétence internationale du Québec une menace à la souveraineté du Canada.»*

L'ACCT a pris du temps pour organiser ses actions en Afrique et dans le monde. Mais dans le contexte global de sa création et de notre «espace francophone», ce n'était peut-être pas si facile. En 1967, l'éminent arabisant Jacques Berque la critiquait déjà, alors qu'elle n'était qu'en projet, la voyant comme un nouveau véhicule de «l'hégémonie française» qui risquait de faire perdre leur identité aux populations de langue maternelle arabe que l'on forcerait à apprendre le français. Nous en sommes loin aujourd'hui, semble-t-il. Il fallait peut-être une quinzaine d'années à l'Agence pour se définir.

Après les trois secrétaires généraux africains, c'est de nouveau un Québécois qui avait pris la relève. Son élection fut assez mouvementée. Jean-Louis Roy, délégué général du Québec à Paris, l'emporta sur Roger Dehaybe, candidat présenté par la Belgique et soutenu par la France. Une fois élu, il entreprit de rendre le Secrétariat de l'Agence plus fonctionnel et mieux organisé. Puisqu'un nouveau rôle conséquent était dévolu à l'ACCT (voir chapitre 16), celle-ci devait se doter de structures internes adéquates. C'est devenu une grosse entreprise, trop lourde au goût de beaucoup, nécessaire probablement mais qui devra viser sans cesse à l'efficacité si elle tient à être à la hauteur des ambitions qui ont été mises en elle.

La confiance qu'on peut lui porter aujourd'hui, et le désir de plusieurs de la voir, une fois remaniée, devenir le noyau de la nouvelle francophonie, est peut-être un signe de croissance: un organisme de ce genre ne pouvait d'emblée parvenir à l'efficacité, à la satisfaction de tous.

L'organigramme de l'ACCT

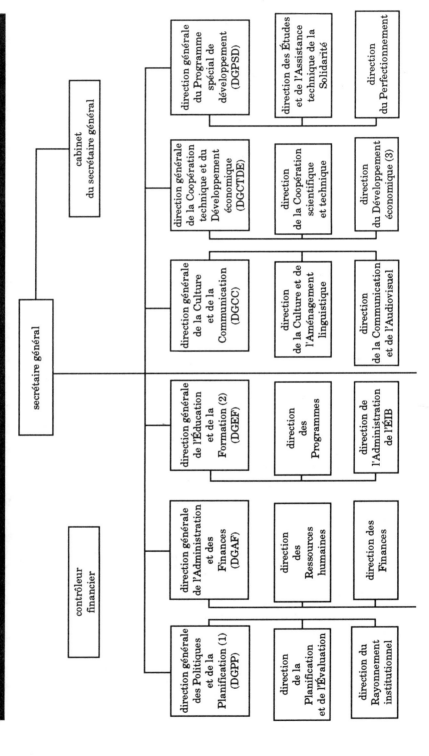

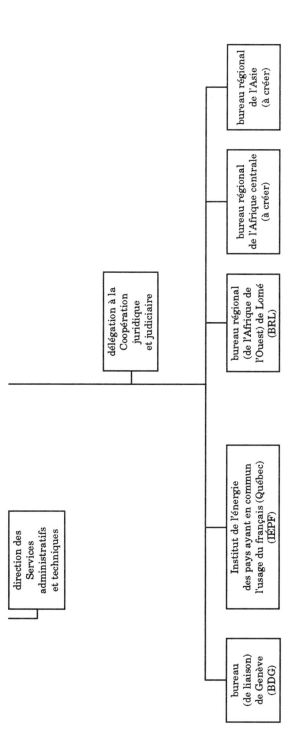

direction des
Services
administratifs
et techniques

délégation à la
Coopération
juridique
et judiciaire

bureau
(de liaison)
de Genève
(BDG)

Institut de l'énergie
des pays ayant en commun
l'usage du français (Québec)
(IÉPF)

bureau régional
(de l'Afrique de
l'Ouest) de Lomé
(BRL)

bureau régional
de l'Afrique centrale
(à créer)

bureau régional
de l'Asie
(à créer)

(1) *La nouvelle direction générale des Politiques et de la Planification est formée de deux directions: celle de la Planification et de l'Évaluation et celle du Rayonnement institutionnel qui regroupe tous les services voués à la documentation, l'information, les publications de l'Agence francophone.*

(2) *La direction générale de l'Éducation et de la Formation sera désormais, pour d'évidentes raisons pratiques, logée à l'École internationale de Bordeaux (ÉIB), 43, rue Pierre-Noailles, 33405 Talence cédex (France), téléphone : (33) 56 37 50 59; télécopie : (33) 56 04 42 01.*

(3) *La création d'une nouvelle direction du Développement économique au sein de cette direction générale démontre l'importance qu'attachent légitimement à ce secteur les responsables de la coopération multilatérale francophone.*

Lettre de la Francophonie, 15 janvier 1992

Chapitre 5

LE DÉVELOPPEMENT DES ORGANISATIONS FRANCOPHONES

La naissance de l'ACCT avait été laborieuse. Mais dès le premier projet d'une telle Agence formulé par les Africains, le mouvement général était lancé. Des associations, des comités et conférences s'étaient créés au cours des années précédentes; ils se multiplièrent. Il faudra néanmoins attendre quinze ans pour que se réalise la seconde et importante étape prévue dans l'institutionnalisation de la francophonie, la réunion des chefs d'État et de gouvernement.

Les organisations non gouvernementales (ONG)

Le Conseil international des radios et télévisions d'expression française (CIRTEF)

Le CIRTEF est né à l'issue d'un colloque organisé du 6 au 10 juin 1977 par l'ACCT sur le rôle de la radio et de la télévision dans le développement de la société. À l'heure où la communication par satellite commençait à modifier profondément les relations internationales, l'ACCT souhaitait inciter les radio-télédiffuseurs à une concertation dynamique.

L'année suivante, du 18 au 23 juin 1978, se tenait la première conférence générale constitutive du CIRTEF dans le but de «*suciter les échanges professionnels, l'assistance mutuelle en matière de formation technique, de production et de programmation et la coopération multilatérale entre tous les organismes de radio ou de télévision qui, à travers le monde, utilisent entièrement ou partiellement la langue française dans leurs programmes nationaux ou régionaux.*»

Le CIRTEF se veut un organisme complémentaire à ceux qui existent déjà à travers les médias et aux accords bilatéraux favorisant les coproductions.

Plusieurs réunions du CIRTEF jouèrent un rôle non négligeable au cours des années quatre-vingts, en particulier le grand colloque tenu au Caire en 1983 avec la collaboration de l'ACCT et qui décida de l'entrée de l'Égypte à l'Agence. Les années qui viennent seront sans doute de plus en plus importantes pour cet organisme, étant donné l'évolution rapide des technologies de l'audiovisuel et de la nécessité d'une coopération internationale des francophones de plus en plus grande.

Le CIRTEF, organisme non gouvernemental à caractère professionnel, regroupe la presque totalité des radios et télévisions francophones du monde (41) réparties sur 30 pays et 4 continents.

LES OBJECTIFS DU CIRTEF

En sus des 4 grands axes d'activités actuelles, à savoir échanges et coréalisations, coopération inter-chaînes, formation et information, le CIRTEF a pour vocation:

— le renforcement du potentiel de création et de production des radios et télévisions les plus jeunes ou les moins favorisées;

— le développement de la coproduction entre les radios et télévisions francophones et la mise au point de systèmes d'aide à la coproduction;

> — la mise sur pied de structures d'information sur les technologies et pratiques de communication, notamment dans la perspective de surmonter les actuelles carences du transfert de technologies;
>
> — l'adaptation des structures et procédures de formation ou de perfectionnement des métiers de la communication audiovisuelle aux évolutions technologiques présentes ou prévisibles.
>
> Le tout dans la perspective d'une concrétisation de la notion d'espace francophone de communication.

L'Association internationale des maires francophones (AIMF)

De son titre exact, «l'Association internationale des maires et responsables des capitales et métropoles partiellement ou entièrement francophones», est née le 1er mai 1979, à l'initiative du maire de Paris, M. Jacques Chirac, dans le but de *«rendre concrète la solidarité entre ses membres, et détablir une coopération étroite dans tous les domaines de l'activité municipale».*

Elle compte une quarantaine de membres (42 en 1987 plus quelques observateurs comme les maires de Genève et de Lausanne). L'AIMF a un bulletin d'information: *Liaison.*

On ne saurait faire ici le tour de toutes les organisations francophones nées au cours des vingt dernières années ou revivifiées alors: elles sont beaucoup trop nombreuses. Nous mentionnerons encore l'**Association des écrivains de langue française** (ADELF) créée dès 1926 sous la dénomination d'Association nationale des écrivains maritimes et coloniaux, devenue ensuite l'Association des écrivains de mer et d'outre-mer. Sous l'impulsion de son infatigable président M. Robert Cornevin, également secrétaire perpétuel de l'Académie des sciences d'outre-mer, l'ADELF s'est beaucoup développée au cours des années soixante-dix et a été un précieux soutien pour nombre d'écrivains francophones de pays peu favorisés.

Pour faire connaître les écrivains francophones, et favoriser l'expansion et le rayonnement des civilisations d'expression française, l'ADELF a créé de nombreux prix littéraires: Afrique noire, Caraïbe, Asie, etc. Une fusion de sa revue avec celle de l'Association Culture française créée en 1952 et présidée par l'éminent spécialiste de la francophonie qu'est le professeur Auguste Viatte, a permis de regrouper ainsi les nouvelles concernant la vie des écrivains francophones à travers le monde. La revue *Culture française* constitue un document fort utile, particulièrement du point de vue biographique et bibliographique.

Il faut encore citer l'**Association francophone d'amitié et de liaison** (AFAL), créée le 11 août 1983 (à l'origine, d'accueil et de liaison), et toutes les associations de spécialistes comme l'**Institut international de droit d'expression française** (IDEF) créé dès le 27 septembre 1964, qui a des publications, une revue trimestrielle et a organisé des colloques importants; ou l'Association internationale des historiens et géographes de langue française née en 1969 à l'instigation de professeurs belges, français et québécois; l'Association internationale des avocats de culture juridique d'expression française, créée le 9 mai 1968; les associations de sociologues, d'économistes, de mathématiciens, de médecins (la dernière née étant l'Association concernant la médecine sportive de langue française).

Les lois linguistiques et les organismes gouvernementaux

On ne saurait pas davantage – à moins de vouloir faire une étude très spécialisée – passer en revue les lois linguistiques de tous les pays et relever les noms et les activités de tous les organismes nationaux concernant la langue française ou regroupant des francophones. Compte tenu de leur expérience et de leur rôle dans l'évolution de la francophonie, on s'arrêtera seulement sur quelques lois et organismes en France, en Belgique, au Canada et au Québec. (On trouvera en annexe une liste plus complète des organismes et associations avec les adresses, de sorte qu'on pourra obtenir tous les renseignements nécessaires.)

A. En France

La Délégation générale à la langue française a succédé au Commissariat général de la langue française qui, lui-même, avait remplacé le Haut Comité pour la diffusion et l'expansion de la langue française lancé en 1966 (décidé fin 1965 et créé en 1966) par le président Pompidou et devenu, à partir de 1973, tout simplement le Haut Comité de la langue française.

Lorsque, dans les années soixante, l'écrivain et journaliste Étiemble se mit en campagne contre le «franglais», il pressa à plusieurs reprises le gouvernement d'intervenir, sans succès. Le général de Gaulle ayant dit que c'était là l'affaire de l'Académie française, Étiemble lui répondit un jour: «*Non, Monsieur le Président, c'est une affaire d'État!...*» Mais l'État français s'est rarement montré empressé dans ce domaine. Depuis l'édit de Villers-Cotterêts, en 1539 (voir au chapitre I), l'histoire ne rapporte jusqu'à l'époque dont nous parlons qu'une seule loi purement linguistique, celle de la Convention prise par décret également le 2 thermidor, an II (20 juillet 1794) interdisant sur le territoire français tout acte public en une autre langue que le français.

Lorsque le Haut Comité fut créé, on ne lui donna pas beaucoup de moyens. Il fut pourtant actif en raison de la personnalité de son premier rapporteur général, M. Philippe Rossillon, devenu secrétaire général de l'Union latine. Son successeur, M. Michel Bruguière, prépara la deuxième loi linguistique depuis le XVIe siècle. (On trouve dans l'histoire de la France quelques prescriptions régionales ou particulières, mais pas d'autres lois générales.) Le député Pierre Bas en fit la proposition à l'Assemblée et Marc Lauriol en fut le rapporteur: ce fut la fameuse loi Bas-Lauriol du 31 décembre 1975.

La Convention avait voulu renforcer l'esprit national en combattant les particularismes; la loi Bas-Lauriol considérait le français comme un objet de consommation à protéger en vertu de la vieille législation sur la répression des fraudes. Le consommateur était aussi protégé par le fait que désormais toutes les consignes de sécurité, les modalités d'utilisation des produits, la composition des denrées alimentaires, etc., devaient être rédigées en français. Il en serait de même pour toutes les annonces de spectacles et publicités diverses dans la presse orale et écrite.

La loi fut adoptée à l'unanimité par l'Assemblée, mais... son entrée en application fut fixée au 1er janvier 1977. Peu d'information fut donnée au public qui comprit mal la portée et les raisons de cette loi; et les décrets d'application ne vinrent pas. Un débat au Sénat les 10 et 11 mai 1982 relança la question. On pensa un moment qu'une entente entre Pierre Bas (alors dans l'opposition) et Georges Sarre (dans la majorité) allait permettre de préciser la situation par une nouvelle loi. Ce ne fut pas possible. À son arrivée à la présidence de la République, François Mitterrand se montra attentif aux problèmes de la langue française, mais les résultats ne furent guère encourageants. Les gouvernements Mauroy puis Fabius avaient d'autres préoccupations plus importantes que les débats sur la langue qui risquaient de leur apporter plus de critiques que d'appuis. On en resta là. La loi Bas-Lauriol avait été assez mal accueillie, il faut le dire, en France, où l'on n'avait pas pris la peine d'expliquer clairement le problème à la population. Les propositions qui s'ensuivirent pour combattre le franglais paraissaient souvent saugrenues (comme la proposition de remplacer «feed-back» par «boucle de rétroaction»...).

Le Haut Comité de la langue française se révéla un instrument utile pour l'avancement de la francophonie. Au début de 1984, ses fonctions exécutive et consultative furent dissociées par décret avec la création d'un comité consultatif d'une part (dont les membres ne se réunirent que deux fois), et celle du Haut Commissariat de la langue française d'autre part (M. Bernard Billaud succéda en 1987 à M. Philippe de Saint-Robert qui en fut le premier haut commissaire). Les pouvoirs de ce dernier furent alors amplifiés par rapport au Haut Comité, en particulier en ce qui concerne l'action extérieure de la France.

Le Haut Conseil de la francophonie

Le 12 mars 1984 le dispositif était complété par la création du Haut Conseil de la francophonie, composé de personnalités françaises et étrangères, sous la présidence de François Mitterrand et la vice-présidence de L. S. Senghor. Ce Haut Conseil eut pour mandat de réfléchir sur la situation du français et de proposer toutes actions concernant le rôle de la francophonie et de la langue française dans le monde moderne.

Des sessions annuelles précédées d'études assez poussées ont permis jusqu'à présent la publication de deux importants documents: *L'État de la francophonie dans le monde* (rapport 1985) et *Francophonie et opinion publique* (rapport 1986).

Le Secrétariat d'État à la francophonie

Le ministère des Affaires étrangères qui compte depuis longtemps une direction générale des relations culturelles, scientifiques et techniques (on connaît à l'étranger le travail des bureaux d'action linguistique, BAL), s'était doté au cours des années soixante-dix d'un service, puis d'une direction des Affaires francophones.

Le 2 mai 1986, après la tenue du Premier Sommet, devait être créé un secrétariat d'État auprès du Premier ministre, chargé de la francophonie, qui compléterait les dispositifs précédents. La création de ce secrétariat d'État selon les textes officiels a répondu à un double souci:

> — celui d'abord de coordonner et d'harmoniser l'action des différents ministères français engagés d'une manière ou d'une autre dans des actions de francophonie, ainsi que celles de structure, tant privées que publiques, progressivement mises en place pour assurer, certes, la défense et le respect de la langue française, mais aussi s'appuyer sur la langue pour engager une coopération internationale dans des domaines très variés.

> — celui, d'autre part, d'assurer au mieux le suivi, tant international que national, de la Conférence des chefs d'État et de gouvernement des pays ayant en commun l'usage du français qui s'est déroulée à Paris les 17, 18 et 19 février 1986.

Jacques Chirac choisissait une antillaise comme titulaire de ce portefeuille, Mme Michaux-Chevry, avocate et ancienne présidente du Conseil général de Guadeloupe. Ses missions étaient ainsi définies:

> — la promotion, la diffusion de la langue française dans le monde et le développement de la francophonie;

> — l'usage, l'enrichissement et la défense de la langue française.

En ces domaines, elle propose toutes mesures, anime et oriente l'action des administrations intéressées.

> Elle est associée à la définition de la politique et au financement des actions menées par l'État et par les organismes contribuant au développement de la francophonie et de la langue française.

L'académicien et historien bien connu Alain Decaux succéda à Mme Michaux-Chevry. Il donna un nouveau lustre à ce ministère, mais les moyens financiers augmentèrent peu. Lorsque Édith Cresson succéda à Michel Rocard à la tête du gouvernement, Alain Decaux se retira pour laisser la place à Catherine Tasca, spécialiste de l'audiovisuel.

B. En Belgique, au Canada et en Suisse

En Belgique, au Canada et en Suisse, contrairement à la France, les lois linguistiques sont nombreuses et conditionnent largement le fonctionnement du pays. En Suisse, quatre langues sont reconnues: l'allemand, le français, l'italien et le romanche. Chaque canton définit sa politique linguistique. Le dernier événement dans ce domaine a été la proclamation du français langue nationale et officielle de la République et Canton du Jura, soumise au vote populaire le 20 mars 1977.

En Belgique, la querelle des frontières linguistiques est bien connue. Dès la constitution de 1830, les régions étaient définies selon des critères linguistiques (français, flamand et allemand), la région de Bruxelles, la capitale, étant bilingue (français et flamand). Après les querelles des années 1959 et 1960 concernant le recensement de la population (à partir des lois de 1932-1933, voir chapitre 9), alors que les Flamands refusèrent de participer au recensement en raison de la francisation de Bruxelles, la loi du 8 novembre 1962 définit de façon permanente les frontières linguistiques au détriment des francophones. Puis en 1963, deux lois successives précisèrent l'emploi des langues dans l'enseignement et l'administration. Enfin, l'on organisa les compétences et modes d'administration des trois régions: Flandre, Wallonie et Bruxelles. (Malgré une série de lois successives, il reste encore à régler plusieurs points épineux).

Le Canada aussi, tant au niveau fédéral que dans les provinces, a dû se donner des lois linguistiques, depuis la création de la Confédération par l'Acte d'Amérique du Nord britannique qui servit de constitution au Canada en 1867, jusqu'au rapatriement de cette constitution d'Angleterre à Ottawa en 1982. L'adoption d'une charte de droits et libertés se faisant alors sans qu'on tienne compte du point de vue du Québec. Ce n'est qu'en mai 1987, que les dix provinces canadiennes arrivaient à trouver un terrain d'entente: le Québec était reconnu comme une «*société distincte*», sans toutefois que soit définie cette distinction de fait par des éléments linguistiques et culturels liés à la pratique du français (accord du Lac Meech).

Pour les questions de la francophonie, il existe une direction des Affaires francophones au ministère des Affaires extérieures du Canada, et une cellule francophone au sein du Commissariat de Belgique aux relations internationales.

C. Au Québec

Une série de lois linguistiques jalonnent l'histoire contemporaine du Québec, avec la création d'une série d'organismes originaux. Dès 1912, était créée par un arrêté en Conseil une Commission de géographie qui fut consacrée officiellement par une loi en 1920. Cette commission s'appellera encore Commission des noms géographiques pour devenir en 1977 Commission de toponymie. Cet organisme dont la juridiction est considérablement plus vaste que celle de la précédente commission a été institué par la Charte de la langue française sanctionnée la même année.

Le chapitre XXIII de la loi de 1961 qui avait institué le ministère des Affaires culturelles créait aussi l'Office de la langue française, un organisme qui serait modifié à plusieurs reprises, pour prendre toute son importance seize ans après, en 1977. La loi 63 voulait protéger le français: elle aboutit à un résultat différent en permettant que l'enseignement normalement donné en français dans les écoles primaires et secondaires puisse l'être en anglais lorsque les parents en faisaient la demande. Le gouvernement de Robert Bourassa, en 1974, par la loi 22, se voulait plus directif; cela restait très ambigu – ce dont l'anglais pouvait encore une fois profiter. Le gouvernement créait la Régie de la langue française à partir de l'Office du même nom; d'une certaine façon, ce geste officialisait quand même un peu le rôle de la langue française, en dotant la Régie d'un pouvoir accru.

Le gouvernement de René Lévesque réglait les choses beaucoup plus clairement en 1977. Il prépara une loi fondamentale: la Charte de la langue française, ou loi 101. Son premier article stipule: «*Le français est la langue officielle du Québec.*» Suivent une série d'articles précisant que le français est la langue de l'administration, de la législation et de la justice, des organismes parapublics, du travail, du commerce et des affaires («*le texte français peut être assorti d'une ou plusieurs traductions, mais aucune inscription rédigée dans une autre langue ne doit l'emporter sur celle qui est rédigée en français*», art. 51; «*L'affichage public et la publicité commerciale se font uniquement dans la langue officielle*», art. 58), de l'enseignement (en français, sauf exception pour les enfants de parents qui ont reçu la majeure partie de leur enseignement primaire en anglais au Québec, art. 86), etc. (On remplacera toutefois cette clause «Québec», art. 73, par la clause «Canada».)

La Charte restructurait aussi les organismes voués à la langue française: l'**Office de la langue française**, la Commission de surveillance qui deviendra en 1983 la Commission de protection de la langue française, et la Commission de toponymie. L'Office se voyait investi d'un très grand rôle: il lui fallait franciser tout le Québec: «*définir et conduire la politique québécoise en matière de recherche linguistique et de terminologie pour veiller à ce que le français devienne, le plus tôt possible, la langue des communications, du travail, du commerce et des affaires dans l'Administration et les entreprises*». Les devoirs et pouvoirs de l'Office étaient fort étendus.

**DEVOIRS ET POUVOIRS DE L'OFFICE
DE LA LANGUE FRANÇAISE**
selon la Charte de la langue française, 1977

Devoirs de l'Office, art. 113. L'Office doit:

a) normaliser et diffuser les termes et expressions qu'il approuve;

b) établir les programmes de recherche nécessaires à l'application de la loi;

c) préparer les règlements de sa compétence qui lui sont nécessaires à l'application de la présente loi et les soumettre pour avis au Conseil de la langue française, conformément à l'article 188;

d) définir, par règlement, la procédure de délivrance, de suspension ou d'annulation du certificat de francisation;

e) aider à définir et à élaborer les programmes de francisation prévue par la présente loi et en suivre l'application;

f) reconnaître d'une part les organismes municipaux et les organismes scolaires; les services de santé et les services sociaux qui fournissent leurs services à des personnes en majorité d'une langue autre que française et d'autre part, les services qui, dans les organismes scolaires, sont chargés d'organiser ou de donner l'enseignement dans une langue autre que le français.

Pouvoirs de l'Office, art. 114. L'Office peut:

a) adopter des règlements qui sont de sa compétence en vertu de la présente loi et qui seront soumis à l'examen du Conseil de la langue française;

b) instituer des commissions de terminologie, en déterminer la composition et le fonctionnement et, au besoin, les déléguer auprès des ministères et organismes de l'Administration;

c) adopter un règlement de régie interne soumis à l'approbation du gouvernement;

d) établir, par règlement, les services et les comités nécessaires à l'accomplissement de sa tâche;

e) conclure, conformément à la loi, des ententes avec d'autres organismes ou un gouvernement en vue de faciliter l'application de la présente loi;

f) exiger de toute institution d'enseignement collégial ou universitaire un rapport sur la langue des manuels utilisés et faire état des observations en la matière dans son rapport annuel;

g) assister les organismes de l'Administration, les organismes parapublics, les entreprises, les associations diverses et les individus en matière de correction et d'enrichissement de la langue française parlée et écrite au Québec.

Afin que la loi produise tous ses effets, des mesures précises étaient prises, comme celle qui concernait les entreprises: *«les entreprises de 50 personnes et plus doivent posséder un certificat de francisation délivré par l'Office.»* (Art. 136.) L'on prévoyait des programmes de francisation progressifs. La Commission de surveillance devait jouer le rôle de «chien de garde» de l'Office.

Conjointement à la loi qui s'y réfère dans les articles cités, un Conseil de la langue française était créé pour *«conseiller le ministre sur la politique québécoise de la langue française et sur toute question relative à l'interprétation et à l'application de la présente loi».*

Les conséquences ne se firent pas attendre: si quelques compagnies prirent peur et transférèrent leur siège social hors du Québec, la grande majorité d'entre elles se plièrent au nouveau règlement linguistique et se mirent au français.

L'arrivée au pouvoir de Robert Bourassa après la défaite du Parti québécois, redonna quelque vigueur aux récalcitrants; la loi avait été un peu assouplie; les infractions furent moins sanctionnées. Malgré tout, la plupart des objectifs ont été atteints. Le Québec s'est vraiment francisé grâce à cette loi courageusement proposée par le Parti québécois et cela s'est fait sentir dans les autres provinces, qui ont peu à peu développé l'enseignement du français, en particulier par les cours d'immersion.

Comme le dit Xavier Deniau, *«cette loi représente une contribution capitale à l'histoire de la francophonie».*

Issu de la loi 101, le **Conseil de la langue française**, né le 26 août 1977, est un organisme important qui s'est fait rapidement connaître par ses travaux à travers tout le monde francophone. La charte créant ce conseil lui donna mandat de conseiller le ministre sur la politique de la langue et sur toutes les questions relatives à la loi 101.

Un de ses plus importants devoirs est de surveiller l'évolution du français au Québec quant à son statut et à la qualité de la langue utilisée dans les diverses manifestations de la vie nationale. Il peut pour ce faire, recevoir et entendre les observations du public, et conduire de vastes enquêtes.

Les résultats de ces travaux sont publiés dans le cadre de trois collections: dossiers, documentations, notes et documents. Parmi la centaine de publications qu'il a produites, on retiendra l'ensemble des travaux sur la situation de la langue française dans les écoles à clientèle pluriethnique de l'Île de Montréal. Un grand colloque international avait aussi été organisé en 1981 sur la langue française dans les communications scientifiques et techniques.

Les membres du Conseil sont dix personnalités du domaine culturel (deux), de l'université (deux), du monde syndical (deux), du milieu des affaires (deux) et des communautés ethniques (deux) qui se réunissent bénévolement une fois par mois pour entourer le président et le secrétaire tous deux à plein temps. Tous les membres sont nommés par le gouvernement.

Le Conseil entretient des liens avec les organismes linguistiques de la francophonie et avec ceux de beaucoup d'autres pays non francophones. Il joue un rôle considérable au Québec où le français est une des composantes majeures de toute action politique.

Au sein du ministère de Relations internationales du Québec existe d'autre part une direction des Affaires francophones et, depuis 1986, un Commissariat général à la francophonie.

Les conférences intergouvernementales et les ententes bilatérales

Depuis 1960, les conférences ministérielles spécialisées ont constitué des jalons périodiques de la francophonie et en furent souvent des éléments moteurs. La **Conférence des ministres de l'Éducation nationale (CONFEMEN)**, créée en 1960, est la plus ancienne des institutions francophones officielles. À l'origine Conférence des ministres de l'Éducation de France et des pays africains et malgache, elle est devenue la Conférence des ministres de l'Éducation des États d'expression française. Chargée de l'éducation et de la formation, dotée de peu de moyens, elle s'est montrée fort utile comme structure d'information, de réflexion et de concertation entre les ministères de l'Éducation.

Elle «*procède d'une volonté commune de coopération des États participants pour définir avec lucidité les objectifs et ordonner rigoureusement les moyens en vue de l'intégration adéquate des systèmes éducatifs nationaux dans le processus de développement économique et social*». Plusieurs évaluations successives ont conclu à la nécessité de son renforcement et de son ouverture sur les autres institutions francophones. Elle dispose d'un secrétariat permanent à Dakar.

Étant donné les relations privilégiées de la France avec les pays africains, son influence fut à l'origine très grande. Peu à peu le dialogue s'est élargi et une réelle coopération s'est instaurée entre tous les ministères participants. En 1986, la CONFEMEN réunie à Moncton, au Nouveau-Brunswick, jetait les bases d'un programme d'enseignement de la technologie pour les élèves des écoles primaires de 25 pays francophones. Cette province du Canada était mandatée comme maître d'œuvre de l'opération. Le directeur général du développement pédagogique du Nouveau-Brunswick, M. Gilles Bérubé, affirmait alors: «*C'est la première année que le Nouveau-Brunswick joue un rôle aussi actif. Avant tout récemment, la France contrôlait tout à ce niveau. Maintenant, il existe un meilleur échange entre les pays francophones. La province a beaucoup à contribuer au niveau de la francophonie internationale. De surcroît, cette participation nous permet de mieux connaître les besoins des pays membres de la CONFEMEN.*» (*Le Matin*, Moncton, 29 sept. 1986.)

Le **Conseil africain et malgache pour l'enseignement supérieur** (CAMES), organisation spécialisée née de la CONFEMEN, (Libreville, mai 1968), et revêtant une importance certaine fut créé par 18 chefs d'État de l'Afrique francophone subsaharienne. Le CAMES constitua dès sa création un secrétariat à Ouagadougou, dont M. Ki Zerbo fut le premier secrétaire général. Le CAMES est composé de représentants désignés par les ministres de l'Éducation nationale et des recteurs des universités. Il tient une réunion annuelle avant la CONFEMEN, à qui il soumet ses projets.

Ses premières tâches furent de définir pour l'Afrique l'équivalence et la reconnaissance des diplômes, ainsi que de recenser le potentiel africain, complété par des «coopérants techniques». Il tente de favoriser la compréhension et la solidarité interuniversitaires. Il a organisé des colloques sur diverses spécialités, en particulier la médecine traditionnelle et la pharmacopée africaine. En 1974, on créa un comité consultatif inter-États, destiné à devenir l'instance suprême pour la nomination et la promotion des enseignants dans les universités africaines. Toutefois certains pays fondateurs du CAMES hésitent à participer à ce programme. En 1981, on créa des concours d'agrégation; mais, là encore, toutes les universités ne sont pas impliquées.

Le CAMES souhaite aujourd'hui être reconnu de toute l'Afrique; il voudrait également que ses concours soient homologués par la France.

La **Conférence des ministres de la jeunesse et des sports** des pays d'expression française (CONFEJES) créée en 1969 fut également à son origine la conférence des pays africains et malgache. Comme la CONFEMEN, elle devient en 1971 simplement celle des ministres des pays d'expression française.

Ses activités ont porté sur les divers systèmes d'éducation physique et sur le développement des sports dans les pays francophones, en particulier depuis quelques années, les sports de participation et les sports féminins. À l'occasion de l'Année internationale de la jeunesse en 1985, la CONFEJES décida d'organiser des Jeux de la Francophonie. Les premiers furent organisés à Yamoussoukro, la nouvelle capitale de la Côte-d'Ivoire. Avec l'expérience de la mise sur pied de nombreuses tâches de perfectionnement sportif depuis sa fondation, et en institutionnalisant des jeux internationaux, tous les quatre ans, la CONFEJES voudrait développer davantage les relations sportives entre les États francophones et élever le niveau des athlètes. La CONFEJES bénéficie, comme la CONFEMEN, d'un secrétariat permanent à Dakar.

Les autres conférences ministérielles (finances pour la «zone franc», justice, travaux publics, santé, culture) n'ont pas de secrétariat permanent. L'ACCT a été chargée dans la plupart des cas d'assurer cette fonction, que plusieurs voudraient voir officialiser à l'échelle de tous les domaines de la francophonie gouvernementale.

Plusieurs des conférences accueillent des participants non francophones. On a vu ainsi des ministres brésiliens, anglais ou ghanéens à des conférences ministérielles d'expression française. Ce fut sans conteste un enrichissement, d'autant plus que les recommandations de ces conférences n'ont pas de valeur exécutoire: ce ne sont que des suggestions, recommandations et informations mutuelles. Si l'ACCT devient le coordonnateur général, on peut s'attendre à un renforcement de l'ensemble et un poids sans doute plus grand dans tous les domaines.

Aux conférences ministérielles, il faut ajouter bien sûr la Conférence des chefs d'États de France et d'Afrique organisée pour la première fois par le président Pompidou en 1973, et institutionnalisée sur une base annuelle par le président Giscard d'Estaing: c'est le Sommet franco-africain. Il regroupe maintenant 36 pays et constitue chaque année une réunion politique importante pour la France et les pays d'Afrique. On aura l'occasion d'y revenir à propos du Sommet de la francophonie.

Chapitre 6

LA LONGUE MARCHE
VERS LE SOMMET

Après la création de l'ACCT et avec le développement des organismes francophones, on pouvait être confiant dans la francophonie: on attendait une réunion au
sommet qui permettrait de donner plus de poids aux diverses initiatives, de renforcer la cohésion de l'ensemble
sur le plan politique et éventuellement de permettre la
réalisation d'une communauté organique: la faiblesse de
l'ACCT ne serait alors que temporaire.

Ce sera beaucoup plus compliqué qu'il ne le paraissait alors. Les réserves manifestées au cours des années
soixante ne disparurent pas d'un coup, loin de là. Et la
question du Québec, ainsi que ses difficultés croissantes
avec Ottawa, allaient bloquer toutes les tentatives de
réunion de la décennie.

La relance du projet;
une première occasion manquée

Au début des années soixante-dix, P. E. Trudeau,
le Premier ministre canadien, qui s'était beaucoup impliqué dans les questions francophones à l'échelle du

Canada sinon à la satisfaction du Québec, pensa réussir une percée politique de premier ordre sur la scène internationale dans ce domaine. Le poids financier, en cette période de grande prospérité, permettait à Trudeau d'envisager un grand rôle pour son pays, et pour lui-même, dans le cadre de la francophonie. Après la période des grands chefs d'État africains, Senghor, Bourguiba, Hamani Diori, pourquoi la balance ne pencherait-elle pas de l'autre côté de l'Atlantique?

Le président Senghor, après la mort de Pompidou, remit la balle de la francophonie dans le jeu de Valéry Giscard d'Estaing et il avança les idées de P. E. Trudeau. En août 1975, il écrivait au président de la République française: «*Je voudrais vous soumettre une grande idée qui ne vient pas de moi, mais du Premier ministre du Canada, Pierre Elliott Trudeau.*» Trudeau avait en effet lancé l'idée qu'il valait mieux envisager d'abord un Sommet francophone plutôt qu'une Communauté organique dont la structure serait nécessairement beaucoup plus lourde à mettre en place.

Giscard d'Estaing répondit à L. S. Senghor le 13 septembre pour lui donner son accord de principe sur l'idée d'un sommet. Mais il insistait sur la période de nécessaires consultations qu'on devait faire précédemment pour ne rien précipiter: il fallait peut-être ne pas se limiter aux seuls pays membres de l'Agence.

Les consultations se poursuivirent donc et Senghor saisit de la question plusieurs Premiers ministres. L'année suivante, en octobre 1976, Giscard renouvelle à Senghor son accord de principe à condition que le sommet soit distinct de la Conférence franco-africaine. La France tient à conserver cette réunion annuelle quelles que soient les nouvelles structures.

Le Premier ministre Raymond Barre recevant Senghor le 29 novembre, lui fit alors comprendre que c'était à l'Afrique de préciser le projet et d'aller de l'avant: il ne fallait pas que l'on puisse accuser la France de colonialisme; elle attendrait donc que le projet ait mûri.

À la Conférence franco-africaine en avril 1977, Senghor fit une déclaration et rappela l'intérêt de Trudeau. L'idée faisait son chemin d'un sommet de chefs d'État auquel les chefs de gouvernement pourraient être invités comme observateurs. La langue française serait surtout un véhicule pour permettre aux chefs d'État de s'exprimer sur la politique, l'économie, le dialogue nord-sud, le désarmement, etc.

Pour Ottawa, qui travailla de plus en plus sur ce projet, l'insistance était mise sur ce dernier point, affaire des gouvernements souverains, qui excluait d'office le Québec, ces grandes préoccupations étant hors de ses domaines de compétence. Pour renforcer cette idée, le Canada tentait de persuader les autres pays que la préparation ne devait absolument pas être confiée à l'Agence puisque c'était une affaire de chefs d'État.

Le Québec bien entendu ne le voyait pas ainsi. Il souhaitait que la réunion touche aux problèmes culturels et voulait bénéficier d'une place de gouvernement participant, comme au sein de l'Agence. René Lévesque était arrivé au pouvoir; le Québec ne se laisserait pas mettre ainsi de côté.

Pour la France, le sommet ne pouvait être qu'une réussite: un échec lui serait néfaste dans ses rapports bilatéraux et de toute façon lui serait imputé; on l'accuserait d'avoir voulu garder son influence prépondérante dans les rencontres avec les pays africains. Il lui fallait d'autre part un ordre du jour assez différent de ceux des sommets franco-africains. La France se rapprochait ainsi du point de vue du Québec avec qui, par ailleurs, on avait décidé d'entretenir des *«relations directes et privilégiées»*. La France, toutefois, ne tenait pas spécialement à voir l'ACCT intervenir dans la préparation du sommet, mais elle était prêt à l'accepter si cela paraissait utile. La position française se précisa peu à peu. Après la visite de René Lévesque à Paris, le ministre français des Affaires étrangères, Louis de Guiringaud, déclara (le 9 novembre 1977) à l'Assemblée nationale que la France ne saurait *«participer à quelque réunion ou sommet de chefs d'État ou de gouvernement francophone où le Québec ne serait pas convié».*

La querelle d'abord souterraine entre Québec et Ottawa se développait. Les chefs d'État africains, d'abord surpris, furent agacés par cette histoire qui prenait de l'importance et qui empêchait la tenue du sommet. Ils étaient tentés de s'en tenir à la position de Trudeau. Cette querelle de «grands blancs» ne pouvait que renforcer la position de l'Algérien Boumediene qui fit savoir en septembre 1977 que l'Algérie ne participerait pas, ne voyant dans l'organisation de la francophonie que de l'impérialisme français déguisé. Les Africains sont plutôt légalistes; ils ne tiennent pas à rediscuter des frontières de leurs États; ils s'en tiennent aux accords officiels. C'est le sens de la lettre que Senghor adressa à René Lévesque:

> Comme je l'avais promis à M. Pierre Elliott Trudeau, dont procède l'idée, j'ai soumis, à la 4ᵉ Conférence francophone de Dakar, le projet d'une conférence francophone régulière des chefs d'État et de gouvernement francophones... Je pense qu'elle pourra se réunir pour la première fois, à Dakar, en novembre ou décembre 1978... Il y a évidemment la question de la participation du Québec. Si le Québec, un jour, recouvrait sa souveraineté internationale dans un cadre confédéral qui l'unirait au Canada, votre droit de participer à la conférence ne ferait aucun doute. Dans la situation actuelle, il vous faut l'accord du gouvernement fédéral du Canada.
>
> (28 avril 1977)

Dans le camp de Trudeau, on s'en réjouit jusqu'à parler de la position du Québec comme d'un «tribalisme».

Cela n'arrangeait pas les choses. Senghor s'en tiendra à sa position. De 1978 à 1980, les mêmes idées furent exprimées et les mêmes arguments utilisés par tous. Le ton monta à plusieurs reprises, en particulier lorsque, après une visite de L. S. Senghor à Trudeau, on prêta d'Ottawa au président sénégalais une déclaration selon laquelle la France ne *«faisait pas objection à ce que le Québec ne participe pas directement au Sommet de la francophonie».* Louis de Guiringaud aussitôt réitéra sa déclaration de l'année précédente. L. S. Senghor affirma qu'on l'avait mal compris: il précisa dans une lettre personnelle à René Lévesque la portée de sa déclaration. *«Interrogé sur cette éventuelle conférence, j'ai répondu en substance: dans l'état actuel de la constitution du Canada, je ne vois pas comment le Québec pourrait participer à cette conférence, d'autant que les premiers ministres des provinces ne participent pas aux conférences du Commonwealth... C'est une histoire de grands blancs. Je ne suis que le rapporteur, le chef d'un petit État sous-développé.»* Senghor était irrité de cette affaire, d'autant qu'il avait l'impression que le Québec avait pris des mesures de rétorsion contre le Sénégal (en refusant une exposition sénégalaise à Montréal et à Québec, et en votant contre une subvention à l'Université des Mutants (idée de Senghor), à la dernière conférence de l'Agence). Il exprimait sa déception en termes vigoureux:

> Bien sûr le gouvernement du Québec est maître de sa politique étrangère, comme au demeurant le Sénégal l'est de la sienne. Je voudrais simplement vous rappeler que, depuis son accession à l'indépendance, le Sénégal n'a jamais cédé aux tentatives de corruption ou d'intimidation. Pour le reste, le Sénégal continuera à étudier, sympathiquement mais objectivement, les problèmes relatifs au Québec qui seront discutés au sein des conférences francophones. Il le fera sans rancœur, mais, encore une fois, sans lâcheté.

> Lettre citée par Claude Morin, *L'Art de l'impossible,* 1987.

René Lévesque répondit avec *«sérénité».* L'affaire s'arrêta là. Mais lorsqu'on prépara, fin 1980, la Conférence des ministres des Affaires étrangères prévue à Dakar pour organiser le Sommet, le ministre français François-Poncet trouva incompréhensible que le Québec ne soit pas représenté. Le 25 novembre, la France refusait de participer à la Conférence de Dakar, conformément à ses engagements. Une semaine plus tard (le 2 décembre), Senghor annulait la rencontre préparatoire pour «*laisser le temps aux parties de trouver un accord sur le problème de la représentation du Québec*».

Le Canada n'apprécia guère. La politique de la France vis-à-vis du Québec, «*non-ingérence, mais non indifférence*», fut très vivement critiquée comme une «*intervention étrangère dans les affaires internes du Canada*»...

Il n'était plus question de sommet pour l'instant!...

Vers le premier sommet: l'entente enfin trouvée

L'arrivée de François Mitterrand à la présidence de la République française ne semblait pas, à première vue, devoir faire avancer les choses, compte tenu des positions de principe des socialistes à l'encontre de celles des gouvernements précédents et de l'attitude plus générale de ce parti qui avait d'autres priorités que la francophonie. Plusieurs déclarations peuvent laisser croire à juste titre que la France n'était pas pressée de voir le projet aboutir.

> «Je vous répète qu'il s'agit d'une initiative qui n'est pas celle du gouvernement français mais celle de mon ami Senghor, avec lequel j'entretiens depuis longtemps des relations fraternelles... Donc, je ne suis pas partie à cette initiative», dit Mitterrand en conférence de presse à Ottawa. Il avouait pourtant «en soi, c'est une bonne idée», mais il concluait «pour l'instant, la méthode la plus simple paraîtrait de développer des efforts de francophonie dans le cadre de l'Agence existante.»

Pourtant, le tiers-mondisme du parti socialiste, son intérêt pour l'Afrique, et son souci de préserver l'identité culturelle de la France allaient dans le sens d'une ouverture générale sur les pays d'expression française en voie de développement, voire sur la francophonie tout entière.

Un an plus tard, en raison de l'évolution de la politique française, Mitterrand s'engageait nettement. Il annonce dans une autre conférence de presse à Paris le 9 juin 1982 «*des propositions qui feront que la franco-*

phonie et les institutions tendant à défendre la langue française seront mises en place d'ici peu, y compris l'institution, disons francophone, qui a buté sur des problèmes propres au Canada et au Québec, vous le savez, l'idée chère à M. Senghor, qui m'est chère aussi». À Kinshasa, le 7 octobre 1982, il déclarait: «*J'ai l'intention de développer dans un temps très bref des institutions (francophones). Présentez-moi, si vous voulez me faire plaisir, comme un* **artisan de la francophonie.**»

Trudeau se pressa d'intervenir. Il s'adressait ainsi, en novembre 1982, à l'Agence:

> Nous continuons de penser que des consultations multilatérales régulières, ouvertes à tous les pays souverains de la francophonie et embrassant l'ensemble des problèmes internationaux, apparaîtront bientôt comme l'accomplissement politique nécessaire de notre entreprise commune.
>
> Tant que nous n'aurons pas réuni au sommet les leaders politiques des pays francophones, notre projet d'une véritable francophonie internationale demeurera tronquée.

Un des proches de François Mitterrand, Régis Debray, proposa alors en janvier 1983 un sommet à deux volets: une première réunion groupant uniquement les chefs de gouvernement des pays souverains serait suivie d'une seconde (séparée de la première par un «week-end» de repos pour bien marquer la différence) plus technique, à laquelle participeraient aussi des personnages politiques responsables d'États non souverains: cette dernière réunion visait le Québec, la Wallonie...

Ce sommet à deux volets, acceptable pour Ottawa, ne l'était pas pour le Québec, obligé qu'il serait d'attendre dans l'antichambre la fin de la réunion des grands. Trudeau, après la tenue du Sommet des sept pays les plus industrialisés à Williamsburg, annonça précipitamment que le Sommet se tiendrait cette même année à la suite d'une entente avec la France; il dut faire plus tard une mise au point. Le voyage de René Lévesque en France en mai 1983 permit au Premier ministre français d'alors,

Pierre Mauroy, de préciser à nouveau la position de la France.

> La France a conscience de la nécessité pour le Québec d'occuper sa place (au sommet). Seul le Québec est majoritairement francophone en Amérique du Nord. Jamais il n'a cessé ses efforts opiniâtres pour préserver son identité. C'est et ce sera la préoccupation constante de mon pays dans ses réflexions présentes et à venir de voir le Québec occuper la place qui lui revient dans les instances francophones.

On retournait à la case départ.

Mais Trudeau (Parti libéral) quitta la scène politique le 29 février 1984. Turner (du même parti) lui succéda et fut battu par Brian Mulroney (Parti conservateur) le 4 septembre 1984. C'est alors que s'opéra un changement. Mulroney s'était engagé à trouver une formule pour permettre au Canada et au Québec de participer au sommet. Il tint parole. Une attitude nouvelle commença à se développer, qui allait permettre le début d'un nouveau dialogue entre Québec et Ottawa. Après cinq mois de négociations, au début de novembre 1985, Pierre-Marc Johnson, qui avait succédé à René Lévesque le 3 octobre, signait avec Brian Mulroney une entente réglant le différend entre le gouvernement provincial et le gouvernement fédéral.

Les choses, à partir de ce moment, vont très vite. François Mitterrand tient absolument à ce que le sommet ait lieu avant les élections législatives françaises de mars 1986. Le temps de préparation paraît très court et les échéances impossibles à tenir. Ce sera suffisant. Un groupe de «sherpas» prépare la rencontre à la hâte.

La passion francophone des socialistes français paraît suspecte à plusieurs. Les crédits du quai d'Orsay consacrés aux pays francophones n'ont cessé de s'amenuiser; malgré la création de nouveaux organismes (le Haut Conseil de la francophonie et le Commissariat général de la langue française), le gouvernement n'a pas suivi: le projet de loi portant sur la protection du français n'a pas abouti; quelques accrocs ont même terni l'image de la gauche dans le dossier de la francophonie, en particulier la mauvaise candidature rejetée par les Africains, du ministre de l'Information Georges Fillioud à l'ACCT, à Dakar fin 1985.

François Mitterrand, qui n'a plus de problème du côté du Canada, tient bon: il a besoin d'un succès. Le sommet se tiendra du 17 au 19 février 1986.

Le protocole aura fort à faire pour déterminer les prises de parole à la séance d'ouverture et à celle de clôture. Mais les travaux préparatoires porteront leurs fruits. Le sommet a lieu dans d'assez bonnes conditions; une longue liste de résolutions est acceptée, un comité du suivi est organisé et un deuxième sommet prévu à Québec en 1987.

La francophonie bénéficie désormais d'une coordination au plus haut niveau, celui des chefs d'État et de gouvernement.

DEUXIÈME PARTIE

PROBLÉMATIQUE DE LA FRANCOPHONIE

Chapitre 7

LA FRANCOPHONIE, UNE «AVENTURE AMBIGUË»

On se plaît périodiquement à relever les ambiguïtés de la francophonie: en se répandant sur la planète, la langue française perd de son homogénéité, et c'est sur elle que repose la francophonie; le mélange des cultures nuit à chacune d'entre elles, la française en particulier, qui se «vulgariserait», sans que naisse de l'ensemble une culture francophone; les politiques des États s'affrontent; les économies sont souvent rivales, parfois opposées, etc. Comment imaginer aujourd'hui une synthèse harmonieuse, une vision claire de l'ensemble alors que les différences semblent l'emporter sur les parentés, la diversité sur l'unité?

Francophonie, anglophonie

Le Commonwealth est pour les anglophones une façon pratique de conserver, après l'indépendance des colonies britanniques, un lien permanent non astreignant mais efficace entre la Grande-Bretagne et les pays nouvellement constitués: une solution pragmatique pour tirer parti de la situation et garder le maximum d'avantages pour chacun, avantages essentiellement économiques et politiques, éventuellement éducatifs et culturels (les Jeux du Commonwealth, par exemple). Les pays de langue anglaise ne sont pas tous membres du Commonwealth: les États-Unis d'Amérique en sont le plus bel exemple. En revanche, tous les membres reconnaissent le symbole suprême – qui n'est pas l'autorité suprême – Sa Majesté britannique.

Rien de tout cela dans la francophonie. Le seul dénominateur commun est la langue, qui permet d'accéder à la culture et à partir de laquelle on tentera de développer une meilleure connaissance mutuelle, puis des liens de solidarité et de coopération. Qu'importent les différences? on sera complémentaire. Qu'importe aussi le réalisme, à tout le moins le pragmatisme? la générosité sera le mobile des réflexions communes et, partant, de l'action.

Un responsable ontarien de l'éducation expliquait les progrès de l'enseignement du français dans sa province par «l'étapisme» des membres anglophones de son gouvernement. Le mot «étape», précisait-il, n'a pas du tout le même sens pour un Anglais et pour un Français. Pour ce dernier, l'étape est une partie de la marche vers un but fixé d'avance, alors que pour l'Anglais, c'est seulement un pas en avant dicté par les circonstances.

On comprend mieux par cet exemple les difficultés de la mise en place de la francophonie, comparée au développement tranquille du Commonwealth. La francophonie n'est pas une utilisation rationnelle des faits, historiques, économiques, linguistiques et autres. C'est une aventure sous-tendue par une idéologie. Comme les points de vue divergent au sein des pays francophones, il est parfois difficile de parvenir à une entente même sur une chose simple, l'idéologie majoritaire se heurtant à des perceptions idéologiques différentes.

Pour comprendre les différences de mentalité entre anglophones et francophones et ainsi mieux réfléchir sur la problématique de la francophonie, il suffit de comparer les littératures africaines d'expression anglaise et d'expression française des années 1950 à 1970 (années proches des indépendances vers 1960). La première est précise, énumérative: la langue est un véhicule. Les romanciers, comme le Nigérian Chinua Achebe, tiennent à coller à la vie, en nommant simplement les réalités qu'ils feront sentir plus profondément par le rappel de dictons, d'éléments ancestraux ou de bruits familiers.

L'écrivain noir francophone, marqué par son éducation humaniste, ou simplement par la tradition littéraire française, analyse, dissèque, s'essaye à quelques synthèses et va parfois jusqu'à célébrer son pays – non encore chanté en français – dans un «néo-romantisme» qu'il croit un temps nécessaire à partir des modèles français des siècles passés qu'il a découverts à l'école:

> Glissant sur la pente lisse du ciel, la vapeur des nuages prenait la couleur de l'indigo dans l'eau savonneuse. Bien loin au-dessus des bois, une haute barrière flamboyante lançait des flèches de soufre dans le saignant vif de l'horizon.

Ainsi écrit, dans *Ô pays, mon beau peuple* (1957), le romancier cinéaste sénégalais Sembène Ousmane, qui n'a pourtant pas, comme L. S. Senghor, fait de longues études universitaires. Mais l'exemple est sans doute omniprésent à cette époque.

On comprend alors l'irritation de certains Africains de langue anglaise devant les réflexions politico-philosophiques de leurs congénères francophones. *«Le tigre ne proclame pas sa tigritude»*, dit un jour le seul prix Nobel africain, Nigérian lui aussi, Wole Soyinka faisant allusion à la négritude, *«il saute sur sa proie et la dévore!...»*

La négritude

Les Noirs américains s'étaient exprimés par le jazz au début du XXe siècle. Un roman célèbre de Claude Mc Kay publié en 1928 et traduit dans de nombreuses langues, *Banjo* (histoire d'un étudiant antillais vu par un Noir américain), aida les jeunes Africains et Antillais étudiant à Paris à minimiser leurs régionalismes. Le Martiniquais Aimé Césaire, le Guyanais Léon Gontran Damas et le Sénégalais Léopold Sédar Senghor oublièrent leurs différences pour lancer une revue, l'*Étudiant noir*, et approfondir leurs réflexions sur le concept nommé par Césaire: la négritude.

Après la redécouverte de leur patrimoine africain que les premiers africanistes comme Delavignette, Delafosse, ou Tempels avaient mis en valeur, Senghor et ses amis font profession de foi en l'Afrique. Ils voient grand et large, historiquement, géographiquement. Leurs études gréco-latines leur ont appris à rechercher les racines philologiques et à penser en termes d'ensembles. La négritude ne sera pas un repli sur soi mais par une détermination intérieure, l'affirmation de la personnalité noire par la recherche des valeurs essentiellement africaines pour les rassembler puis les dépasser, afin de préparer avec les Blanc dont on reconnaît aussi les valeurs la civilisation de l'Universel.

Aimé Césaire, l'un des plus grands poètes de notre temps, exprimait ces valeurs nègres dans son magnifique *Cahier d'un retour au pays natal* (1939): tout en redonnant au Noir sa fierté, il ne l'isolait pas («ma négritude n'est pas une tour»), il ne le rendait pas violent ni haineux à l'endroit du Blanc, mais prêt à marcher avec lui pour mieux comprendre et construire le monde.

Écoutez le monde blanc
horriblement las de son effort immense (...)
Pitié pour nos vainqueurs omniscients et naïfs (...)
ne faites point de moi cet homme de haine pour qui
je n'ai que haine
car pour me cantonner en cette unique race
(...) ce que je veux
c'est pour la faim universelle
c'est pour la soif universelle.

L'impact du *Cahier* de Césaire reste grand, quatre décennies après sa première publication, comme on a pu le voir lors du grand congrès de Miami en janvier 1987 sur la négritude, où Césaire reçut l'hommage éclatant de plus d'un millier d'écrivains et d'universitaires des Amériques.

NÉGRITUDE

ô lumière amicale
ô fraîche source de la lumière
ceux qui n'ont inventé ni la poudre ni la boussole
ceux qui n'ont jamais su dompter la vapeur ni l'électricité
ceux qui n'ont exploré ni les mers ni le ciel
mais ceux sans qui la terre ne serait pas la terre

gibbosité d'autant plus bienfaisante que la terre déserte
davantage la terre
silo où se préserve et mûrit ce que la terre a de plus terre
ma négritude n'est pas une pierre, sa surdité ruée
contre la clameur du jour
ma négritude n'est pas une taie d'eau morte sur l'œil
mort de la terre
ma négritude n'est ni une tour ni une cathédrale

elle plonge dans la chair rouge du sol
elle plonge dans la chair ardente du ciel
elle troue l'accablement opaque de sa droite patience.

Eia pour le Kaïlcédrat royal!
Eia pour ceux qui n'ont jamais rien inventé
pour ceux qui n'ont jamais rien exploré
pour ceux qui n'ont jamais rien dompté

mais ils s'abandonnent, saisis, à l'essence de toute chose
ignorants des surfaces mais saisis par le mouvement
de toute chose
insoucieux de dompter, mais jouant le jeu du monde

véritablement les fils aînés du monde
poreux à tous les souffles du monde
lit sans drain de toutes les eaux du monde
étincelle du feu sacré du monde
chair de la chair du monde palpitant du mouvement
même du monde!

Extrait du *Cahier d'un retour au pays natal*

Pour Senghor, qui, devenu président de la République du Sénégal, eut de nombreuses occasions de s'expliquer sur ses conceptions, l'itinéraire est le même qui le conduit de l'enracinement africain à l'universel. S'il a voulu africaniser le socialisme, c'était pour *«faire épanouir en l'homme les valeurs spirituelles de son peuple»*. Ainsi précise-t-il lors d'un voyage officiel en Italie, en 1962:

> Ces valeurs de la civilisation africaine, nous les désignons par le terme de négritude – vous-mêmes ne parlez-vous pas de valeurs européennes? – concrètement, la négritude s'exprime par le sens communautaire qui est, chez nous, «communion». Communion de l'homme, de l'homme avec la matière. Cette conspiration des centres, des âmes, est exprimée dans notre art, qu'il soit religieux ou profane, par le symbole et le rythme, par l'image rythmée.
>
> La négritude n'est ni racisme, ni micro-nationalisme. Si elle est enracinement dans la terre africaine, elle n'en est pas moins ouverture aux autres continents, aux autres races, aux autres nations, aux autres cultures.
>
> C'est pourquoi nous travaillons à intégrer la négritude parmi d'autres valeurs, celles de l'Islam et du Christianisme, celles du Socialisme et de la Civilisation gréco-latine...

Senghor sait le rôle de sa formation française dans la découverte des valeurs nègres. Comme le dit Jean-Paul Sartre: *«C'est au choc de la culture blanche que sa négritude est passée d'existence immédiate à l'état réfléchi» (Orphée noir).*

On connaît d'autre part ce jugement porté par le président du Sénégal au sujet de la guerre de 1914-1918, lors d'un colloque tenu à Dakar sur l'ethnologue allemand Frobenius: *«cette guerre civile européenne que les historiens occidentaux osent encore appeler la Première Guerre Mondiale».*

Le métissage culturel

Habitué à penser par grandes abstractions dans sa *«quête du Graal noir»*, L. S. Senghor ne pouvait voir la francophonie que comme un grand métissage, l'amour de la langue française ayant justifié les liens sacrés du mariage. Lui-même se définit très tôt comme un métis culturel; il emploie ce terme dans de très nombreux discours.

«Avec la dextérité de l'artisan, dit un de ses biographes, Armand Guibert, *Senghor va dès lors faire glisser entre ses doigts la navette de ses doubles amours, de l'Afrique maternelle à «l'Europe à qui nous sommes liés par le nombril.»* (L. S. Senghor, édition Présence africaine.)

Présentant sa femme, Française et Normande, au général de Gaulle, Senghor reçut de lui en guise de compliment un éloge du métissage, le général se disant fier d'être lui aussi métis, produit de plusieurs régions de France.

À bien y réfléchir, qui n'est pas métis, de sang tout autant que de culture? On ne devrait d'ailleurs rien voir de péjoratif dans cette expression puisque c'est une nécessité de la race. Les tribus primitives de tous les continents le savent, qui ont toujours fait la guerre aux tribus voisines pour s'approprier des épouses. L'histoire et la littérature latines nous ont familiarisés avec les problèmes matrimoniaux des Horaces et des Curiaces, symbole de l'alliance nécessaire avec Albe pour la toute jeune et dynamique ville de Rome.

Mais on sait aussi comme il est difficile à un étranger de s'imposer dans une famille bien établie. Le métissage, c'est l'avenir... à long terme! À court terme, il provoque souvent des frictions, au moins des malentendus et des quolibets. Ce qui vaut au niveau de la famille vaut tout autant au niveau du village, de la province, du pays. L'émigration successive dans l'Hexagone de Polonais, d'Italiens, de Portugais et d'Espagnols s'est faite sans trop de difficultés pour le bien de la France tout au long du XXe siècle: ils étaient tous Européens. L'arrivée des Arabes et des Noirs pose des problèmes raciaux plus complexes souvent amplifiés par la crise économique contemporaine. Mais l'assimilation se fait progressivement avec des conséquences importantes. C'est le phénomène «beur» (enfants des immigrés nord-africains) dont l'ancien directeur général des relations culturelles, scientifiques et techniques au ministère français des Affaires étrangères, M. Thierry de Beaucé, prédisait l'ampleur dans l'hebdomadaire *Le Point* (27 avril – 3 mai 1987): «*Je suis sûr qu'on connaîtra, en France, un événement culturel révolutionnaire: c'est le phénomène beur. Il y aura une littérature beure comme il y a un cinéma beur ou une musique beure.*» Mais, ajoutait-il, «*il n'y a pas que le phénomène beur. Il y a aussi la France jeune, qui intègre des mots anglais sans complexe*».

Qu'est-ce qui a fait la force des États-Unis du XXe siècle, sinon leur grande puissance d'assimilation: le fameux «melting pot». Ce n'est pourtant pas sans risque ni sans difficulté. Pour se sentir vraiment Américain, un émigré doit souvent sacrifier sa propre culture sur l'autel du Coca Cola, du hot-dog, du western. Ce n'est qu'à la troisième génération, dit-on, que les vestiges de la culture d'origine seront valorisés et magnifiés – souvent folklorisés. Pour unir toutes les populations dissemblables, les États-Unis ont dû se créer une morale et une philosophie des plus simples: un monde divisé entre bons et méchants, avec une justice expéditive: la loi du Far West.

Si nous transposons au niveau de la francophonie, quel est l'impact et quelles seront les conséquences prévisibles du métissage – essentiellement culturelles, cela s'entend. Doit-on, comme les États-Unis qui ont abandonné la culture anglaise pour créer peu à peu une civilisation américaine, délaisser la culture française que tous les médias nous disent en déclin, pour rebâtir une nouvelle civilisation francophone?

Au niveau individuel, la synthèse est possible à un degré supérieur utilisant les qualités des uns et des autres. Mais dans la moyenne, les qualités ne sont-elles pas appelées à disparaître au profit d'une médiocrité générale? D'un point de vue économique, la solidarité francophone doit-elle empêcher les pays du nord de consacrer leurs ressources aux recherches de pointe, pour aider les pays du sud?

Sur tous les plans, on voit les difficultés du grand métissage auquel la francophonie nous convie. L'écrivain sénégalais Cheik Hamidou Kane l'a bien montré en son temps dans son roman intitulé fort justement *L'Aventure ambiguë* (1961). Ses héros sont tiraillés entre l'école européenne et la tradition coranique, la vie tribale et la modernité française.

Métissage et tissage

Pourtant, le grand dessein francophone doit être considéré dans sa totalité et dans l'ampleur de son projet. Il vaut mieux que ses conséquences immédiatement ambiguës. On parlait d'hybrides il y a une vingtaine d'années, avant de parler d'ambiguïtés. Les deux mots se ressemblent mais «hybride» est peut-être plus juste, relevant de la génétique et de la biologie qui sont au cœur de notre problème.

Il en est peut-être des spécificités nationales vis-à-vis de la francophonie, comme de ce qu'est pour Roland Barthes, dans une perspective sémiologique, le texte vis-à-vis de l'écriture.

> Il faut donc choisir: ou bien placer tous les textes dans un va-et-vient démonstratif, les égaliser sous l'œil de la science in-différente, les forcer à rejoindre inductivement la copie dont on les fera ensuite dériver; ou bien remettre chaque texte, non dans son individualité, mais dans son jeu, le faire recueillir, avant même d'en parler, par le paradigme infini de la dif-férence, le soumettre d'emblée à une typologie fondatrice, à une évaluation. (*S/Z.*)

La richesse de la francophonie au niveau du métissage est du domaine du tissage qui se fait par l'alliance de fils ni parallèles, ni convergents, mais qui deviennent complémentaires du fait du travail du tisserand. La francophonie vaut, à partir de sa trame solide, par sa dynamique de transformation. Pour citer encore Barthes:

> L'ensemble des codes, dès lors qu'ils sont pris dans le travail, dans la marche de la lecture, constitue une tresse (texte, tissu et tresse, c'est la même chose); chaque fil, chaque code est une voix; ces voix tressées – ou tressantes – forment l'écriture: lorsqu'elle est seule, la voix ne travaille pas, ne transforme rien: elle exprime; mais dès que la main intervient pour rassembler et entremêler les fils inertes, il y a travail, il y a transformation. (*S/Z*.)

Si l'on voit dans la francophonie la seule rencontre momentanée, suscitée par l'histoire contemporaine de peuples divers, les contacts superficiels en vue d'un partage des ressources culturelles et économiques ne peuvent que donner raison au journal humoristique *Le Canard enchaîné* parlant de «Franco-faune». Si au contraire, on la retient dans sa plénitude et dans la profondeur des idées qui l'ont vue naître, on en comprendra la portée au travers même de ses ambiguïtés. Comme le dit encore Jean-Paul Sartre dans *Orphée noir*: «*L'apport noir dans l'évolution de l'Humanité, ce n'est plus une saveur, un goût, un rythme, une authenticité, un bouquet d'instincts primitifs: c'est une entreprise datée, une patiente construction, un futur.*»

Un exemple significatif: la Superfrancofête

Une des premières grandes manifestations de la francophonie est à même de servir d'exemple pour illustrer notre propos: le festival de la jeunesse francophone, la «Superfrancofête» organisée à Québec du 13 au 24 août 1974.

L'Agence de coopération culturelle et technique (ACCT) avait été créée à Niamey le 20 mars 1970. Les 22 gouvernements qui avaient signé la convention considéraient alors que la coopération pouvait être d'autant plus féconde qu'elle associait des peuples participant à des cultures différentes.

Aussi, pour mieux faire connaissance et permettre aux jeunes de tous les pays de se retrouver, les 22 gouvernements, devenus 25 en 1971, imaginèrent alors la tenue d'un festival de la jeunesse francophone, une grande manifestation que l'on espérait périodique mais qui en fait n'eut lieu qu'une seule fois à Québec au cours de l'été 1974. Le budget de la Superfrancofête dépassa 1 300 000 \$ (6,5 millions de francs), somme assez considérable à l'époque. En raison des coûts qui devaient être assumés par l'ACCT et le pays d'accueil, il n'y eut pas de deuxième Superfrancofête dans un autre pays. Québec prit alors la décision d'étendre à l'échelle de la francophonie son Festival d'été créé en 1967; ce festival qui conservait le principe des échanges interculturels francophones connaît un grand succès chaque année.

La Superfrancofête devait être originale, et ne pas se contenter d'être une copie francophone des jeux sportifs internationaux ou des festivals divers axés sur une discipline artistique. C'est ainsi qu'en dehors des compétitions d'athlétisme reconnues, fut inscrite au programme la démonstration d'exercices et jeux traditionnels mariant l'expression sportive à son contexte culturel. Des mesures étaient prises pour permettre aux jeunes de se rencontrer souvent, de comparer leurs techniques et aspirations, *«d'illustrer par le biais de réalisations individuelles et collectives, le génie de leurs cultures respectives»*.

Les chiffres sont éloquents: 25 spectacles nationaux, 25 formations musicales, 50 poètes, conteurs, griots et chansonniers, 100 artisans regroupés en 15 ateliers de création, plusieurs dizaines de cinéastes, 400 athlètes de rang international, 700 comédiens et danseurs. De quoi créer tout un remous dans la ville de Québec, et à l'Université Laval où logeaient les délégations des 25 pays et où se déroulèrent la plupart des compétitions sportives.

Des tambourineurs du Rwanda aux bergers montés sur échasses du pays basque français, la fête fut magnifique. Les Québécois découvrirent surtout l'Afrique, la beauté des Africains et des Africaines, la puissance incantatoire des tam-tams et la réalité des cultures tout à fait étrangères dont ils n'avaient guère entendu parler jusque-là que par le récit des missionnaires ou les reportages de quelques journalistes. Les Africains et Asiatiques s'enthousiasmèrent pour le Nouveau Monde qu'ils n'imaginaient pas du tout de cette façon et encore moins en français. Les délégations européennes plutôt surprises demeurèrent très discrètes. Pour le peuple en général, ce fut le premier contact avec les réalités francophones, l'alliance de la gigue avec la musique africaine et la concrétisation d'une possible solidarité avec des ressortissants de pays très différents mais se comprenant à travers une même langue. La *«francomanie»* acquit tous les droits...

«Douze jours d'euphorie collective. Douze jours vécus sous le signe de la fraternité humaine» écrivait Raymond Dubé, l'éditorialiste du quotidien québécois *Le Soleil* (24 août 1974), qui nuançait en mentionnant que la Superfrancofête avait été *«probablement avant tout une rencontre du Québec avec l'Afrique et les autres pays de la communauté française hors de l'Europe, tellement les délégations de la France elle-même et des autres pays francophones européens avaient été discrètes.»* Pierre Vallières, le co-auteur du fameux livre polémique *Nègres blancs d'Amérique*, intitulait plus carrément son article dans *Le Devoir* (19 août 1974): *«Le Festival de l'amitié africano-québécoise».*

Que s'était-il passé? On avait voulu une fête générale et les 25 pays francophones étaient tous bien représentés; chacun avait sa juste place; les résultats n'étaient pas ce que tous avaient escompté au départ. Pour les Français et les autres Européens, Belges entre autres, leur première idée de la francophonie était tout naturellement une extension de la vie française, avec sa culture, ses habitudes, sa langue. Arrivant à Québec, ils pensaient participer à une manifestation de l'extension – ou de l'expansion – de l'Hexagone. *«Ce n'est pas là une fête de la francophonie»*, dit un délégué français (*Le Devoir* du 19 août 1974). *«La musique africaine et les gigues québécoises, ce n'est pas assez français.»* Il se dit alors «déçu, très déçu du festival». Le délégué belge pense de même. Il espère que le prochain festival aura lieu dans deux ans à Bruxelles: «Vous verrez, à Bruxelles, ce ne sera pas comme ici.» Ces réflexions reproduites par le journaliste, pour significatives qu'elles soient d'un certain état d'esprit, étaient heureusement plus individuelles que collectives.

Pour les Québécois et les Africains – *«la gigue se marie facilement au rythme noir du Sénégal»* – pas de problèmes, au contraire, non plus qu'avec les Arabes et les Asiatiques. Ils étaient heureux d'avoir pu se rencontrer grâce à la langue française et de faire connaître quelques pans, même folkloriques, de leur culture profonde, celle qui les touche viscéralement. Ainsi écrit l'éditorialiste du quotidien québécois *Le Soleil*, qui souhaite le développement d'une francophonie égalitaire où chacun pourra apporter sa contribution dans une grande culture de langue française:

> On peut prévoir que la francophonie n'en ressortira que plus vivante et que les pays d'Afrique, en particulier, où depuis la décolonisation on a tendance à prendre ses distances à l'endroit de la métropole, repartiront plus convaincus de l'importance de s'identifier à une culture aussi universelle, puisqu'elle ne se limite pas à un seul continent, mais a des racines profondes, même en pleine terre anglo-saxonne comme l'Amé-rique du Nord.

Doit-on comprendre à partir de cet éditorial: une culture, ou un ensemble de cultures accessibles à partir de la langue française sur tous les continents?

Quel sens donner également à la déclaration de Jacques Chirac à l'assemblée des maires francophones réunis à Québec en juillet 1984, dix ans après la Super-francofête: *«Le français est l'expression d'une culture internationale, ce qui n'est pas le cas pour d'autres langues parlées par un beaucoup plus grand nombre»*?

On ne saurait douter de la sincérité ni de la générosité de chacun. Mais à travers les mots de «francophonie», de «français», de «culture française», on n'entend pas nécessairement la même chose. Il en naîtra forcément quelques ambiguïtés...

Ce qui ressort de tout cela, c'est sûrement que le français, langue universelle, sert de véhicule à une francophonie «plurielle»: c'est sa chance pour l'avenir. Thierry de Beaucé résume fort bien la situation dans l'entretien qu'il accordait à l'hebdomadaire français *Le Point* (27 avril – 3 mai 1987):

> Le français est aujourd'hui une langue universelle en ce sens qu'elle exprime une pluralité de passions, de religions, de cultures... Il faut réintéresser les intellectuels français à cette évidence que la chance de leurs mots d'exister, leur chance de penser, c'est justement qu'ils aient ce rayonnement international grâce à la nouvelle francophonie.

Chapitre 8

FRANCOPHONIE HISTORIQUE ET GÉOGRAPHIQUE

La présence du français sur les cinq continents

Que l'on juge le français en déclin dans le monde – ce qui est vrai par rapport à l'anglais – ou en expansion – ce qui est aussi vrai si l'on considère globalement le nombre des locuteurs –, le français est avec l'anglais la seule langue aujourd'hui présente sur les cinq continents. Toutefois, le dénombrement n'est pas chose aisée car il ne suffit pas d'additionner les habitants des pays dits «francophones». Ces derniers sont en effet plus ou moins francophones: il importe d'en dresser une typologie au moins sommaire.

On a pris l'habitude de représenter les pays de la francophonie dans une série de cercles concentriques autour de la France, en fonction décroissante de l'ancrage de la pratique du français. Au centre, la France représente le noyau d'où s'est répandue la langue française, et le pays dont le poids est toujours le plus important dans la francophonie. Elle est avec Monaco le seul pays où le français est la seule langue officielle.

Le premier cercle qui l'entoure est constitué des pays dont le français est la langue maternelle. Il s'agit en Europe d'une partie de la Belgique (Wallonie et Bruxelles), de la Suisse (Suisse romande et Jura), du Luxembourg, du Val d'Aoste en Italie et de quelques îlots comme ceux que constituent les îles anglo-normandes. Il s'agit, en Amérique du Nord, du Canada français dont le Québec représente environ quatre-vingt-dix pour cent, du nord-est des États-Unis, de la Louisiane pour une petite part et des îles Saint-Pierre-et-Miquelon.

Le deuxième cercle est celui des pays dans lesquels le français est langue officielle ou langue d'usage. D'abord les pays créolophones: Haïti, Maurice, Seychelles, et les départements français d'outre-mer, Martinique, Guadeloupe, Guyane et Réunion; la langue maternelle de la majorité des habitants de ces régions, le créole, est très proche du français. Puis, les pays d'Afrique noire (plus Madagascar et les Comores) et les pays du Maghreb (Algérie, Maroc et Tunisie) ainsi que le Liban: dans ces pays, le français est en contact avec une langue de communication courante beaucoup plus éloignée de lui à tous points de vue.

Le cercle suivant est celui dans lequel sont restés, en raison de l'histoire et de la politique, des vestiges importants du français qui est encore enseigné, au moins comme langue seconde, et qui constitue une langue de communication internationale. C'est le cas des pays de la péninsule indochinoise (Viêt-nam, Laos, Kampuchea – ex-Cambodge), auxquels on pourra ajouter çà et là quelques territoires.

En s'éloignant encore du centre, on mentionnera les pays non francophones où le français, ni langue nationale ni langue officielle, est une des langues internationales plus ou moins privilégiées: la Syrie, l'Égypte et l'Iran, au Moyen-Orient; la Bulgarie et la Roumanie en Europe de l'Est, et quelques autres. Dans plusieurs cas, ces pays ont tenu à s'associer aux organismes de la francophonie.

Le dernier cercle enfin est celui des pays non francophones dans lesquels une élite a appris le français et le parle comme langue de culture. Le français est assez largement enseigné dans les écoles et à l'université. On trouvera là plusieurs pays d'Amérique latine où le français fut longtemps la première langue étrangère. On ne retiendra pas ces pays dans le compte des pays francophones. On considérera néanmoins que vingt à vingt-cinq millions d'habitants de ces régions «allophones» sont susceptibles de lire le français.

L'implantation du français à travers le monde

Si le français est ainsi répandu à travers le monde, cela ne s'est pas fait par hasard. C'est la conséquence de l'expansion coloniale de la France et, plus récemment, de celle de la Belgique, ainsi que des avatars de l'histoire mondiale depuis le XVIIe siècle.

La colonisation française

a) Le premier empire colonial

Les premières entreprises coloniales du monde moderne sont celles de l'Espagne et du Portugal qui se partagèrent dès le début du XVIe siècle, avec la bénédiction de l'Église, le monde à découvrir et à évangéliser. À cette époque, la marine française était peu conséquente, les guerres de religion et les dissensions intestines paralysaient la France et sa bourgeoisie marchande n'était peut-être pas très entreprenante.

Au début du XVIIe siècle, les missions se multiplient: la France constitue son premier empire colonial. Jacques Cartier avait effectué trois expéditions le long du Saint-Laurent en 1534, en 1535-1536 et en 1541. Lors de ce dernier voyage, il amenait avec lui quelques cultivateurs et un peu de bétail. Mais ce n'est qu'en 1604-1605 qu'est fondé Port-Royal en Acadie, puis surtout Québec, par Samuel de Champlain en 1608, et en 1642 Ville-Marie (plus tard Montréal) par Chomedey de Maisonneuve. Les premiers colons arrivent et Louis XIV intègre la Nouvelle-France (le Canada) au domaine royal en 1663.

Avec Colbert s'organise le premier empire colonial. En 1673, les Français sont environ sept mille autour du Saint-Laurent, d'où partent les explorateurs qui vont jusqu'à l'embouchure du Mississipi (Cavelier de La Salle, 1682). À la fin du siècle, le diocèse de monseigneur François de Montmorency-Laval, premier archevêque de Québec, s'étend jusqu'aux Rocheuses à l'Ouest et jusqu'à la Nouvelle-Orléans au Sud (le nom de Louisiane étant donné à ce territoire en l'honneur de Louis XIV), couvrant ainsi la majeure partie de l'Amérique du Nord et ne laissant aux Anglais à l'est qu'une bande côtière.

Parallèlement à l'Acadie et à la Nouvelle-France, la colonisation s'est développée sur quelques îles des Antilles découvertes par Christophe Colomb: Haïti, la Guadeloupe et la Martinique, ainsi qu'en Guyane. La Guadeloupe et la Martinique sont occupées dès 1635, la Guyane devient colonie en 1677 et le traité de Ryswick, en 1697, reconnaît à la France la possession de la partie occidentale de l'île d'Hispaniola, c'est-à-dire Haïti.

En Afrique, un premier établissement était créé en 1641; il deviendra plus tard la ville de Saint-Louis, au Sénégal. Dans l'océan Indien, la France s'installe à l'île Bourbon en 1649, découverte en 1642 (future île de la Rénion en 1793), puis à l'île de France en 1715 (future île Maurice); elle pénètre aussi à Madagascar où elle fonde le comptoir de Fort-Dauphin. D'autres comptoirs sont fondés en Inde, dont Pondichéry, le plus important, en 1677.

Mais les guerres européennes vont réduire ce premier empire colonial. L'Angleterre a vu très vite le parti qu'elle pouvait tirer de ses colonies. À la fin du XVIIe siècle, on comptait déjà deux cent mille Anglais en Amérique du Nord, alors que les Français n'étaient que douze mille. Le traité d'Utrecht (1713), qui mit fin à la guerre de Succession d'Espagne, privait la France au profit de l'Angleterre des territoires de la baie d'Hudson, de l'Acadie, de Terre-Neuve et de l'île de Saint-Christophe aux Antilles. Avec le traité de Paris (1763) qui scella la guerre de Sept Ans, c'est toute l'Amérique du Nord moins Saint-Pierre-et-Miquelon, et les Indes, moins quelques comptoirs, qui sont abandonnés à l'Angleterre (la Louisiane, à part, fut cédée par Bonaparte aux États-Unis en 1803). De Versailles, les colonies ne présentaient guère qu'un intérêt commercial et la France tout entière accepta sans grandes difficultés la perte de ces immenses territoires. On se souvient du mot malheureux de Voltaire concernant les «quelques arpents de neige» du Canada.

En ce qui concerne la Louisiane, rappelons que, cédée secrètement par la France à l'Espagne le 3 novembre 1762, elle fut rétrocédée à la France après la victoire de Napoléon à Marengo en 1800. Mais à peine la France l'avait-elle officiellement retrouvée (le 30 novembre 1803), qu'elle la vendait au Congrès américain (le 20 décembre 1803). Entre temps, les Acadiens chassés de leurs terres par le «Grand dérangement» de 1755 s'y étaient réfugiés assez nombreux, de même que des colons venus de Cuba et de Saint-Domingue, chassés par les révoltes des esclaves. La Louisiane devint le 18e État de l'Union américaine le 30 avril 1812.

b) Le second empire colonial

Au début du XIXe siècle, l'expansion coloniale française reprend, avec la fondation de quelques établissements sur la côte occidentale d'Afrique. La Polynésie française (Tahiti) devient protectorat en 1843; elle sera annexée en 1880. La Nouvelle-Calédonie, découverte par l'explorateur britannique Cook en 1774, devient officiellement française en 1853.

Les vingt dernières années du siècle sont les plus importantes, caractérisées par une nouvelle expansion coloniale d'envergure. Le traité de Berlin (1884-1885) détermine l'occupation de l'Afrique par les puissances européennes. À la fin du siècle, toutes les terres du monde auront été «partagées» entre les grandes puissances.

De 1870 à 1880, la France a pansé ses blessures après la défaite de la guerre de 1870 avec la Prusse. De 1880 à 1885, elle se lance dans toutes les directions, et après 1885, grâce à l'alliance avec la Russie qui assure la position de la France en Europe, elle envisage de nouveau une politique mondiale: Indochine, Afrique du Nord, Afrique noire, Madagascar.

Après la conquête de la Cochinchine et du Cambodge (sous le Second Empire), la prise de Hanoi en 1873 permet celle du Tonkin; elle est confirmée par le traité franco-chinois de Tien-Tsin (1885) qui reconnaît de plus le protectorat français sur l'Annam. Le Laos suivra en 1896. Toute l'Indochine est sous l'influence de la France.

À Madagascar, le général Gallieni rétablit l'ordre, après l'insurrection générale qui avait suivi l'expédition militaire française et la prise de Tananarive en 1895. La reine Ranavalo est exilée en 1897. Gallieni devient le maître de toute l'île.

En Afrique noire, l'expansion avait pris deux directions: le sud vers le Congo où Savorgnan de Brazza avait réussi à devancer l'explorateur britannique Stanley: ce sera le noyau de la future Afrique équatoriale française (AEF) créée en 1910; l'ouest à partir du Sénégal en direction du Niger où les expéditions successives permettront à la France d'occuper la Guinée, la Côte-d'Ivoire et le Dahomey. En 1900, le commandant Lamy s'empare de l'empire du lac Tchad. L'Afrique occidentale française (AOF) sera créée en 1904.

En Afrique du Nord, l'Algérie fut la première conquise par la France. La ville d'Alger fut prise en 1830 et l'occupation, d'abord limitée à la région côtière, s'étendit vers l'intérieur après la révolte d'Abd el-Kader qui fut vaincu par le général Bugeaud en 1847. Les Kabyles se soulevèrent à plusieurs reprises: 1849-1852, 1857,

1871. La France avait entrepris de la peupler par une colonisation officielle; celle-ci est rapidement suivie par une colonisation libre. Les Français s'installent très nombreux et l'Algérie connaît un rapide essor économique.

Inquiète des visées italiennes, la France s'implante aussi en Tunisie en 1881. Le traité du Bardo (1881) puis la convention de la Narsa (1883) déterminent une formule de protectorat considérée alors comme une réussite par les historiens et les politiciens français de la première moitié du XXᵉ siècle.

Au Maroc, une politique d'interventions militaires nombreuses sur la côte atlantique puis au Maroc central aboutit au protectorat en 1912. Sous le commandement de Lyautey, la «pacification» entraîne alors une nouvelle mise en valeur du pays.

La conquête du Sahara complétera l'ensemble, en plusieurs étapes, jusqu'en 1930 (Mauritanie).

En 1914, l'empire colonial français s'étend ainsi sur près de 15 millions de kilomètres carrés (trente fois la France) et sa population approche les 48 millions. La guerre de 1914-1918 entraînera seulement quelques changements: après la défaite de l'Allemagne, la Grande-Bretagne et la France reçurent mandat de la Société des Nations sur le Togo et le Cameroun, ex-territoires allemands (pour la France, l'est du Togo et la plus grande moitié du Cameroun). La France obtenait, d'autre part, un mandat sur le Liban et la Syrie, ce qui renforçait sa position au Moyen-Orient. L'influence française sur l'Égypte avait été très importante au XIXᵉ siècle depuis les campagnes napoléoniennes (Napoléon avait emmené des savants qui continuèrent leurs recherches après l'Empire; on connaît au moins le nom de Champollion, qui parvint à déchiffrer les hiéroglyphes) jusqu'au percement du canal de Suez par Ferdinand de Lesseps (1869). Cependant, cette influence déclina fortement à la suite de l'occupation anglaise en 1882 qui allait transformer le pays en protectorat britannique en 1914.

La colonisation belge

Pour des raisons historiques, l'empire colonial belge ne saurait remonter aussi loin que l'empire français. En effet, les territoires formant la Belgique actuelle passèrent de l'Espagne à l'Autriche, puis à la France sous la Révolution et l'Empire, et furent ensuite rattachés aux Pays-Bas par le traité de Vienne en 1815 jusqu'à la révolution de 1830. En 1831, la Belgique devenait indépendante: une monarchie constitutionnelle héréditaire fut alors proclamée.

Monté sur le trône en 1865, le roi Léopold II fut le véritable artisan de l'Empire belge d'Afrique. Malgré les pressions de son entourage et une opinion publique hostile, il finança par l'intermédiaire d'associations internationales à but humanitaire et scientifique les expéditions de Stanley en Afrique centrale. Il devint ainsi souverain et propriétaire de l'État indépendant du Congo qu'il céda à la Belgique, en 1908, peu de temps avant de mourir en 1909. C'est l'actuel Zaïre que son président le maréchal Mobutu se plaît à présenter comme le deuxième pays francophone du monde avec ses trente millions d'habitants.

L'empire se compléta, au XXᵉ siècle, par l'adjonction du Rwanda et du Burundi, anciens territoires allemands placés sous mandat de la Belgique par la Société des Nations après la guerre de 1914-1918.

Chapitre 9

L'ESPACE FRANCOPHONE

L'espace francophone d'aujourd'hui est l'héritier des deux empires coloniaux français et belge. Mais les situations ont beaucoup changé d'un pays à l'autre. Entre les deux grandes guerres, l'idée d'indépendance avait fait son chemin. Après 1945, les colonies et les territoires sous tutelle devinrent progressivement des pays indépendants au Moyen-Orient, en Asie du Sud-Est, en Afrique. Les statuts coloniaux de ces pays n'étaient pas semblables. Après l'indépendance, les cheminements différèrent encore, selon les orientations politiques et les positions prises vis-à-vis du français. Pour mieux délimiter cet espace, il importe donc de faire un tour d'horizon des pays et des régions francophones des cinq continents, étant entendu que pour plusieurs, la situation actuelle est loin d'être irrémédiablement fixée.

L'Europe

La *France* métropolitaine n'a guère changé. On y parle partout le français. Quelques langues régionales restent fortes comme le breton, le basque, l'alsacien et l'occitan, mais il ne reste pratiquement plus de locuteurs de ces langues ignorant le français. La raison en est la scolarisation en langue française rendue obligatoire par Jules Ferry en 1881-1882 puis le développement de la radio et de la télévision d'État.

La *Belgique*: Depuis le haut Moyen Âge, une frontière linguistique traverse le pays d'est en ouest formant deux parties sensiblement égales: Wallonie et Flandre. Le français fut la langue de l'élite de tout le pays à partir du XVIIIe siècle, et la littérature belge de langue française s'enorgueillit de prestigieux écrivains d'origine flamande tels Ghelderode, Maeterlinck, Verhaeren. Mais au XXe siècle, les Flamands ne tolérèrent plus d'être mis sous la coupe linguistique des Wallons et imposèrent progressivement le bilinguisme national et l'unilinguisme régional. La législation linguistique est importante. On retiendra les lois de 1932 à 1935, qui reconnaissent pour chaque langue une zone d'influence exclusive. La loi de 1963 fixe la frontière linguistique de façon rigide. Quatre régions linguistiques sont créées:

1. la région de langue française ou Wallonie (Hainaut, Namur, Luxembourg, Liège);

2. la région de langue néerlandaise ou Flandre (Flandre occidentale, Flandre orientale, Anvers, Limbourg, Brabant);

3. la région de langue allemande (9 communes de la province de Liège);

4. la région bilingue de Bruxelles (19 communes seulement mais très peuplées).

En 1980 et 1983, le pouvoir a été décentralisé pour être réparti dans les régions avec exécutifs et parlements. On peut considérer approximativement que la moitié de la population est de langue française, soit à peu près cinq millions d'habitants.

Le *Luxembourg* est officiellement bilingue, allemand et français. Attribué aux Pays-Bas en 1815 comme la Belgique, le grand-duché de Luxembourg acquit son indépendance en 1890. Il fait partie depuis 1948 de l'Association économique de la Belgique, des Pays-Bas (Nederland) et du Luxembourg: le Benelux. Comme la fin des études secondaires est faite en français, on peut considérer que, en très grande majorité, les Luxembourgeois sont francophones: au moins 80 pour cent d'entre eux, soit 300 000 habitants. On peut considérer aussi le français comme langue officielle de fait.

La *Suisse*: La confédération helvétique est formée de 23 cantons. Le français y est langue maternelle dans la Suisse romande et le Jura; c'est l'une des trois langues officielles de la Confédération avec l'allemand et l'italien (le romanche a seulement statut de langue nationale). Les francophones de langue maternelle tendent à diminuer proportionnellement, en raison surtout de l'immigration étrangère: de 22 pour cent qu'ils étaient en 1900, ils ne sont plus guère que 18,5 pour cent.

Selon la constitution de 1848, 22 cantons étaient reconnus dont trois de langue française (Genève, Vaud et Neuchâtel) et trois bilingues (français-allemand: Fribourg, le Valais et Berne). Le Rassemblement jurassien dirigé par Roland Béguelin obtint la séparation du Jura du canton de Berne (plébiscite du 23 juin 1974). La constitution du nouveau canton fut approuvée par les Jurassiens le 20 mars 1977 et ratifiée par l'ensemble de la Suisse le 24 septembre 1978. À l'occasion des querelles suscitées par cet événement, le français a retrouvé une nouvelle vitalité.

Dans la principauté de *Monaco*, le français est, comme en France, la seule langue officielle.

Dans le *Val d'Aoste*, en Italie, 60 pour cent de la population parle le français ou un dialecte d'origine française. À l'école primaire, le français est enseigné en parité avec l'italien. Il diminue dans le secondaire et les jeunes qui poursuivent leurs études vont presque tous à l'Université de Turin. Le français est langue officielle depuis un décret de 1860. Le Val d'Aoste est une région autonome et officiellement bilingue de l'Italie depuis

1948. Le percement du tunnel sous le mont Blanc a rapproché le Val d'Aoste de la France.

À ces pays ou régions de langue maternelle française, on ajoutera les *îles anglo-normandes* (dont Jersey) où une partie de la population est francophone. Elle était majoritaire jusqu'en 1871. Mais le français a décliné et il a perdu en 1948 son statut de langue officielle.

On tiendra compte enfin pour mémoire des pays non francophones dont les représentants utilisent le français dans le cadre des organismes internationaux: le Portugal, le Liechtenstein, le Vatican, Saint-Marin, l'Italie, l'Albanie, la Grèce, la Bulgarie et la Roumanie.

L'Amérique

La francophonie américaine est surtout nord-américaine et caribéenne.

Le *Canada* représente l'ensemble le plus important. Si la France avait proportionnellement envoyé autant de colons en Amérique du Nord que l'Angleterre, la population francophone dépasserait aujourd'hui les cent millions, pense le démographe Jacques Henripin. Il n'en fut rien. Lorsque la France céda le Canada à l'Angleterre (sauf Saint-Pierre-et-Miquelon par le traité de Paris en 1763), il n'y avait que 65 000 Français en Amérique du Nord par rapport à près de deux millions d'Anglais. La disproportion était écrasante. Elle n'a fait que se poursuivre malgré le taux de natalité extraordinaire des Québécois pendant deux siècles, l'émigration vers les États-Unis à la fin du XIXe siècle et vers l'Ouest du Canada au début du XXe siècle créant une importante hémorragie: la majorité de ces francophones se sont alors progressivement anglicisés.

Selon le recensement de 1991, la population du Canada est de 27,3 millions d'habitants, 62 % étant de langue maternelle anglaise et 23 % de langue maternelle française. Le Québec, avec 6,9 millions d'habitants, représente 25,3 % de l'ensemble canadien. Ceci représente une baisse proportionnelle constante depuis la dernière guerre: les francophones étaient 29 pour cent en 1951. Ajoutons que 11 pour cent des Canadiens déclarent une langue maternelle autre que l'une des deux langues officielles. Autre phénomène important de notre époque: près d'un million de Canadiens (4 %) ont déclaré avoir plus d'une langue maternelle.

La population francophone réside essentiellement au *Québec* (85 %), en Ontario (7,5 %) et au Nouveau-Brunswick (3,7 %). Le reste est disséminé dans les minorités de l'est et de l'ouest du pays. On constate d'ailleurs que toutes les minorités déclinent. Les minorités francophones comme la minorité anglophone au Québec, qui passe de 14 pour cent à 10 pour cent, alors que les Québécois sont maintenant à 81 % de langue maternelle française (9 pour cent déclarant une autre langue maternelle). La part du Québec par rapport au Canada est passée de 28,8 pour cent en 1961 à 25,8 pour cent en 1986. Le nombre d'habitants du Québec est d'ailleurs appelé à décliner d'ici l'an 2000, si le taux de fécondité – ou le nombre des immigrants – n'augmente pas. Le taux de croissance démographique du Québec est de 1,6 pour cent par rapport à 4,1 pour cent pour le reste du Canada.

Que s'est-il passé en Amérique depuis le début de la colonisation? Les Français avaient été les premiers à s'installer en Acadie (1607) puis à Québec (1608) alors que les Anglais s'installaient plus au sud dans ce qui deviendra les États-Unis. Lors du traité de Paris, en 1763, la province de Québec était créée. L'Acte de Québec (1774) laissait aux Canadiens français leur langue et leur religion: ils pouvaient donc se développer comme une entité autonome et vigoureuse au sein de l'Empire britannique. Mais en 1783, le traité de Versailles met fin au conflit entre l'Angleterre et les États-Unis qui deviennent indépendants. Les colons américains demeurés fidèles à l'Angleterre, les Loyalistes, traversent la frontière du Canada, resté terre britannique, et s'y installent massivement (dans le sud du Québec et le long du Saint-Laurent en remontant vers les Grands Lacs).

En 1791, l'Acte constitutionnel sépare le Canada en deux territoires: le Haut-Canada (Ontario anglophone) et le Bas-Canada (Québec francophone). En 1840, l'Acte d'Union est imposé par la Grande-Bretagne: il crée un Canada uni avec un gouvernement. En 1867, l'Acte de l'Amérique du Nord britannique crée le «dominion» du Canada comprenant quatre provinces: l'Ontario (Haut-Canada), le Québec (Bas-Canada), le Nouveau-Brunswick et la Nouvelle-Écosse. Six autres provinces s'ajouteront aux quatre fondatrices: le Manitoba (1870), la Colombie-Britannique (1871), l'Île-du-Prince-Édouard (1873), l'Alberta et la Saskatchewan créées en 1905; enfin Terre-Neuve fut rattachée au Canada en 1949.

Le Premier ministre Pierre Elliott Trudeau réussira à rapatrier la constitution d'Angleterre au Canada en 1982. Neuf provinces s'étant unies contre le Québec, ce dernier refuse de signer la Constitution. En juin 1987, le nouveau Premier ministre Brian Mulroney réussit à retrouver l'accord de toutes les provinces sur une formule qui reconnaît la spécificité québécoise (accord du lac Meech). La capitale fédérale, Ottawa, créée presque de toutes pièces, est aujourd'hui une ville administrative importante. Montréal, longtemps métropole du Canada, a été détrônée par Toronto; Québec demeure la capitale du Québec, la «Vieille Capitale».

On connaît l'histoire récente du Québec, l'arrivée au pouvoir du Parti québécois de René Lévesque en 1976, l'échec du référendum sur l'indépendance du Québec en 1980 et le retour au pouvoir de Robert Bourassa en 1985.

Rappelons que la superficie du Québec représente trois fois celle de la France.

L'Ontario (capitale: Toronto) est, à l'ouest du Québec, avec ses 9 millions d'habitants, la province la plus puissante et la plus dynamique. Elle compte la première minorité francophone du Canada répartie en quatre secteurs: la région de l'Outaouais (Ottawa), le nord (Sudbury), le sud des Grands Lacs (Windsor) et la région de la capitale (Toronto).

À l'est, les provinces maritimes, constituées pour trois d'entre elles à partir de l'ancienne Acadie, sont le *Nouveau-Brunswick* (800 000 habitants); la capitale en est Fredericton mais Moncton est le siège de l'université francophone et de plusieurs organisations francophones; la *Nouvelle-Écosse* (900 000 habitants), capitale: Halifax; l'*Île-du-Prince-Édouard* (125 000 habitants), capitale: Charlottetown; enfin *Terre-Neuve* (600 000 habitants), capitale: Saint-Jean. La déportation des Acadiens de 1755 qui a peuplé la Louisiane avait grandement frappé le pays même si plusieurs habitants sont ensuite revenus s'installer. Depuis les années soixante-dix, la culture acadienne francophone connaît un regain de vitalité et s'exprime entre autres dans la littérature (Antonine Maillet) et la chanson.

(*Saint-Pierre-et-Miquelon*, petites îles proches de Terre-Neuve et vouées à la pêche à la morue, formaient un département français devenu aujourd'hui collectivité territoriale d'une dizaine de milliers d'habitants.)

À l'ouest, le *Manitoba* (1 million d'habitants), capitale: Winnipeg; la *Saskatchewan* (1 million d'habitants), capitale: Regina; l'*Alberta* (2,5 millions d'habitants), capitale: Edmonton, et la *Colombie-Britannique* (3 millions d'habitants), capitale: Victoria, ne comptent que quelques dizaines de milliers de francophones répartis en diverses poches qui découlent des modalités de la colonisation et de la conquête de l'Ouest canadien. Les Métis ont joué un grand rôle dans l'Ouest, en particulier lors de la révolte animée par Louis Riel, qui fut pendu en 1885.

Dans tout le Canada, si la langue française ne progresse pas comme langue maternelle, elle se développe comme langue seconde, en particulier grâce au programme «d'immersion» des élèves qui connaît aujourd'hui un succès étonnant. Ce succès est tel que les universités du

Québec et du reste du Canada ont dû songer à former des maîtres spécialisés en ce domaine.

Aux *États-Unis*, la population des francophones diminue régulièrement en raison de l'assimilation: plus de cinq millions se déclarèrent francophones en 1970; il n'y en avait plus que trois millions dix ans après. Combien y en a-t-il aujourd'hui? Le phénomène est complexe car beaucoup se disent de nouveau fiers d'être d'origine française, mais guère plus de vingt pour cent de la communauté des Franco-Américains parlent régulièrement le français. La dernière guerre, en renforçant l'unité du pays et l'usage de l'anglais (on a fortement anglicisé les minorités de 1940 à 1945), et le développement des moyens de communication audiovisuels ont tari le renouvellement des générations uniquement francophones. On compte deux grandes communautés francophones: l'une en Nouvelle-Angleterre, l'autre en Louisiane.

En *Nouvelle-Angleterre*, plus de 7 pour cent de la population est d'origine canadienne-française concentrée autour de quelques foyers importants comme Manchester. Cette population, originaire du Québec, continue à s'assimiler. Toutefois, les efforts des organisations militantes, la proximité du Canada, et le renouveau du Québec ont freiné le processus. Beaucoup de jeunes maintiennent l'usage du français grâce à l'école et à l'université, ainsi qu'aux échanges avec les jeunes Québécois. L'enseignement par immersion gagne également du terrain aux États-Unis.

En *Louisiane*, colonisée par la France dès 1673, l'arrivée des Acadiens lors du «Grand Dérangement» de 1755 renforça la population francophone de même que la fuite des mulâtres d'Haïti en 1809 devant la révolution de Toussaint Louverture puis la suppression de l'esclavage: une bonne partie de la population noire parle français ou créole. Cédée à l'Espagne en 1763, reprise en 1800 puis vendue par la France aux États-Unis en 1803 pour financer les campagnes de Bonaparte, la Louisiane constitue un phénomène linguistique assez étonnant dans le contexte anglo-saxon. En 1968, elle a été reconnue bilingue. Un organisme officiel (Acte 409) fut alors créé, le CODOFIL (Conseil pour le développement du français en Louisiane) sous l'impulsion du sénateur James Domengeaux pour protéger le français et organiser son enseignement. La langue et la culture françaises sont depuis enseignées dans les écoles élémentaires et secondaires (Acte 407). Les actes officiels peuvent être publiés en français en plus de l'être en anglais (Acte 256).

La capitale de la Louisiane est Bâton-Rouge, mais la communauté francophone se regroupe autour de La Fayette où vivent la plupart des Cajuns (dérivation phonétique d'«Acadians») et à la Nouvelle-Orléans, la ville des «Créoles», les «Grands Blancs».

Le français langue maternelle semble appelé à disparaître aux États-Unis dans la majorité des cas, – sauf peut-être dans le nord-est du Maine proche du Québec – d'autant plus que pour beaucoup de Franco-Américains, la tradition est identifiée au français alors que le modernisme l'est à l'anglais. Toutefois, comme nous le dit Claire Quintal, figure dominante parmi les Franco-Américains de Nouvelle-Angleterre, il restera toujours quelque chose d'important, plutôt sans doute sous la forme d'une langue de culture que d'une langue d'usage.

STATUT JURIDIQUE DU FRANÇAIS ET RÉPARTITION DES FRANCOPHONES DANS LES PROVINCES CANADIENNES

Nom	Superficie en km²	Population totale ...1981 ...1986	Statut juridique	Nombre de locuteurs du français langue maternelle	Pourcentage de locuteurs par rapport à la population totale	Nombre de locuteurs du français langue seconde	Pourcentage de locuteurs par rapport à la population totale	Nombre total de locuteurs du français	Pourcentage de locuteurs par rapport à la population totale
ALBERTA (Edmonton)	638 232,66	2 237 725 / 2 365 825	v. Canada	62 145 / 48 070	2,77 / 2,00	91 972	4,11	154 117	6,88
COLOMBIE-BRITANNIQUE (Victoria)	892 667,00	2 744 465 / 2 883 365	v. Canada	45 620 / 38 240	1,66 / 1,32	118 709	4,32	164 329	5,98
ÎLE-DU-PRINCE-ÉDOUARD (Charlottetown)	5 660,38	122 505 / 126 645	v. Canada	6 085 / 5 155	4,96 / 4,07	4 704	3,83	10 789	8,80
MANITOBA (Winnipeg)	547 703,85	1 026 240 / 1 063 015	c.o.[1]	52 555 / 45 600	5,12 / 4,28	34 553	3,36	87 108	8,48
NOUVEAU-BRUNSWICK (Fredericton)	71 569,23	696 400 / 709 440	c.o.[2]	234 500 / 225 590	33,60 / 31,80	42 418	6,09	276 448	39,69
NOUVELLE-ÉCOSSE (Halifax)	52 840,83	847 440 / 873 175	v. Canada	36 025 / 30 865	4,25 / 3,53	30 694	3,62	66 719	7,87
ONTARIO (Toronto)	916 733,70	8 625 105 / 9 101 690	[3]	475 605 / 424 720	5,51 / 4,66	540 828	6,27	1 016 433	11,78
QUÉBEC (Québec)	1 357 655,41	6 438 405 / 6 532 465	o. ou c.o.[4]	5 307 015 / 5 316 925	82,43 / 81,39	655 225	10,17	5 962 240	92,60

STATUT JURIDIQUE DU FRANÇAIS ET RÉPARTITION DES FRANCOPHONES DANS LES PROVINCES CANADIENNES

			Statut juridique						
SASKAT-CHEWAN (Regina)	570 113,47	968 310 / 1 009 610	v. Canada	25 540 / 20 725	2,63 / 2,05	22 075	2,27	47 615	4,90
TERRE-NEUVE (St-John's)	371 634,56	567 685 / 568 350	v. Canada	2 655 / 2 005	0,46 / 0,35	10 684	1,88	13 339	2,34
TERRITOIRES DU NORD-OUEST (Yellow-knife)	3 246 389,45	45 740 / 52 240	c.o. (et reconnais-sance spéciale aux langues autochtones)	1 235 / 1 290	2,70 / 2,46	1 722	3,76	2 957	6,46
YUKON (Whitehorse)	531 843,62	23 155 / 23 505	c.o. (idem)	580 / 560	2,50 / 2,38	1 360	5,87	1 940	8,37
CANADA (Ottawa)	9 976 000,00	24 363 180 / 25 309 330	c.o.*	6 249 090 / 6 159 740	25,67 / 24,33	1 556 944	6,38	7 804 034	32,05

Note: Les données de la 2ᵉ ligne proviennent de Statistique Canada: on notera l'évolution.

* : La source la plus récente à consulter est «La Loi et les services gouvernementaux: le cadre et le portrait», *Actes du Colloque international sur l'aménagement linguistique*, Centre international de recherche sur le bilinguisme (CIRB) PUL, 1987.

CANADA: LE STATUT JURIDIQUE DU FRANÇAIS

Statut juridique: o. : officiel
  c.o. : co-officiel

1) Au Manitoba, le bilinguisme officiel a été rétabli en 1979 par la Cour suprême[1]. (En 1982, une politique des services en français pour les régions a été annoncée)[1].

2) Au Nouveau-Brunswick, le statut de l'anglais et du français du français est reconnu par la Charte canadienne des droits et des libertés. Au Nouveau-Brunswick, le français et l'anglais sont officiels depuis 1969. En 1981, le parlement de la province adoptait à l'unanimité le projet de la loi 88 qui reconnaît l'égalité des deux communautés linguistiques officielles[1]. Le Nouveau-Brunswick est « la plus officiellement bilingue de toutes les provinces en vertu de sa législation linguistique et de la loi constitutionnelle de 1982[2] ».

3) « Si l'Ontario n'est pas officiellement une province bilingue, cela ne signifie pas que les services en langue française soient inexistants (…) Depuis 1970, le gouvernement offre des services en langue française (…). La priorité du gouvernement est d'assurer des services en langue française dans des régions désignées[1]. … » En 1984, après une décision rendue par la Cour d'appel de l'Ontario, le gouvernement provincial a modifié sa Loi sur l'éducation pour garantir à tous les enfants francophones le droit à l'enseignement de leur langue[2]. Dans la Loi sur les tribunaux + judiciaires de 1984, le droit d'utiliser le français devant les cours provinciales de certains districts judiciaires ayant une population majoritairement francophone, a été confirmé et précisé par la déclaration formelle faisant du français et de l'anglais les langues officielles des tribunaux ontariens à partir de 1991[2 et 3].

4) Bien que la Charte de la langue française fasse du français la seule langue officielle du Québec, «le bilinguisme constitutionnel est pratiqué au Québec depuis toujours[2]». « La Cour suprême du Canada a statué que les garanties de la Charte fédérale des droits ne pouvaient pas être réduites par une législation provinciale en ce qui concerne l'accès à l'enseignement en langue anglaise[2]».

5) « En juin 1984, l'assemblée législative des Territoires du Nord-Ouest déclarait le français et l'anglais langues officielles, et accordait en même temps une reconnaissance spéciale aux langues autochtones. La nouvelle législation instaurait le bilinguisme institutionnel dans les domaines suivants: publication des lois, débats de l'assemblée, cours territoriaux, services publics. Cette loi s'applique au Yukon et aux Territoires du Nord-Ouest.[2]»

Source: Ces données ont été recueillies par Brigitte Roberge sous la direction de Grant D. McConnell du Centre international de recherche sur le bilinguisme (CIRB), Université Laval, en collaboration avec Eric Waddell et Yves Tessier du Département de géographie de l'Université Laval.

[1] Chevrier, Richard, *Le Français au Canada: situation à l'extérieur du Québec*, Conseil de la langue française, 1983.

[2] Commissaire aux langues officielles, *Rapport annuel 1984*, ministre des Approvisionnements et Services, 1985.

[3] Fortier, D'Iberville, « La loi et les services gouvernementaux: le cadre et le portrait », *Actes du Colloque international sur l'aménagement linguistique*, CIRB, PUL, 1987, p. 223-236.

LE FRANÇAIS AUX ÉTATS-UNIS

Pourcentage de locuteurs du français langue maternelle par rapport à la population totale des États-Unis:

États-Unis	Population totale	Nombre de locuteurs du français, langue maternelle	Pourcentage de locuteurs par rapport à la population totale (%)
1) ALABAMA	3 598 388	10 390	0,29
2) ALASKA	355 723	1 710	0,48
3) ARIZONA	2 505 455	9 264	0,37
4) ARKANSAS	2 111 214	4 908	0,23
5) CALIFORNIE	21 969 013	112 760	0,51
6) CAROLINE DU NORD	5 559 813	22 900	0,41
7) CAROLINE DU SUD	2 884 059	15 320	0,53
8) COLORADO	2 670 872	11 249	0,42
9) CONNECTICUT	2 922 810	59 788	2,05
10) DAKOTA NORD	662 049	2 153	0,33
11) DAKOTA SUD	632 385	1 056	0,17
12) DELAWARE	553 319	2 326	0,42
13) DIST. DE COLOMBIE	604 289	8 779	1,45
14) FLORIDE	9 180 230	71 924	0,78
15) GÉORGIE	5 049 559	18 543	0,37
16) HAWAÏ	954 547	3 936	0,41
17) IDAHO	850 632	2 463	0,29
18) ILLINOIS	10 586 633	35 438	0,33
19) INDIANA	5 071 880	13 563	0,27
20) IOWA	2 768 363	5 483	0,20
21) KANSAS	2 393 102	5 770	0,24
22) KENTUCKY	3 462 290	7 730	0,22
23) LOUISIANE (*)	3 845 505	263 387	6,85
24) MAINE	1 046 188	94 225	9,01
25) MARYLAND	3 945 488	26 129	0,66
26) MASSACHUSETTS	5 400 422	135 033	2,50
27) MICHIGAN	8 577 824	33 673	0,39
28) MINNESOTA	3 764 209	10 026	0,27
29) MISSISSIPI	2 305 754	8 132	0,35
30) MISSOURI	4 563 086	12 831	0,28
31) MONTANA	721 613	2 379	0,33
32) NEBRASKA	1 447 251	3 036	0,21
33) NEVADA	744 698	3 509	0,47
34) NEW HAMPSHIRE	858 108	61 846	7,21
35) NEW JERSEY	1 169 487	32 448	2,77
36) NEW YORK	16 429 011	165 158	1,01
37) NOUVEAU-MEXIQUE	1 191 276	3 205	0,27
38) OHIO	10 011 580	32 728	0,33
39) OKLAHOMA	2 792 986	6 617	0,24
40) OREGON	2 435 197	8 336	0,34
41) PENNSYLVANIE	11 117 862	34 072	0,31
42) RHODE ISLAND	890 643	40 563	4,55

43) TENNESSEE	4 267 445	12 021	0,28
44) TEXAS	13 034 594	47 520	0,36
45) UTAH	1 271 285	5 467	0,43
46) VERMONT	475 452	19 906	4,19
47) VIRGINIE	5 008 578	27 903	0,56
48) VIRGINIE DE L'OUEST	1 804 171	4 904	0,27
49) WASHINGTON	3 826 416	15 180	0,40
50) WISCONSIN	4 358 993	10 468	0,24
51) WYOMING	424 510	1 560	0,37
TOTAL (É.-U):	229 348 160	1 549 715	0,76

*: Il n'y a aucun statut officiel accordé au français aux États-Unis, sauf en Louisiane où une certaine reconnaissance existe.

La politique actuelle tend à redonner au français son statut de seconde langue officielle de l'État. Les principaux textes adoptés en juillet 1968 furent:

– l'Acte n° 409 créant le CODOFIL (Conseil pour le Développement du français en Louisiane), présidé par James Domengeaux, organisme d'État pouvant prendre toutes mesures nécessaires pour le développement du français en Louisiane;

– l'Acte n° 407 prévoyant que la langue et la culture française seront enseignées dans les écoles élémentaires et secondaires;

– l'Acte n° 256 redonnant la faculté de publier les documents officiels en français en plus de l'anglais. (Deniau, Xavier, *La Francophonie*, «Que sais-je?», p. 35-36).

      On doit aussi noter le passage par le gouvernement fédéral américain du Title 7 – *Elementary and Secondary Act – Bilingual Education Development*. Cette loi de 1968 a pu servir, en partie, les intérêts des Franco-Américains de l'extrême-nord de la Nouvelle-Angleterre (Quintal & Cotnoir, M., *La situation du français aux États-Unis*, rapport préparé pour le Conseil de la langue française, 1983, p. 71 à 82).

Source: Ces données ont été recueillies par Brigitte Roberge sous la direction de Grant D. McConnell du Centre international de recherche sur le bilinguisme (CIRB), Université Laval, en collaboration avec Eric Waddell et Yves Tessier du Département de géographie de l'Université Laval.

Les départements français d'outre-mer et Haïti

Dans la Caraïbe et l'Amérique du Sud, il faut faire la différence entre les départements français d'outre-mer et Haïti.

La *Guadeloupe* (chef-lieu: Basse-Terre) et la *Martinique* (chef-lieu: Fort-de-France), découvertes par Christophe Colomb en 1493 et 1502, ont été possessions de la compagnie des Indes en 1635 puis rattachées à la couronne en 1674. La traite des Noirs donna lieu à l'envoi d'une main-d'œuvre importante qui permit la culture généralisée de la canne à sucre. Le rôle économique de ces îles fut considérable au XVIIIᵉ siècle (plus du tiers du commerce extérieur français se faisait alors avec les Antilles). On comprend la préférence de Louis XV au moment du traité de Paris par rapport au Canada. Au XXᵉ siècle, le tourisme a relayé l'économie sucrière d'autrefois.

La *Guyane* (chef-lieu: Cayenne), découverte en 1499 par les Espagnols, fut colonisée au XVIIe siècle par les Hollandais, les Anglais et les Français qui se répartirent le territoire. L'échec du premier peuplement français (six mille morts sur dix mille colons à la suite d'une épidémie) valut à la Guyane une mauvaise réputation. Alors que l'Angleterre et la Hollande envoyaient des cultivateurs asiatiques au XIXe siècle, la France en fit une colonie pénitencière (quatre vingt mille bagnards), ce qui n'améliorait guère la réputation du pays. Aujourd'hui, la technologie aérospatiale, avec la base de lancement de fusées de Kourou lui a donné un nouveau prestige.

La situation linguistique des trois départements est sensiblement la même: la scolarisation obligatoire en français a rendu la population bilingue; on y parle le créole ainsi que le français. Il n'est pratiquement plus que quelques personnes âgées pour ne comprendre que le créole. Le français est la seule langue officielle.

À *Haïti*, en revanche, (6 millions d'habitants, capitale: Port-au-Prince) le créole est langue officielle comme le français. Après la prospérité du XVIIIe siècle entraînant l'arrivée massive d'esclaves noirs (au moins un demi-million), Haïti fut le premier pays à se retirer de lui-même de l'empire colonial français par la révolte des Noirs de toute l'île (partie orientale espagnole et partie occidentale française) qui proclamaient la république en 1804: ce fut la première république noire au monde. Sa réputation fut grande au XIXe siècle: par deux fois Simon Bolivar, le *Libertador,* vint refaire ses forces physiques et morales à Haïti auprès du général Pétion avant de libérer l'Amérique du Sud.

La langue française fut alors gardée comme langue officielle. Après la dictature de Jean-Jacques Dessalines qui provoqua la scission de l'île, consacrée en 1844 par l'édification de la République Dominicaine (après une réunification provisoire de 1820 à 1843), Haïti connut peu de bons moments: dictateurs successifs, occupation américaine (1916-1934) et pauvreté furent son lot. Aujourd'hui, une grande partie de la population est analphabète, ne parle que créole, et l'on a tenté à plusieurs reprises d'implanter le créole à l'école pour alphabétiser plus rapidement les enfants; c'est déjà le cas pour l'alphabétisation des adultes. Après le départ en exil de Jean-Claude Duvalier (7 février 1986), les Haïtiens espèrent le retour de la démocratie, ce qui ne paraît pas très facile.

Du continent américain, il faut encore retenir les noms de plusieurs pays utilisant le français dans le cadre des organisations internationales: il s'agit de l'*Argentine*, de l'*Uruguay* et du *Paraguay*, utilisant tous les trois le français à l'ONU lorsque les débats ne sont pas en espagnol; du *Brésil*; enfin de *Sainte-Lucie* (capitale: Castries) et de la *Dominique* (capitale: Roseau). Dans ces deux îles de la Caraïbe, la langue officielle est l'anglais mais la langue courante le créole. La Dominique est devenue membre de l'Agence de coopération culturelle et technique (ACCT) et Sainte-Lucie en est membre associé.

L'Afrique

L'*Afrique noire*: on a vu les grandes lignes de l'histoire de l'Afrique noire à travers les colonisations française et belge. Il est difficile de retracer ici les phases de l'évolution de chacun des pays depuis leur indépendance. Depuis lors (voir le tableau), les frontières des États sont restées les mêmes. Quelques pays ont changé leur nom: le dernier en date est la Haute-Volta devenue le Burkina Faso le 4 août 1984.

Dans tous ces pays, l'implantation française est relativement récente. À part quelques établissements datant du XVIIe siècle, elle remonte en général à la deuxième moitié du XIXe siècle. Les langues nationales et les dialectes étant nombreux, le français est devenu partout la langue officielle et la langue de l'éducation (même de l'alphabétisation la plupart du temps, au moins jusqu'à ces dernières années). Avant l'indépendance, la scolarisation était relativement peu développée. Elle s'est généralisée à partir des années soixante, grâce à l'aide de nombreux «coopérants» venus des pays occidentaux francophones (particulièrement de France, de Belgique et du Canada).

Rares sont les pays où l'on ne parle qu'une seule langue africaine, comme au Rwanda ou au Burundi. Toutefois, dans plusieurs pays, une langue dominante est comprise de la grande majorité de la population. C'est le cas du Sénégal où le wolof est compris par quatre-vingts pour cent de la population, du Mali avec le bambara, du Burkina Faso avec le mooré, de la République centrafricaine avec le sango et de l'ouest du Zaïre avec le lingala.

Les îles de l'océan Indien

L'archipel des *Comores* (capitale: Moroni) devint un protectorat français en 1886. Territoire d'outre-mer en 1958, les Comores, de confession islamique, optèrent pour l'indépendance au référendum du 6 juillet 1975. L'île de Mayotte, toutefois, resta française.

La langue nationale est le comorien; la constitution prévoit la cohabitation du français (langue officielle et langue de l'élite) avec l'arabe.

L'île Maurice (Port-Louis): Les Anglais s'emparèrent en 1810 de l'île de France. Le traité de Paris de 1815 leur en confirma l'attribution. Mais l'anglais est peu parlé par la population de l'île, devenue île Maurice, même si l'anglais est la seule langue officielle depuis 1847. L'île a gardé une partie des institutions françaises dont le code Napoléon; le français est la langue des tribunaux, de la presse (80 %) et la langue «étrangère» obligatoire dans l'enseignement (de quinze à quarante des heures d'enseignement). La langue créole est en fait la langue de la majorité de la population (52 %) suivi de l'hindi (32 %). Le français est langue maternelle pour 4,7 pour cent de la population et l'anglais pour 0,3 pour cent seulement. Le créole tend à devenir la langue courante de l'île, tandis que le français est la langue plus «relevée». Il est à noter que même si la majorité des cours sont officiellement en anglais, les professeurs utilisent de plus en plus souvent le créole ou le français. L'enseignement en classe prématernelle (de 4 à 6 ans) n'est donné qu'en créole ou en français.

On considère que soixante-quinze pour cent des Mauriciens parlent plus ou moins le français et qu'à peu près tous le comprennent. L'île Maurice est un État du Commonwealth, indépendant depuis 1968.

Les îles *Seychelles* (Victoria), d'abord françaises, découvertes comme l'île Maurice par Mahé de la Bourdonnais en 1742, furent aussi occupées par l'Angleterre à l'époque napoléonienne. Devenues indépendantes en 1976, c'est un autre membre du Commonwealth où le français et l'anglais sont langues officielles, tandis que le créole, parlé plus généralement, est langue nationale.

Madagascar (Antanarivo, anciennement Tananarive): la plus grande et la plus homogène des îles est habitée par une population d'origine malayo-polynésienne et qui parle une langue originale, le malgache. Seule île vraiment peuplée à l'arrivée des Européens (l'île Maurice était complètement vierge), elle connut une histoire fertile en rebondissements au XIXe siècle pour devenir protectorat en 1885. Elle est annexée à la France en 1906. Elle devint indépendante en 1960 en même temps que les États d'Afrique auxquels elle est la plupart du temps associée.

Après l'indépendance, le français et le malgache furent déclarés langues officielles. Mais après le renversement du président Tsiranana en 1972 et l'instauration d'un régime d'inspiration socialiste et nationaliste, une politique de malgachisation fut menée intensément.

Le français, qui est resté partiellement la langue d'enseignement, est toujours celle de l'élite et la langue des communications nationales (65 pour cent des programmes de la télévision) et internationales. Toutefois, une grande partie de la population ne parle que malgache.

Mayotte est une collectivité territoriale (chef-lieu: Dzaoudzi) et l'île de la *Réunion* est un département (chef-lieu: Saint-Denis). Beaucoup de petits Blancs, relativement pauvres, descendants des premiers colons, parlent à la Réunion le créole, qui jouit d'un prestige populaire. Mais les efforts de scolarisation en français ont progressivement amené, comme en Martinique ou en Guadeloupe, la quasi-totalité de la population à comprendre et parler le français et de plus en plus à l'écrire.

Ajoutons encore pour l'Afrique et l'océan Indien des pays et territoires non francophones utilisant le français dans le cadre des organismes internationaux: il s'agit de la Guinée équatoriale, ancienne Guinée espagnole qui utilise le français à l'ONU quand les textes ne sont pas en espagnol, et surtout les quatre ex-colonies portugaises: l'Angola, les îles du Cap-Vert, Sao Tomé et Principe et la Guinée-Bissau, devenue membre associé de l'ACCT.

SITUATION DU FRANÇAIS ET PRINCIPALES LANGUES EN AFRIQUE NOIRE, COMORES, DJIBOUTI ET ÎLES MAURICE ET SEYCHELLES

(Les locuteurs peuvent parler plusieurs langues, d'où les totaux parfois supérieurs à 100 %)

PAYS	INDÉPEN- DANCE	LANGUE OFFICIELLE	% DE LA POPULATION PARLANT FRANÇAIS		LANGUES AFRICAINES (ou langue d'origine)	À PARTIR DE LA CONFEMEN % ET NOMBRE APPROXIMATIF DES LOCUTEURS
			CIRB	DE BROGLIE (86)		
BÉNIN	1er août 1960	français	15,5	47	fon, gun, adja, watchi, aïzo, mina	63	2 475 900
(52 langues recensées)					yoruba	16	628 800
					bariba	12	471 600
					pila	4,6	180 780
					fulfuldé	2,5	98 250
					dendi	2,3	90 390
							3 390 000
BURKINA FASO	5 août 1960	français	5,8	20	mooré	48	3 792 000
(une soixantaine de langues)					fulfuldé	10,4	821 600
					lobiri, dagara	7	553 000
					jula	6,9	545 100
					bobo, bwamu	6,7	529 300
					sénufo	5,5	434 500
					gurunsi	5,3	418 700
					bisa	4,7	371 300
					gulimancéma	4,5	355 500
					divers	1	79 000
							7 900 000
BURUNDI	1er juillet 1962	français	6,7	25	kirundi	100	4 782 407

CAMEROUN (1) (environ 239 langues)	1er janvier 1960	français anglais	6,6 (sans créole)	75	fulfuldé (y compris le mbororo)		
					béti (ewondo-bulu)		
					duala		
					basaa		
					kanuri		
					langues dites sara		
					hausa		
					l'arabe choa		
					pidgin (2)		9 350 000
CENTRAFIQUE (3)	13 août 1960	français	11,4	10	ensemble gbaya-manza	24,2	605 000
					ensemble banda	21,4	535 000
					ensemble sara-mbay	4	100 000
					ensemble mbum	3,4	85 000
					ensemble nzakara-zandé	2,3	57 000
					ensemble ngbaka-ma'bo, monzombo, gbanzili-bolako; ensemble sango-yakoma	2,3	57 000
							2 500 000
COMORES (4)	7 juillet 1975	français arabe	18,2	20	comorien: 2 variétés dialectales		
					shingazidja Est	51,3	233 415
					shimwali Est	4,6	20 930
					shinzwani Ouest	41	186 550
					shimaore Ouest	10,2	46 410
							455 000

PAYS	INDÉPEN-DANCE	LANGUE OFFICIELLE	% DE LA POPULATION PARLANT FRANÇAIS CIRB / DE BROGLIE (86)	LANGUES AFRICAINES (ou langue d'origine)	À PARTIR DE LA CONFEMEN % ET NOMBRE APPROXIMATIF DES LOCUTEURS
CONGO (10 ensembles lin-guistiques)	15 août 1960	français	44,4 / 40	lingala	50 956 215
				mumukutuba	30 (5) 573 729
				ensemble ewondo	
				ensemble makoa-njem	
				ensemble kele	
				ensemble sera	
				ensemble njebi	
				ensemble mbede	
				ensemble teke	
				ensemble ngundi	
				ensemble mbochi	
				ensemble kongo	
CÔTE-D'IVOIRE (une cinquantaine de langues)	7 août 1960	français	13,1 (sans créole) / 50	groupe kwa:	1 912 249
				aghi-baoulé	42,52 4 039 400
				attié	
				abbey	
				ébrié	
				groupe kru:	15,85 1 505 750
				bété	
				dida	
				groupe mandé: dioula	65 6 175 000
				autre	24,31 2 309 450
				malinké	
				dan	
				gouro	

					groupe gur: sénoufo koulango	15,37	1 460 150
							9 500 000
DJIBOUTI (12 langues)	27 juin 1977	16,25	français	10	afar	32	115 840
			arabe		somali	36	130 320
							362 000
GABON (au moins dix ensembles)	17 août 1960	33,5	français	30	ensemble fang		1 150 000
					ensemble punu		
					ensemble mbede		
GUINÉE (une vingtaine de langues recensées)	2 octobre 1958	9,18	français	25	pular		6 200 000
					maninka ou malinké		
					soso		
					kisiei ou kissi		
					kpélé		
					lòghòma ou toma		
					onéyan ou tenda-bassari		
					wamey ou konyagi		
MALI (une douzaine de langues)	22 septembre 1960	7,93	français	40	bambara	80	6 080 000
					fulfuldé	14	1 064 000
					songhay	7	532 000
					tamasheq (langue des Touaregs)	1,7	129 200
					bobo		
					bozo		
					dogon	8	608 000
					hassaniyya (Maures)		
					sénoufo-minyanka	9	684 000
					soninké	7,8	592 800
							7 600 000

PAYS	INDÉPENDANCE	LANGUE OFFICIELLE	% DE LA POPULATION PARLANT FRANÇAIS		LANGUES AFRICAINES (ou langue d'origine)	À PARTIR DE LA CONFEMEN % ET NOMBRE APPROXIMATIF DES LOCUTEURS	
			CIRB	DE BROGLIE (86)			
MAURICE (ÎLE) (6)	22 mars 1968	anglais	9	80	anglais	0,3	3 042
					chinois	1,1	11 154
					créole	52	527 280
					français	4,7	47 658
					gujrathi	0,04	405
					hindi (bhojpuri)	31,7	321 438
					marathi	1,5	15 210
					tamoul	3,5	35 490
					telegu	2,1	21 294
					urdu	2,8	28 392
					divers	0,2	2 028
							1 014 000
NIGER (nombre relativement peu élevé de langues) 6 groupes	3 août 1960	français	6,31	15	hausa	80	5 080 000
					songhay-zarma	21	1 365 000
					fulfuldé	14	889 000
					tamajaq	11,5	730 250
					kanuri	7,5	476 250
					gurmantché		
					tubu		
					arabe		moins de 10 000
RWANDA	1er janvier 1962	français kinyarwanda	10,1	15	kinyarwanda	100	6 350 000
							5 900 000
SÉNÉGAL (7)	20 août 1960	français	13,2	50	wolof	37	2 333 500
					poular-fulfuldé	21	1 324 419

	Date	Langue off.			Langues	%	Population
					sérère	13	819 879
					diola	6,9	435 166
					malinké	6,1	384 712
					soninké	2	126 135
							6 306 759
SEYCHELLES (ÎLES)	20 juin 1976	anglais	18,3	95	créole	97	63 740
		français			anglais	45	29 570
		créole			français	37	24 313
							65 711
TCHAD (une centaine de langues et dialectes)	11 août 1960	français	6	20	groupes: sara-bongo-baguirmien	20,4	1 000 000
		arabe			saharien (kanembou, teda, daza, zaghawa)		
					dadjo	6,2	303 800
					mabang	2,8	137 200
					tama	9,2	450 800
					arabe (différents dialectes)	13,7	671 300
					tchadique (oriental, central et occidental)		
					adamawa (mayo-kebi)	17	833 000
					oubanguien (sango)		
					fulfuldé (peul)	5,3	259 700
							4 900 000
TOGO (une quarantaine de langues et de dialectes) (8)	30 août 1960	français	17,1	30	groupe gur: kabiyé	13	366 600
					tem	5,9	166 38
					mora	4,8	135 360
					gurmantché	4	112 800

PAYS	INDÉPEN-DANCE	LANGUE OFFICIELLE	% DE LA POPULATION PARLANT FRANÇAIS CIRB / DE BROGLIE (86)		LANGUES AFRICAINES (ou langue d'origine)	À PARTIR DE LA CONFEMEN % ET NOMBRE APPROXIMATIF DES LOCUTEURS	
			CIRB	DE BROGLIE			
					lamba	3,1	87 420
					ntcham (bassar)	2,5	70 500
					groupe kwa:		
					éwé	22	620 400
					ouatchi	10	282 200
					guin	5,9	166 380
					fon	1,1	31 020
					adja	0,97	27 354
							2 820 000
ZAÏRE (environ 250 langues)	20 juin 1960	français	7,78	20	swahili	30	9 345 000
					lingala	19	5 918 500
					kikongo	13	4 040 500
					ciluba	11	3 426 500
							31 150 000

Notes:
1) Il est impossible de dire le nombre de locuteurs pour chacune des nombreuses langues de ce pays qui affiche un des taux de variation linguistique les plus élevés.
2) Le pidgin assure la communication inter-groupes. Cette langue véhiculaire qui connaît deux variétés (celle qui est parlée par les francophones et celle qui est propre à la population anglophone) et qui emprunte, au bantou notamment, certaines structures morpho-syntaxiques, compte plus d'un million de locuteurs (CONFEMEN, p. 90).
3) 98 % de la population parlent le sango comme langue seconde alors qu'elle n'est maternelle que pour quelques milliers de locuteurs.
4) On note aux Comores l'émergence d'un parler commun: le shinasiwa ou le chikomor.
5) Le pourcentage est tiré du Quid 1987.
6) Le français jouit d'un statut particulier: « The official language of the assembly shall be English but any member may address the chair in French. » (CONFEMEN, p. 228).
7) Les données établies par l'Institut africain international chiffrent le nombre de locuteurs wolofs (langue maternelle ou langue seconde) à près de 80 %.
8) Il s'agit de langue maternelle.
L'éwé est parlé par plus de 35 % de la population, soit 2 171 400 habitants.
Le kabiyé est parlé par plus de 30 % de la population, soit 1 099 800 habitants.

Sources:
Ce tableau a été confectionné à partir des données
– de la CONFEMEN: Promotion et intégration des langues nationales dans les systèmes éducatifs. Bilan et inventaire, 1986.
– du Français, pour qu'il vive, G. de Broglie.
– du CIRB (Centre international de recherche sur le bilinguisme), Université Laval. Données CIRB: Le pourcentage de locuteurs du français par rapport à la population totale a été calculé en addition-nant le pourcentage de locuteurs de français, langue maternelle et langue seconde. Pour ces derniers, plusieurs sources ont été considérées. Trois étapes ont permis de recommander un chiffre qui représenterait la meilleure approximation possible: On a comparé les différentes données avec celle du nombre total d'enseignés en français (langue d'enseignement et langue enseignée) et celle du taux d'alphabétisation. Le créole a été exclu. Puis, la situation générale de chaque pays a été prise en considération.
On notera la grande différence entre les évaluations du CIRB et les chiffres cités par G. de Broglie.

Le Maghreb

L'*Algérie* (Alger) est le premier territoire d'Afrique du Nord conquis par la France lors de la reddition du dey en 1830 après la prise d'Alger. L'implantation des colons français fut si forte qu'en 1960 ils étaient près d'un million sur une population voisine de dix millions. Plusieurs générations de Français naquirent et moururent sur le sol algérien. Ce fut pour beaucoup de Français d'Algérie un déchirement lorsqu'ils durent plier bagage et rentrer en métropole. On l'a vu encore lorsque, du 26 au 28 juin 1987, plus de deux cent mille pieds-noirs (Français nés en Algérie) se retrouvèrent à Nice pour célébrer à leur façon le vingt-cinquième anniversaire de leur départ d'Algérie à la proclamation de l'Indépendance.

La pénible guerre d'Algérie de 1954 à 1962 a profondément marqué tant la France que l'Algérie. Cette dernière, imprégnée de l'influence française, a décidé pourtant de la rejeter progressivement. Un régime à tendance socialiste décida d'arabiser. Les premiers dirigeants algériens étaient fort peu arabophones: Farhāt 'Abbās, le premier président, reconnaissait dans un discours qu'il ne s'exprimait correctement qu'en français. Ses successeurs réduisirent l'enseignement du français et décidèrent d'arabiser peu à peu tous les secteurs; à tel point qu'on en vint à changer les plaques des rues, ce qui n'alla pas sans provoquer pendant un temps une certaine confusion. Après 132 ans de présence française, la marque était profonde. Avec le taux de natalité très élevé du pays, les dirigeants comptent sur les jeunes générations pour reconstruire un pays arabe.

L'Algérie, dans les faits, reste fortement francophone, même si le français a perdu son statut de langue officielle. Elle ne participe cependant pas aux organisations de la francophonie, si ce n'est dans les dossiers purement techniques.

Il en va autrement du Maroc et de la Tunisie, où la présence française jusqu'en 1956 fut moins longue (respectivement 46 et 75 ans) et les relations moins étroites avec la métropole, les deux pays n'ayant été que des protectorats. La campagne d'arabisation s'y développe aussi mais le français reste présent dans l'enseignement et demeure une grande langue de communication.

La *Tunisie* (Tunis) devint protectorat français en 1881. En 1942, elle fut envahie par les Allemands. Les alliés répliquèrent depuis l'Algérie et la Libye et reconquirent le territoire. Après la guerre, la base navale de Bizerte fut l'objet d'un conflit épineux entre la France et la Tunisie. Un nouveau statut donna à cette dernière l'autonomie interne en 1954 puis l'indépendance de fait en 1956. Le bey fut destitué en 1957. Habib Bourguiba devint alors le premier président de la République. On a vu plus haut son désir de faire accéder son pays à la modernité (il dispensa les femmes arabes du port du voile et simplifia plusieurs institutions musulmanes). On sait aussi le rôle éminent qu'il a joué dans le développement de l'idée de la francophonie.

La Tunisie est membre de l'ACCT.

Le *Maroc* (Rabat) ne devint protectorat qu'en 1912. Malgré le travail de pacification de Lyautey, le Maroc connut une nouvelle période agitée avec la guerre du Rif (1921-1926), sous l'impulsion d'Abd el-Krim.

Après la Deuxième Guerre Mondiale, la parti de l'Istiqlal, fondé en 1943, entreprit une lutte politique en vue de faire accéder le pays à l'indépendance. La France déposa le sultan Mohammed V en 1953 dont le prestige fut accru: il devint le nouveau champion de l'indépendance que le Maroc obtint en 1956, et se constitua en royaume. En 1961, après Mohammed V, son fils Hassan II lui succède. Ce dernier aussi est attaché à la cause du français. Ses efforts de médiation dans de nombreux conflits ont été appréciés de même que ses déclarations sur la langue française. Toutefois depuis quelques années, une lutte armée mine le pays de l'intérieur, celle que mène le Front Polisario, soutenu officiellement par l'Algérie, pour l'indépendance de la partie saharienne.

Le Maroc est membre associé de l'ACCT.

L'Asie

Au Proche-Orient, l'actuelle guerre du *Liban* (Beyrouth) a donné lieu à beaucoup de commentaires et d'exposés historiques. Région d'origine phénicienne au milieu du monde arabe, une partie importante de sa population est chrétienne maronite. Lorsqu'en 1860 ces chrétiens furent victimes de massacres, la France vint à leur secours contre les druzes. Puis les Turcs furent chassés et le Liban, formé en 1920, devint protectorat français jusqu'à la Seconde Guerre mondiale. Son indépendance fut proclamée en 1943.

Les chrétiens maronites sont profondément attachés au français et l'élite arabe est tout à fait bilingue. Bien que le français ne soit pas la langue officielle, il est une langue seconde très pratiquée et vivante. L'Université Saint-Joseph de Beyrouth, créée par les jésuites en 1881, continue à jouer un rôle important malgré la présente guerre. L'université libanaise a une section arabe et une section française. Plus récemment des chrétiens maronites ont fondé une autre université de langue française à Kaslick. Le Liban compte de nombreux lettrés dont Georges Schéhadé qui fut le premier lauréat du Grand Prix de la francophonie décerné par l'Académie française en 1986. L'ancien président de la République, M. Charles Hélou, fut président de l'Association internationale des parlementaires de langue française (AIPLF).

La *Syrie* (Damas) fut également sous mandat français de 1920 à 1943, date de son indépendance. Mais l'influence anglaise visa à réduire la puissance du français qui ne fut jamais aussi bien implanté qu'au Liban. Le régime socialiste actuel a nationalisé les écoles franco-arabes en 1968 et a poursuivi son œuvre d'arabisation. Toutefois, l'Université de Damas a accueilli en 1975 le premier séminaire des départements d'études françaises du monde arabe sous l'égide de l'AUPELF, et des parlementaires syriens participent à l'AIPLF. Mais le français n'est plus parlé couramment que par quelques personnes âgées; il est surtout une langue de culture.

L'*Égypte* (le Caire) pourrait se situer linguistiquement entre le Liban et la Syrie. Le français est encore privilégié des chrétiens coptes. Trois quotidiens sont de langue française: deux au Caire, un à Alexandrie. Les prises de position politique de l'Égypte en font un des pays les plus importants du monde arabe; dont elle est souvent le chef de file culturel. Mais le français enseigné dans plusieurs écoles reste une langue de culture et une langue étrangère importante. Un fait important est à noter: le 15 décembre 1983, l'Égypte entrait dans l'ACCT et se rapprochait ainsi des pays francophones. «*Le français est une langue non alignée*», dit le ministre des Affaires étrangères, M. Boutros Ghali, à cette occasion. (M. Boutros Ghali devait être élu, à la fin de 1991, secrétaire général de l'Organisation des Nations Unies.)

Que dire de l'*Iran* (Téhéran) aujourd'hui? Depuis le renversement du shah et la prise de pouvoir par les ayatollahs, le français y est mal perçu, comme tout ce qui vient de l'étranger. Le *Journal de Téhéran*, quotidien français, a cessé de paraître. Le français était réduit dans les écoles et les universités. Il est d'ailleurs de plus en plus mal enseigné. On ne peut prédire l'avenir, mais la période qui produisit de grands lettrés de langue française est certainement du domaine du passé en Iran.

L'Extrême-Orient

Les comptoirs de l'Inde sont connus aujourd'hui davantage par une chanson de Guy Béart que par leur poids réel. Ce sont Pondichéry, Mahé, Chandernagor, Karikal et Yanaon. Ces territoires furent annexés par l'Inde en 1956 et 1958, mais le français y est conservé comme langue officielle.

Les pays de l'ex-Indochine sont regroupés aujourd'hui dans le *Viêt-nam* (Hanoi), le *Laos* (Vieng-chan, autrefois Vientiane) et le *Kampuchea* (ex-Cambodge, Phnom Penh).

On se souvient qu'aussitôt terminée la Deuxième Guerre mondiale, l'armée française dut s'embarquer pour l'Indochine. Après sa défaite à Diên Biên Phu en 1954, la France se retira du Viêt-nam du Nord (ancien Tonkin et partie septentrionale de l'Annam), devenu indépendant après les accords de Genève sous le nom de République démocratique du Viêt-nam. Il fut alors séparé du Viêt-nam du Sud pro-occidental (Cochinchine et nord de l'Annam, appelé République du Viêt-nam). Le Viêt-nam du Sud reçut alors le renfort des Américains qui s'enlisèrent à leur tour et se retirèrent finalement de Saigon, la capitale, qui devint Hô Chi Minh-Ville.

Les deux Viêt-nam se réunirent alors sous un régime socialiste; depuis la ville d'Hanoi est la nouvelle capitale générale. Le français disparut dans l'administration au profit du vietnamien. Le bilinguisme franco-vietnamien se rétrécit de jour en jour avec la disparition des personnes âgées. Le français reste toutefois langue de culture et de diplomatie, et les Vietnamiens participent aux organes de la francophonie. Le Viêt-nam est en particulier membre de l'ACCT.

Il en est de même du Laos où l'usage du lao s'est généralisé. Protectorat en 1893, il devint État autonome en 1949 puis indépendant en 1953. Sa politique officielle de neutralité lui permit de traverser sans trop de difficultés les troubles de l'Indochine.

Il est membre associé de l'ACCT.

Quant au Kampuchea, l'ancien Cambodge, il aura été rendu tristement célèbre par la révolte des khmers rouges en 1973, qui pratiquèrent un véritable génocide de la population pacifique et raffinée de ce pays, en particulier dans la capitale Phnom Penh. Auparavant, ce vieux royaume d'Asie peuplé par les khmers avait été marqué par une grande civilisation qui donna naissance à des merveilles architecturales comme le temple d'Angkor (XI-XII° siècle).

Protectorat français en 1863, il devint indépendant en 1953. En 1966, le général de Gaulle y prononça un discours resté célèbre. Le prince Norodom Sihanouk, maintenant en exil, y a joué un rôle éminent pour conduire son pays à l'indépendance, et ensuite le diriger jusqu'en 1973.

Depuis 1984, le Viêt-nam s'est introduit au Kampucheä pour en repousser les khmers rouges. La situation est toujours confuse.

Le Cambodge avait été francophone et francophile jusqu'en 1973. Il est difficile de dire ce qu'il adviendra désormais du français au Kampuchea.

L'Océanie

Le français est aussi présent dans les îles du Pacifique. S'il n'est plus qu'un souvenir dans le sud de la Nouvelle-Zélande, il reste vivant au Vanuatu et dans les trois territoires français: la Nouvelle-Calédonie, la Polynésie, Wallis et Futuna.

Condominium franco-britannique de 1887 à 1979, les Nouvelles Hébrides prirent le nom de *Vanuatu* (capitale: Port-Vila) à leur indépendance en 1980. L'anglais et le français sont les langues officielles, héritage des deux gouvernements et des deux systèmes éducatifs tout à fait distincts et parallèles. Les deux colonies avaient toutefois évolué très différemment. Les Français, petits planteurs, se consacrèrent à l'agriculture, tandis que les Églises presbytérienne et anglicane quadrillaient le pays. À la veille de l'indépendance, la France tenta de rattraper le temps perdu par le développement d'un bon système d'enseignement. Ce fut en vain: le parti des anglophones prit le pouvoir avec des hommes souvent unilingues anglais. Le pays est toutefois bilingue et la scolarisation doit profiter à la partie française de la population, soit un peu moins de la moitié des cent mille habitants.

Des territoires français d'outre-mer, la *Polynésie* est la plus célèbre en raison du paradis enchanteur qu'évoque Tahiti (chef-lieu: Papeete) avec ses splendides vahinés aux colliers de fleurs et de coquillages, et la peinture de Gauguin. La Polynésie représente environ cent cinquante mille habitants, légèrement plus que la *Nouvelle-Calédonie.*

Cette dernière (140 000 habitants, chef-lieu: Nouméa) célèbre par l'exploitation du nickel, est aujourd'hui l'objet de vives discussions entre Mélanésiens autochtones qui réclament l'indépendance et les Caldoches, Calédoniens d'origine européenne, un peu plus nombreux, qui tiennent à rester français.

Quant à Wallis et Futuna, les habitants sont plus nombreux en Nouvelle-Calédonie (près de dix mille) que dans leur île d'origine (environ neuf mille).

En guise de conclusion

Comme on l'aura vu dans cette brève description des pays dits de langue française, l'espace francophone est vaste. Son histoire est riche, souvent passionnante. Son avenir est en plusieurs points menacé.

Il est difficile de chiffrer précisément l'ensemble. Les estimations varient selon la définition que l'on donne au mot francophone. Doit-on compter seulement les personnes parlant réellement le français, celles qui sont de culture française, ou toutes celles qui habitent un pays officiellement francophone?

Selon la réponse, les chiffres varient. La francophonie va ainsi de 100 à 160 millions d'individus. Aussi, les statistiques et recensements ne sont pas toujours effectués en même temps, ce qui rend le décompte périlleux.

Le recensement de la population francophone du globe donne lieu, selon les sources, à des relevés fort différents: 100 millions, 120, 140, 150 millions. Si l'on additionne simplement les populations des pays où le français est utilisé peu ou prou, on pourra atteindre le chiffre imposant – mais trompeur – de 380 millions; car contrairement aux pays d'Amérique du Sud, par exemple, où la grande majorité de la population parle la même langue, les pays dits francophones comptent des proportions extrêmement variables de locuteurs francophones; leur nombre s'élèverait en fait à quelque 120 millions.

Quoi qu'il en soit, à l'échelle mondiale, le français se situe derrière le chinois (environ 935 millions de locuteurs), l'anglais (300 millions), l'espagnol (266 millions), l'arabe (166 millions), le bengali (160 millions) et le portugais (132 millions, dont 122 au Brésil).

Pourtant, plus que ces dernières langues, le français a un rayonnement international – au même titre que l'anglais – puisqu'il est répandu sur les cinq continents. Le chinois n'est parlé que sur un seul continent, tout comme le bengali. C'est le cas également du malais-indonésien (122 millions de locuteurs), du japonais (121 millions) et même de l'allemand (118 millions).

Quelle sera la position du français en l'an 2000? Serons-nous 240, 260, 300 millions à le parler, parmi le milliard de locuteurs de langue latine et les six milliards d'habitants de la planète?

Parce qu'il a évolué pour accueillir de nouvelles cultures, et notamment la culture technologique et scientifique de l'Occident contemporain, le français a de bonnes chances de demeurer l'une des deux principales langues internationales. Après avoir connu un recul constant pendant une cinquantaine d'années, il reprend aujourd'hui du terrain grâce à l'énorme poussée démographique africaine et aux progrès de l'enseignement au sein des populations peu scolarisées.

Par ailleurs, les nouvelles technologies, telle la traduction informatisée, vont certainement jouer un grand rôle au cours des prochaines années, et risquent de modifier l'équilibre linguistique à l'échelle mondiale.

Il reste au français l'avantage d'être implanté sur les cinq continents, d'être par conséquent présent dans toutes les organisations internationales et de suivre tous les mouvements culturels mondiaux. Mais il devra mettre tous les atouts de la francophonie dans son jeu, et s'il tient à résister à l'envahissement de l'anglo-américain, il devra faire front commun avec les autres langues latines.

Les États et gouvernements membres de l'ACCT

après le Sommet de Chaillot (novembre 1991)

ÉTATS MEMBRES (34)

Bénin, Burkina-Faso, Burundi, Cameroun, Canada, République Centrafricaine, Communauté française de Belgique, Comores, Congo, Côte d'Ivoire, Djibouti, Dominique, France, Gabon, Guinée, Guinée équatoriale, Haïti, Laos, Liban, Luxembourg, Madagascar, Mali, Maurice, Monaco, Niger, Rwanda, Sénégal, Seychelles, Tchad, Togo, Tunisie, Vanuatu, Viêt-nam, Zaïre.

ÉTATS ASSOCIÉS (5)

Égypte, Guinée-Bissau, Maroc, Mauritanie, Sainte-Lucie.

GOUVERNEMENTS PARTICIPANTS (2)

Canada-Nouveau-Brunswick
Canada-Québec

OBSERVATEURS (5)

Bulgarie, Cambodge, Roumanie, Cap-Vert, Suisse.

Chapitre 10

FRANCOPHONIE LINGUISTIQUE ET CULTURELLE

Unité et diversité du français

Lors de la Cinquième Biennale de la langue française en 1973 à Dakar, Maurice Piron disait fort à propos: *«La francophonie est une arme à deux tranchants. Elle rassemble les pays de langue française, mais cette union peut dégager un facteur d'unité aussi bien qu'un facteur de diversité.»*

Lorsque l'on s'est plus ou moins mis d'accord sur le nombre de francophones, reste le problème le plus grand: quel français parlent-ils? Quelle culture véhiculent-ils?... Un observateur superficiel pourrait penser que le français est commun à tous, qu'il y a un français universel, un français standard. Ce n'est pas la réalité.

Les normes définies par l'Académie française ou illustrées par les écrivains de l'Hexagone furent sans doute universellement respectées hors de France au XIXe siècle et même dans la première moitié du XXe, caractérisées alors par une générale imitation. Ce n'est pas sans fondement qu'Étienne Léro a pu dire avec une certaine gêne de ses congénères: «*L'Antillais se fait un point d'honneur qu'un Blanc puisse lire tout son livre sans deviner sa pigmentation.*» Léon Gontran Damas, quant à lui, fustigeait cette «*littérature de décalcomanie*»; il jugeait sévèrement la littérature haïtienne après un siècle d'indépendance. Maurice Piron de son côté parlait de la littérature écrite alors au Canada «*sous le signe du souverain poncif*».

Les Anglo-Saxons d'outre-Atlantique avaient déjà pris leur distance d'avec la mère patrie, et l'Académie royale d'Espagne depuis les années 1870 s'honorait d'un dictionnaire indiquant pour chaque mot sa provenance (Chili, Mexique, Argentine ou Castille). En français, les particularités locales et régionales étaient refoulées à moins qu'elles ne parviennent à trouver grâce, au nom de l'exotisme, dans une certaine littérature: on les réservait plutôt aux soirées folkloriques ou gastronomiques.

Mais avec la Deuxième Guerre mondiale et «l'ère des indépendances», la centralisation et l'uniformité linguistique qu'avait renforcées la doctrine napoléonienne puis la généralisation de la radio au début du XXe siècle, devaient être battues en brèche. La langue française, véhicule des idées de liberté au XVIIIe siècle, était devenue pour beaucoup la langue du colonisateur. Pour affirmer sa liberté désormais, il fallait peut-être parler malgache, arabe ou une langue d'Afrique; il fallait au moins adapter le français aux réalités locales pour pouvoir nommer le pays, sa faune, sa flore et sa culture, et se démarquer de l'Hexagone.

Le vocabulaire de France était pauvre pour désigner les réalités des pays tropicaux et équatoriaux, d'où l'incompréhension souvent manifeste entre les professeurs coopérants venus de l'ancienne métropole et les élèves chargés de rédiger une composition «française», et utilisant, pour ce faire, des termes ignorés du *Petit Larousse*. Pensons seulement qu'un siècle après la parution du dictionnaire espagnol mentionné plus haut, on ne pouvait trouver dans le dictionnaire du français contemporain que trois ou quatre mots africains du genre de «case», «boubou», «marigot» et «fromager».

Comment exprimer alors toutes les réalités physiques, sociales et politiques de son pays, sans oublier les conceptions religieuses, philosophiques et les autres éléments vitaux d'une culture authentique?

L'éclatement du français

Ainsi que le disait encore Maurice Piron à Dakar:

> Faut-il rappeler que plus une langue se répand dans l'espace, plus elle tend à se particulariser? L'éloignement géographique par rapport au centre directeur qu'est la France joue alors dans l'évolution linguistique un rôle comparable à celui d'un accélérateur (...) Cette diversité que prend ainsi le français parlé suivant les lieux où il se parle est certes un inconvénient au niveau de la communication, et si les divergences s'accentuaient, elles risqueraient de créer des zones d'opacité.

D'où la proposition qu'il faisait alors d'un inventaire général des «usances» de la francophonie.

Son collègue Willy Bal, dans un substantiel article intitulé «Unité et diversité de la langue française» (*Guide culturel. Civilisations et littératures d'expression française*) rassure tous ceux qui pourraient s'inquiéter des écarts vis-à-vis de la norme traditionnelle. «*La diversité interne d'une langue est un fait normal, qui n'est nullement incompatible avec l'unité.*» Il précise que l'évolution et l'ouverture sont nécessaires à la vie d'une langue. «*Une langue historique, comme le français, avec sa tradition écrite vieille d'un millénaire, son extension à des territoires vastes et discontinus, ses emplois qui, dans une large zone de son domaine, couvrent toutes les fonctions sociales dévolues au langage, une telle langue se diversifie nécessairement en un très grand nombre de variétés.*»

Nous pouvons considérer en effet qu'à notre époque, indépendamment des changements survenus au cours de l'histoire, mais d'un point de vue synchronique, des particularités se manifestent et se développent en même temps sur trois plans: le plan phonique où les accents et les intonations varient; le plan morpho-syntaxique, par transposition au français des tournures provenant d'autres langues ou d'habitudes socio-culturelles; enfin le plan lexical, qui est de beaucoup le plus important.

Tous les chercheurs dans le domaine des français régionaux et de la linguistique appliquée dans les centres extérieurs à la France furent d'accord au début des années soixante-dix: il fallait relever les variétés lexicales, pour les introduire ensuite dans la langue française si elles paraissaient utiles (termes doublant un mot français, mais en usage régulier dans une région francophone), voire nécessaires (termes indispensables pour désigner des réalités non encore nommées en français).

Ces idées portèrent leurs fruits en particulier grâce à l'AUPELF (Association des universités partiellement ou entièrement de langue française), au CILF (Conseil international de la langue française) et à des équipes de chercheurs de plus en plus nombreuses. Virent le jour un *Inventaire des particularités lexicales du français en Afrique noire*, des glossaires, des lexiques, etc. Un dictionnaire du «français québécois» est en train de se constituer sur le modèle du *Trésor de la langue française* et les quatre principaux dictionnaires français usuels, dès leur édition de 1983, rivalisaient d'ouverture en accueillant belgicismes, helvétismes, canadianismes et québécismes, africanismes, etc. Le mouvement est définitivement en marche, et les variétés maintenant acceptées.

Il existe chez certains les craintes qu'avec l'expansion du français et ses ramifications diversifiées, les qualités reconnues habituellement à cette langue en viennent à se réduire ou même à disparaître. Les «niveaux» de langue ne seront-ils pas confondus, et «tous les plats ramenés à un ragoût francophone»?

Comme le rappelait Martinet: «*Dans cette affaire, les qualités intrinsèques des langues en présence paraissent jouer un rôle fort limité.*» Il n'y a pas forcément d'adéquation entre les qualités d'une langue et son rayonnement. On connaît d'ailleurs la façon humoristique de marquer la différence entre une langue et un dialecte: une langue, c'est un dialecte avec une armée...

Ses qualités aristocratiques avaient fait du français au XVIIIᵉ siècle la langue de la diplomatie et de la nuance. L'Europe enviait «l'esprit français». Dans la période actuelle, où les pays développés livrent une course effrénée vers les sciences et les techniques, tandis que le tiers monde n'arrive pas à assumer sa subsistance, doit-on déplorer que d'aristocratique, la langue française, après s'être embourgeoisée, se popularise aujourd'hui? Le français moderne doit d'abord s'adapter à la science et à toutes les réalités de l'espace francophone. Les privilégiés pourront toujours raffiner et les honnêtes gens utiliser la langue avec pertinence. «*Les langues n'ont d'élégance qu'autant qu'il y en a dans l'esprit de ceux qui les parlent*», disait Condillac. Plus simplement, Jean-Paul Sartre constatait: «*Si nous n'écrivons pas comme au XVIIᵉ siècle, c'est bien que la langue de Racine et de Saint-Évremond ne se prête pas à parler des locomotives et du prolétariat.*»

«Le français tue nos langues»

Dans la mesure où il se rapproche de la réalité temporelle, spatiale, populaire ou scientifique – que ce soit au Québec, en Afrique ou au Maghreb – le français est plus utilisé. Pour beaucoup d'Africains et de Malgaches comme J. Rabemananjara, «*la langue française a été un objet de répulsion tant qu'elle représentait une langue de domination*». Elle est encore l'objet de beaucoup de réserve en provenance du continent africain. Elle paraît trop souvent une langue vraiment étrangère. Ali Moindjie, des Comores, accuse: «*Le français est un instrument de pouvoir dont se sert une élite pour tenir à l'écart la population dont il détruit les particularismes et provoque une certaine uniformisation.*» L'utilisation imposée d'un français de l'extérieur modifie la société en la dépersonnalisant, mais un français plus adapté sera-t-il mieux accepté, s'il se répand davantage dans les populations sous-développées? «*La francophonie*», poursuit le journaliste comorien (Le Devoir, 21 juin 1986) «*serait un espace qui laisserait s'affirmer le polymorphisme des peuples, un carrefour où se rencontreraient les particularités pour s'enrichir mutuellement. Hélas! Entre les discours et la réalité, il y a un fossé. Le français tue nos langues.*»

Nous touchons là au sérieux problème de la diglossie et du bilinguisme. Un pays ou une institution peut être bilingue; des individus le peuvent aussi. Mais un peuple peut-il l'être sans qu'au bout du compte l'une des deux langues ne l'emporte? Les situations de bilinguisme sont connues au Canada, en Belgique ou en Suisse: des solutions différentes ont été imaginées, dont aucune n'est parfaite. Qu'en sera-t-il en Afrique? Le français, en s'adaptant, risque-t-il d'écraser les langues locales?...

LE CHAT ET LA SOURIS
Fable contemporaine

Une souris, qui sortait de son trou pour chercher de la nourriture, aperçut un chat qui la guettait. Elle se retira aussitôt. Le chat, las d'attendre, imagina un stratagème: il se mit à aboyer. Avec sa petite tête de souris, celle-ci se dit: «Si l'on aboie, c'est que le chien est arrivé; le chat est sûrement parti; je peux donc sortir.»

Aussitôt sortie, elle se fit attraper par le chat qui, la retenant dans ses griffes, avant de la dévorer, lui dit: «Tu vois les avantages du bilinguisme!...»

Les dangers du bilinguisme

L'arabisant Jacques Berque a depuis longtemps mis en garde contre «*un bilinguisme qui serait subi, en particulier dans les pays du Maghreb attachés à leur ré-arabisation*» (*Jeune Afrique*, 9 mai 1967). C'est pourquoi il s'est opposé au développement de la francophonie qui, comme l'énonçait d'autre part le ministre algérien de l'Information et de la Culture de l'époque, comportait «objectivement» des tendances néo-colonialistes.

Un bilinguisme volontaire et organisé pour une population largement scolarisée apporte beaucoup d'avantages, en plus d'être parfois une nécessité: on le voit en Scandinavie, en Hollande ou au Japon. Pour une population peu scolarisée et sous-développée en revanche, ce peut être très différent, occasion de profondes perturbations sociales et culturelles.

L'avenir nous dira quel sort est réservé au français en Afrique. De toute façon, il ne se développera que s'il répond à certains besoins et s'il s'adapte. Mais l'adaptation n'est pas chose facile. Les écrivains de langue française hors de France en savent quelque chose. Beaucoup ont fait leur cette longue réflexion du poète haïtien Léon Laleau, qu'il avait d'abord écrite sous le titre de «Trahison», puis qu'il a finalement publiée sous le titre plus général et moins explosif de «Musique nègre».

MUSIQUE NÈGRE
1931

D'Europe, sentez-vous cette souffrance
Et ce désespoir à nul autre égal
D'apprivoiser, avec des mots de France
Ce cœur qui m'est venu du Sénégal?

Ce cœur obsédant, qui ne correspond
Pas avec mon langage et mes costumes
Et sur lequel mordent comme un crampon
Des sentiments d'emprunt et des coutumes

J'entends en moi glapir, certains soirs, le lambi[1]
Qui ralliait mes ancêtres sur la montagne,
Je les revois, membres fourbus, couteau fourbi,
Avec le meurtre aux yeux et du sang sur leur pagne.

Mais aussitôt j'entends un air lent de Rameau
Qui s'englue aux clameurs de haines et de guerres.
Aux cris nègres se mêle alors un chalumeau,
Et de fins escarpins aux savates vulgaires.

---

1 Gros coquillage dans lequel les nègres marrons, c'est-à-dire ceux qui s'étaient sauvés pour échapper à l'esclavage, soufflaient comme dans une trompe pour se repérer et se regrouper dans la nuit.

L'évolution du français scientifique

Le problème est d'ailleurs aussi posé dans les pays développés. Le français répond-il aux besoins scientifiques? S'est-il adapté? Faut-il changer de langue et passer à l'anglais pour faire des sciences, ou bien doit-on simplement enrichir au plus vite le français par la création de mots nouveaux (assez simples), ou encore par l'emprunt de mots anglais? Autant le «franglais» est condamné par tous les linguistes, autant l'assimilation de quelques mots peut paraître le moyen le plus rapide et le moins onéreux d'adapter notre langue. Du Bellay l'a compris il y a longtemps: «*Ce n'est point chose vicieuse, mais grandement louable: emprunter d'une langue étrangère les sentences et mots pour les approprier à la sienne.*» Il vaut beaucoup mieux intégrer un mot étranger dans une énonciation précise que parler par périphrases ou utiliser un ensemble de mots ambigus.

L'avènement de l'informatique est en train de faire évoluer la langue, nous le savons. Va-t-on nous robotiser avec le langage des ordinateurs? Les variétés de français vont en subir les effets réducteurs et être récupérées par une nouvelle norme. Laurent Santerre, professeur à l'Université de Montréal, prix André-Laurendeau en 1986 pour ses recherches sur les nouveaux procédés technologiques dans les recherches en phonétique, ne le pense pas. Il travaille à faire «parler» les ordinateurs et commence à les faire parler en français québécois et en français de France. On prévoit déjà que certains ordinateurs parleront le parisien, le marseillais... Pourquoi pas? Il faut domestiquer les nouveaux appareils comme on l'a fait avec le téléphone: faut-il connaître l'anglais pour se servir du téléphone (invention d'A. G. Bell, développée par les Américains)?... L'important pour L. Santerre, c'est de suivre les techniques, sans trop regretter l'évolution de la langue.

Toutes les langues sont parlées de manière telle qu'on peut toujours dire qu'elles sont mal parlées, pleines de fautes et déformées. C'est un problème typique. Une société ne peut supporter de voir changer sa langue, mais celle-ci évolue sans cesse plus ou moins rapidement. (*Actualité*, juillet 1987.)

Ainsi le français d'aujourd'hui est bien différent de son ancêtre du siècle dernier. Même s'il est éclaté, une *«francopolyphonie»*, comme le dit Stelio Farandjis, le secrétaire général du Haut Conseil de la francophonie, n'est pas mauvaise. *«Elle peut être l'illustration par excellence de la solidarité entre peuples et cultures.»*

Et disons-nous que si la francophonie moderne fait évoluer le français à grands pas, par l'intégration des créations ou emplois populaires, on peut faire confiance au peuple pour cela. *«Le peuple fait bien les langues. Il les fait imagées et claires, vives et frappantes. Si les savants les faisaient, elles seraient sourdes et lourdes.»* (Anatole France)

La francophonie culturelle

La pluralité constatée dans la langue est encore plus marquée au niveau de la culture. Qu'est-ce que la culture française aujourd'hui? Y a-t-il une ou plusieurs cultures françaises? Y a-t-il une culture «francophone», née de l'alliance des cultures de France, de Belgique, de Suisse, de Québec, du Maroc, du Sénégal, etc.?

La construction intellectuelle que l'on peut échafauder par une réflexion sur la francophonie culturelle est aisée. On peut en tirer de belles images: une culture de base, française, de vieille souche et de grande renommée, à laquelle se joignent, pour apporter plus de ressources potentielles, les trouvailles des enfants et des petits-enfants, auxquelles s'ajouteront encore celles des parents et alliés qui ont leur vie propre mais ont aussi profondément le sens de la famille, et se retrouvent périodiquement pour des célébrations familiales.

Cette image est d'emblée contestée par plusieurs anthropologues qui ne veulent pas envisager de grandes ni de petites cultures: les différences entre elles proviennent de ce que les unes ont réussi à s'exprimer et à rayonner, les autres pas ou pas encore, chaque culture répondant aux besoins et aux possibilités de chaque société.

La francophonie offre des possibilités: l'expression à travers la langue et surtout l'occasion d'échanges. C'est ce que soulignait André Malraux à Niamey à la naissance de l'ACCT. *«Elle a fait entrer les écrivains et les peuples dans un espace de connaissance réciproque, enrichissant leur propre expérience et la culture mondiale.»*

Il faut se garder à la fois de confondre et d'opposer culture et civilisation matérielle. La culture, c'est *«l'esprit de toute une civilisation; c'est l'ensemble des valeurs d'une civilisation donnée»* (Senghor). Il s'ensuit qu'on ne saurait confondre langue et culture même si, comme le dit encore L. S. Senghor, la francophonie *«c'est une greffe sur notre culture»*. Pour Marcel Thiry, secrétaire perpétuel de l'Académie royale de langue et de littérature françaises de Belgique, la francophonie *«est un monde où des systèmes divers gravitent en harmonie mais suivant des attractions différemment combinées et dans des dimensions qui sont aussi très différentes»*.

C'est une façon plus nuancée de décrire la francophonie culturelle. Une chose est sûre: une langue peut véhiculer des expériences et par l'exemple aider à approfondir une réflexion; elle peut aussi aider à formaliser un raisonnement; elle ne façonnera pas le raisonnement ni l'expérience de chacun. *«Partager la même langue n'implique pas le partage des mêmes imaginaires»*, dit la dramaturge québécoise Marie Laberge.

Saint-Exupéry avait déjà réfléchi sur cette question en survolant divers pays. Il écrit dans *Pilote de guerre*:

Une civilisation est un héritage de croyances, de coutumes et de connaissances lentement acquises au cours des siècles, difficiles parfois à justifier par la logique, mais qui se justifient d'elles-mêmes, comme des chemins s'ils conduisent quelque part, puisqu'elles ouvrent à l'homme son étendue intérieure.

La langue française, telle qu'elle a été façonnée en France, ne convient pas toujours, dans la pensée des créateurs non-hexagonaux, pour traduire leur personnalité et exprimer leur imaginaire. Dans plusieurs cas, le problème ne se pose pas, en particulier dans les pays voisins de l'Hexagone qui partagent globalement la même histoire culturelle. L'écrivain suisse Ramuz, pourtant régionaliste, n'aimait pas qu'on révélât sa nationalité. Il préférait qu'on le dise originaire du canton de Vaud: «*Qu'est-ce qu'un Vaudois?* disait-il. *C'est un Français qui n'est pas Français.*»

Mais la situation est souvent différente. Michel Tremblay a écrit sa première grande pièce de théâtre, un chef-d'œuvre, *Les Belles-sœurs*, en «joual», né du français dans les quartiers populaires de Montréal («joual» est la dérivation phonétique du mot «cheval»). Il lui fallait, selon lui, une «mauvaise langue» pour exprimer alors le «mal-vivre» de ses personnages. Frédéric Mistral l'avait devancé en France, puisqu'il ne pouvait chanter le soleil du midi dans *Mireille* qu'à travers l'occitan. L'Ivoirien Ahmadou Kourouma écrivit d'abord les dialogues de son roman *Le Soleil des indépendances* dans sa langue maternelle avant de les traduire en français pour les insérer dans le texte... Ces trois œuvres sont maintenant traduites en de nombreuses langues. On pourrait multiplier les exemples. L'Algérien Kateb Yacine suivit le chemin inverse de celui de Michel Tremblay. Après avoir publié avec succès en français, il revint à l'arabe dialectal pour ses dernières œuvres dont *Mohammed, prends ta valise.*

KOUROUMA: PENSÉ EN MALINKÉ, ÉCRIT EN FRANÇAIS

En ce qui me concerne, je n'écris pas en malinké mais en français. J'adapte la langue au rythme narratif africain.

Sans plus. M'étant aperçu que le français classique constituait un carcan qu'il me fallait dépasser... Ce livre s'adresse à l'Africain. Je l'ai pensé en malinké et écrit en français en prenant une liberté que j'estime naturelle avec la langue classique... Qu'avais-je donc fait? Simplement donné libre cours à mon tempérament en distordant une langue classique trop rigide pour que ma pensée s'y meuve. J'ai donc traduit le malinké en français en cassant le français pour trouver et restituer le rythme africain... Je suis malinké et j'aborde la réalité de mon peuple de la façon la plus naturelle... Le style qu'on veut bien m'accorder vient du fait que je ne cherche pas à endiguer le flot du jeu de mots africains mais à le canaliser.

Ahmadou Kourouma, *L'Afrique littéraire et artistique*,
avril 1970.

Dans certains cas, on expliquera cette attitude et le refus de se reconnaître dans une culture française par des raisons politiques. Mais le problème est plus profond. Dans toute l'aire bantu, par exemple, le verbe «être» ne peut jamais rendre l'idée d'exister, ni par conséquent «étant» celle d'existant. Le fameux *«Je pense, donc je suis»* est inintelligible, car le verbe «être» est toujours suivi d'un attribut ou d'un complément circonstanciel de lieu: je suis bon, je suis ici, etc.

Les différences sont alors profondes. L'esthétique africaine, dans une légende fameuse comme celle de Soundiata, où le conteur joue un rôle d'éducateur de la société à travers son récit, est foncièrement différente de celle de l'auteur d'un nouveau roman qui polit sa page et démantèle la langue.

À l'intérieur même des pays occidentaux, on ne se comprend pas toujours. On se croit obligé de sous-titrer en France des films québécois à cause de l'accent, du vocabulaire, mais aussi des particularités culturelles. Un exemple remarquable est celui de la série québécoise télévisée *Lance et compte* qui a été traduite en anglais et de là, retraduite en français de France sous le titre *Cogne et gagne*, ce qui ne veut absolument rien dire en langage sportif: un joueur de hockey «lance» sa rondelle et «compte» un point si elle pénètre dans le but adverse. C'est une expression consacrée. L'effort de la part des Français n'aurait sans doute pas été très grand pour comprendre ce fait culturel des Québécois touchant à leur sport national. Ils ont bien appris tout ce qui concerne la vie des producteurs de pétrole au Texas avec une célèbre émission américaine. Il est vrai que cette dernière a été traduite en France, avec des expressions idiomatiques qui font sourire un francophone d'Amérique.

Nous touchons là un autre problème ressenti parfois très vivement. La France donne trop souvent l'impression que ce sont les francophones hors de l'Hexagone qui doivent faire l'effort de s'adapter, non les Français. Il en découle tout naturellement les accusations de «néocolonialisme» ou «d'impérialisme» que l'on connaît. La romancière française Marie Cardinal, née en Algérie, n'hésite pas à affirmer hautement: «*Le vrai problème, c'est que la francophonie est aux mains de Paris.*»

On ne compte plus les déclarations de ce genre sous toutes les latitudes, ni les manchettes des journaux en gros caractères. «*Les professeurs de français dénoncent l'impérialisme culturel et littéraire de la France*», titrait *Le Devoir* du 17 juillet 1984, à l'issue du VIe Congrès mondial de la Fédération internationale des professeurs de français, sur le thème «Vivre le français».

«*L'idée de francophonie ne progresse pas parce qu'au fond, les Français, dans leur ensemble, n'en sentent pas le besoin*», disait le chroniqueur du journal *Le Monde*, Jacques Cellard, au Colloque des Cent; «*leurs yeux et leur esprit sont absents du champ de bataille.*»

Il ne sont pourtant pas les seuls fautifs, car les jeunes pays de la francophonie, comme dans une crise d'adolescence, sont parfois en vive réaction avec la France: il faut «tuer le père». La dichotomie entre la langue venue de France et le parler de tous les jours (le français régional ou une autre langue) et les conflits interculturels ont été souvent mal ressentis. «*Nous possédions une langue pour nous exprimer quand le contexte était chaleureux, confiant, familier; dit encore Marie Laberge, et une autre langue pour le contexte guindé, officiel, une langue pour le jour de la visite.*»

Cela doit être dépassé: c'est une étape dans la vie d'un auteur ou d'un peuple. L'écrivain finit par acquérir une assurance personnelle à travers son moyen d'expression. «*La langue française me colonise: je la colonise à mon tour*», dit le Congolais Tchikaya U'Tamsi, un des plus grands écrivains d'Afrique.

Mais le sentiment collectif prévaut que les Français se comportent toujours en colonisateurs, d'autant plus que le déclin du livre français se confirme d'année en année et que la France tient au moins à conserver le marché francophone. La France est passée dans ce domaine, en une dizaine d'années, du troisième au cinquième rang pour les exportations de livres, derrière les États-Unis, la Grande-Bretagne, la République fédérale d'Allemagne et l'Espagne qui exportent sensiblement plus. Il faudrait assurément de meilleures ententes entre les éditeurs des pays francophones pour la promotion du livre de langue française, et une politique de la traduction beaucoup plus conséquente. (Une des grandes réussites de l'édition en langue espagnole est celle des ouvrages du Colombien Gabriel Garcia Marquez: plusieurs éditeurs latino-américains et espagnols y trouvent leur compte.)

Un simple regard sur *L'Année 1986 dans* Le Monde (les principaux événements en France et à l'étranger – Folio actuel, 1987) est éloquent. À la date du 6 novembre, sont recensées les attributions par l'Académie française du Grand Prix du roman à Pierre-Jean Rémy et du prix Paul-Morand à Jean Orieux. Le premier Grand Prix de la francophonie, qui venait d'être créé et doté d'un montant prestigieux de 400 000 francs, était pourtant attribué le même jour au Libanais Georges Schéhadé: il n'en est pas fait mention. (Dans le même ouvrage, le Premier Sommet de la francophonie est d'ailleurs ignoré dans les faits saillants du mois de février, qui retiennent en revanche trois attentats à Paris et une nouvelle intervention des soldats français au Tchad. On le mentionne uniquement dans les éphémérides entre la mort d'un jeune berger tué par erreur en pays basque, et la progression de la hausse des prix de 0,1 % en France.

Une meilleure prise de conscience de la francophonie par tous est certainement nécessaire: les différences culturelles doivent être acceptées comme un fait tangible. Pour Claude Lévi-Strauss, cela est indispensable: «*Un modèle culturel unique serait un malheur pour l'espèce. La civilisation mondiale ne saurait être autre chose que la coalition à l'échelle mondiale, de cultures persévérant chacune dans son originalité.*» (Anthropologie structurale.)

La francophonie est finalement pour tous, Français et autres francophones, une nouvelle manière de se situer par rapport à la langue française et à la culture française traditionnelle. L'ambiguïté ne peut être évitée. Si la francophonie est une réalité, elle dépassera les difficultés énoncées ici.

Willy Bal, dans son introduction à l'*Inventaire des particularités lexicales du français en Afrique noire*, résume bien la situation:

La francophonie commence enfin à prendre conscience et possession de son espace et de sa langue. Son espace, transcontinental, soumis à des conditions écologiques bien diverses et peuplé d'univers culturels multiples. Sa langue, qui est son bien commun. Un phénomène d'appropriation se produit – dans les deux sens du terme. Propriété indivise, on admettra de plus en plus malaisément, sans pour cela rejeter son histoire, qu'à ce point de son expansion la langue française puisse encore être régentée de façon exclusive par une minorité socialement, culturellement et géographiquement limitée. Sans cesser de fonctionner comme instrument universel, on estime qu'elle doit s'approprier des besoins communicatifs et expressifs variés, en même temps

que s'adapter à des situations socio-linguistiques diverses.
Pour satisfaire ces exigences nouvelles, relever ce défi de
l'Un et du Multiple, elle se devra notamment d'accueillir
les mots qui font partie du patrimoine culturel des divers
peuples ou régions, ceux qu'on ne pourrait rejeter sans refuser tout esprit créatif aux sujets parlants et sans porter
atteinte à leurs moyens d'expression.

(...) Par sa connaissance du droit à la différence, son respect
de l'altérité, le relativisme culturel favorise la quête de l'authenticité et le retour aux racines – maître mot de la re-
vendication régionaliste – en même temps qu'il sous-tend
les tentatives de dialogue des cultures.

Chapitre 11

FRANCOPHONIE
ÉCONOMIQUE ET POLITIQUE

«Il ne faut surtout pas opposer culture et économie», disait à la presse M. Stelio Farandjis, secrétaire général du Haut Conseil de la francophonie, en annonçant au début de l'année 1987 la tenue de la prochaine réunion du Haut Conseil sur la création d'un «espace économique francophone».

Lorsque, de son côté, M. Xavier Deniau écrit dans son ouvrage sur la francophonie: *«L'on verra qu'une préférence est toujours donnée par les pays de langue française aux produits émanant de l'ensemble francophone»*, il sait que cela correspond à plusieurs cas, mais que malgré tout, il s'agit d'un vœu plutôt que d'une réalité. En bon gaulliste qu'il est, il n'ignore pas la sentence réaliste et acidulée du général de Gaulle: *«Les États n'ont pas d'amis, ils n'ont que des intérêts.»*

Il serait bon de voir une quarantaine de pays s'unir pour créer un «espace économique francophone» et marcher main dans la main pour réaliser ensemble, à l'intérieur de leur territoire comme au niveau international, une politique cohérente, définie conjointement. Nous savons malheureusement qu'il n'en est rien, que les pays liés par des intérêts communs ont des politiques économiques assez voisines, mais que chacun conduit son propre jeu, à commencer par le chef de file, la France. Celle-ci, comme le disait le directeur de l'Institut français des relations internationales, M. Thierry de Montbrial, «*a une économie qui se porte mal*», et qui «*prétend défendre la francophonie, sans se donner réellement les moyens de la promouvoir*» (rencontre de la fondation Singer-Polignac, novembre 1986).

Pas plus que dans le domaine de la langue et de la culture, la francophonie ne présente un visage uni dans celui de l'économie et de la politique.

Les disparités économiques

Un rapide coup d'œil sur les statistiques publiées par les Nations unies ou par l'Organisation de coopération et de développement économiques (OCDE) permet de constater que les pays francophones sont répartis d'un bout à l'autre du prisme économique mondial. À la limite, on pourrait presque dire que les pays riches sont très riches, et les pauvres, très pauvres: les pays développés utilisant le français se situent au-dessus de la moyenne des pays industrialisés – qu'il s'agisse du PNB (produit national brut), de l'agriculture, de l'industrie ou des échanges, alors qu'au contraire beaucoup de pays en développement sont au-dessous de la moyenne de leur catégorie.

On jugera des disparités par les quelques chiffres suivants, correspondant au PNB de l'année 1985 (ou 1984), en dollars américains par habitant:

Pays occidentaux (Nord)		Pays africains en voie de développement (Sud)	
Suisse	14 075 $	Sénégal	370 $
Canada	13 400 $	Centrafrique	260 $
Luxembourg	9 460 $	Togo	236 $
France	9 115 $	Zaïre	80 $
Belgique	7 860 $	Mali	130 $ (1984)

Si l'on préfère, on se reportera aux pourcentages communiqués par les Nations unies qui sont peut-être encore plus éloquents, puisqu'ils se réfèrent aux États-Unis et prouvent l'ampleur des écarts.

En voici quelques extraits:

États	PNB	Consom-mation privée	Consom-mation publique	Formation de capital
Canada	101,5	95,6	71,4	142,4
(États-Unis	100	100	100	100)
Luxembourg	92,8	87,2	110,5	117,2
France	85,4	82,6	110,1	99,1
Belgique	82,4	83,2	116,9	86
Tunisie	17,4	18,3	21,6	10,8
Côte-d'Ivoire	11,9	10,6	32	8,3
Maroc	10,5	11,5	24,8	3,5
Cameroun	8	8,3	10	5
Sénégal	6	7,4	18,9	0,4
Madagascar	5	5,9	8,8	1,3
Mali	2,9	3,6	7,6	0,1

En 1981, l'ensemble des pays utilisant le français représentaient 1 202 144 millions de dollars, soit 12,14 pour cent du total mondial de 9 877 191 millions de dollars. Leur poids économique dépasse donc leur importance démographique qui n'était alors que de 8,05 pour cent. Mais 12 pays d'expression française (sur 40) sont classés par les Nations unies parmi les 31 «pays les moins avancés» (PMA). Les caractéristiques économiques données pour ces pays, dont le taux d'alphabétisation est égal ou inférieur à 20 pour cent, sont peu reluisantes:

1) pays très pauvres, dont un pourcentage élevé de la population vit de l'agriculture;

2) majorité écrasante de la population dans les zones rurales;

3) rendement des activités manufacturières extrêmement faible;

4) taux très faible de croissance économique;

5) exportation peu développée, sans commune mesure avec les besoins en matière d'importation;

6) exploitation des ressources minérales peu ou pas avancée;

7) sévères handicaps géographiques (pour la plupart);

8) manque de personnel qualifié;

9) malnutrition, manque d'eau salubre, insuffisance des services de santé;

10) faible niveau d'investissement et mauvais état des biens d'équipement;

11) pays tributaires de l'aide extérieure.

Ainsi les disparités économiques constituent une des grandes caractéristiques de la communauté francophone. Le journaliste El-Hadji Sagna s'interroge:

Combien de siècles séparent technologiquement le fermier canadien, français ou belge, muni de puissants moyens agricoles, et le paysan africain, se contentant encore de faibles outils séculaires? Le premier dispose de vastes terres et peut nourrir plusieurs dizaines de familles. Il a toujours un excédent de production qui lui rapporte beaucoup d'argent. Le second se contente de petites exploitations pour subvenir à ses besoins élémentaires (nourriture, impôts, habillement).

(*Le Devoir*, 21 juin 1987.)

Devant cette situation, les beaux discours sur la «fraternité francophone» laissent un goût amer. L'auto-suffisance alimentaire reste à l'état de rêve, et la dette extérieure s'accroît (170 milliards de dollars pour tout le tiers monde), d'autant plus que l'Afrique va d'une sécheresse à une autre, et que la crise pétrolière entraînant une crise économique mondiale au cours des dernières années la fait souffrir encore. C'est ce qui explique le titre désabusé du *Soleil* de Dakar: «*Les pays riches ont oublié leurs promesses*» (10 juillet 1987), tandis que le même jour, le président du Fonds monétaire international, M. Michel Camdessus, explique au journal *Le Monde*: «*Plus personne ne peut s'en tirer seul.*» Les pays riches doivent procurer au tiers monde des ressources financières supplémentaires et les pays pauvres doivent faire un effort durable d'ajustement structurel, et définir une politique rigoureuse. «*Le plus grand mal pour un pays pauvre, dit-il, c'est qu'une mauvaise politique économique s'ajoute à sa pauvreté. Il faut corriger ce mal quoi qu'il en coûte.*»

Géographie de la francophonie

États et régions	Superficie en km²	Capitale ou chef-lieu*	Population en milliers	Espérance de vie F/H	PNB¹ en US $	Principales exportations
AFRIQUE						
Égypte	1 001 450	Le Caire	54 059	64,5 / 61,08	710	Pétrole brut, coton, produits pétroliers
Maghreb						
Algérie	2 381 741	Alger	25 364	66,6 / 63,3	2 760	Pétrole brut, produits pétroliers, gaz naturel
Maroc	446 550	Rabat	25 139	65 / 61,6	620	Phosphate, poisson, agrumes
Tunisie	163 610	Tunis	8 169	68,4 / 66,6	1 210	Pétrole brut, vêtements, phosphate
Afrique subsahar.						
Bénin	112 622	Porto-Novo	4 741	50,2 / 46,9	300	Chaussures, coton, huile de palme
Burkina-Faso	274 200	Ouagadougou	9 007	59,9 / 47,6	170	Coton, noix de karité, céréales
Burundi	27 830	Bujumbura	5 451	52,7 / 49,3	240	Café, thé, coton
Cameroun	475 442	Yaoundé	11 245	55 / 51	960	Pétrole brut, café, cacao
Cap-Vert	4 033	Praia	379	64,8 / 61,3	500	Poisson frais, poisson traité, bananes
Centrafrique	622 984	Bangui	2 913	49,1 / 45,9	330	Bois d'œuvre, café, diamant

La francophonie

États et régions	Superficie en km²	Capitale ou chef-lieu*	Population en milliers	Espérance de vie F/H		PNB¹ en US $	Principales exportations
Congo	342 000	Brazzaville	1 994	52,2	/ 48,8	880	Pétrole brut, diamant
Côte-d'Ivoire	320 763	Yamoussoukro	12 596	56,2	/ 52,8	750	cacao, café, bois d'œuvre
Djibouti	23 200	Djibouti	406	50,7	/ 47,4	1 000	Sucre, vêtements, produits pétroliers
Gabon	267 667	Libreville	1 171	55,2	/ 51,9	2 750	Pétrole brut, bois d'œuvre, manganèse
Guinée	245 857	Conakry	6 876	45,8	/ 42,6	450	Alumine, bauxite
Guinée-Bissau	36 125	Bissau	987	48,7	/ 45,4	170	Arachides, noix de coco, poisson
Guinée Équatoriale	28 051	Malabo	440	50,1	/ 46,9	450	Cacao, café, bois de charpente
Mali	1 240 000	Bamako	9 362	47,6	/ 44,4	200	Coton et coton-nades, bétail vivant
Mauritanie	1 030 700	Nouakchott	2 024	49,7	/ 46,4	440	Fer, poisson
Niger	1 267 000	Niamey	7 109	48,1	/ 44,9	280	Uranium, bétail vivant
Rwanda	36 338	Kigali	7 232	52,2	/ 48,8	310	Café, thé, étain
São Tomé E Príncipe	964	São Tomé	114	44,9	/ 41,7	280	Cacao, copra
Sénégal	196 722	Dakar	7 369	49,5	/ 46,2	510	Produits pétroliers, huile d'arachide, poisson
Tchad	1 284 000	N'Djamena	5 678	49,1	/ 45,9	150	Coton et cotonnades, produits pétroliers, bœuf
Togo	56 785	Lomé	3 455	56,8	/ 53,2	300	Phosphate, ciment, coton
Zaïre	2 345 409	Kinshasa	35 990	56,2	/ 52,8	160	Cuivre, pétrole brut, diamant
Océan Indien							
Comores	2 171	Moroni	519	55,8	/ 52,2	380	Clous de girofle, vanille, ilang-ilang

États et régions	Superficie en km²	Capitale ou chef-lieu*	Population en milliers	Espérance de vie F/H	PNB[1] en US $	Principales exportations
Madagascar	587 041	Antananarivo (Tananarive)	11 980	57 / 54	200	Café, vanille, clous de girofle
Maurice	2 040	Port-Louis	1 103	72,6 / 67,9	1 470	Sucre, vêtements
Réunion	2 504	Saint-Denis*	595	76,2 / 68,1	4 500	Sucre, rhum, huiles essentielles
Seychelles	453	Victoria	66	73,5 / 66,2	3 180	Produits pétroliers, poisson, copra
AMÉRIQUE						
Amérique du Nord						
Canada	9 970 610	Ottawa	26 525	80,7 / 74	15 080	Véhicules à moteur et pièces, papier, gaz naturel
États-Unis	9 529 202	Washington	249 235	79,9 / 72,8	18 430	Machinerie, produits chimiques, véhicules à moteur
Caraïbes						
Dominique	752	Roseau	80	79 / 73	1 440	Bananes, savon
Guadeloupe	1 780	Basse-Terre*	340	77,6 / 71,1	4 500	Bananes, sucre, bateaux de plaisance
Guyane française	91 000	Cayenne*	88	69,7 / 63,4	2 340	Poisson frais, bois d'œuvre, machinerie
Haïti	27 750	Port-au-Prince	6 504	58,3 / 54,9	360	Café, jouets, équipement de sport, bauxite
Martinique	1 100	Fort-de-France*	331	77,8 / 72,9	4 500	Bananes, rhum, produits pétroliers
Sainte-Lucie	616	Castries	143	74,8 / 68	1 370	Bananes, carton, vêtements
ASIE						
Cambodge	181 035	Phnom Penh	8 246	52,4 / 49,5	450	Caoutchouc, légumes
Laos	238 800	Vientiane	4 071	52,5 / 49,5	160	Bois d'œuvre, fer et acier, café

La francophonie

États et régions	Superficie en km²	Capitale ou chef-lieu*	Population en milliers	Espérance de vie F/H		PNB[1] en US $	Principales exportations
Liban	10 452	Beyrouth	2 965	70,5 /	66,6	1 000	Timbres-poste, produits maraîchers, produits chimiques
Viêt-nam	329 556	Hanoi	67 171	66 /	61,06	450	Charbon, riz, poisson
EUROPE							
Belgique	30 518	Bruxelles	9 338	78,9 /	72,4	11 360	Produits chimiques, véhicules à moteur, produits alimentaires
France	547 026	Paris	56 173	80,6 /	72,7	12 860	Produits chimiques, produits alimentaires, véhicules à moteur, produits de luxe
Luxembourg	2 586	Luxembourg	367	78,5 /	72	15 860	Acier, matières plastiques, produits du caoutchouc
Suisse	41 293	Berne	6 521	80,9 /	74,6	21 250	Machinerie, produits chimiques, horlogerie
OCÉANIE							
Nouvelle-Calédonie	19 079	Nouméa	154	68,5 /	64,6	4 500	Fonte brute, métaux non ferreux, nickel
Polynésie française	4 000	Papeete	186	74 /	70	6 000	Armes à feu, perles, huile de coco
Vanuatu	12 189	Port-Vila	139	59,3 /	61,1	450	Copra, poisson, viandes fraîches et salées
Wallis-et-Futuna	255	Mata Utu	18	62,9 /	59,2	920	Copra, artisanat

Source : Ministère des Approvisionnements et Services du Canada, 1991

---

[1] PNB : Produit national brut en US $

Coopération Nord-Nord et Nord-Sud

Les pays riches ont le devoir d'aider les pays pauvres. Sans doute ne le font-ils pas assez: il faudrait un apport financier plus élevé, un rééchelonnement et des facilités supplémentaires pour le paiement de la dette, la formation de cadres et une coopération technique plus adaptée. Mais ils ne peuvent pas non plus donner sans cesse, au risque de détruire l'équilibre intérieur.

Les Français sont extrêmement riches par rapport aux Maliens dans une perspective globale; ils se sentent pourtant beaucoup moins à l'aise que leurs voisins de la République fédérale d'Allemagne, qui éblouit ses partenaires du Marché commun. Les Européens essaient de s'appuyer mutuellement à travers les instances de la Communauté économique européenne (plus généralement appelée le Marché commun) pour renforcer leurs positions, augmenter leur production et leur pouvoir d'achat, développer leurs investissements. Ils veulent, ce qui est légitime, devenir de plus en plus riches, de plus en plus forts, de mieux en mieux équipés en fonction des nouvelles technologies et à la pointe du progrès scientifique.

Les pays les plus riches et les plus industrialisés du monde ont d'ailleurs leur club fermé et leurs chefs d'État se retrouvent une fois par an (au Sommet des sept pays les plus industrialisés: Canada, États-Unis, France, Grande-Bretagne, Italie, Japon, République fédérale d'Allemagne, plus un observateur de la Communauté économique européenne. Les pays occidentaux de langue française sont donc tout disposés à développer entre eux une coopération de haut niveau et à renforcer leurs échanges soit par des accords bilatéraux: Canada-France, France-Belgique, Belgique-Québec, etc., soit par quelques ententes multilatérales. C'est la coopération Nord-Nord, de type scientifique et industriel.

Par contre, avec les pays en voie de développement – coopération Nord-Sud ou coopération-développement –

les modalités de la coopération sont tout à fait différentes. Il s'agit d'abord d'une aide matérielle directe: argent donné ou prêté à des taux très préférentiels, nourriture, équipement, personnel d'exécution; puis d'une
aide indirecte: accords spéciaux, transferts, personnel de
formation; enfin d'échanges d'hommes et d'expériences
pour aider à la réflexion sur la situation économique et
les possibilités de ces pays, et ainsi une meilleure adéquation de leur politique à leurs besoins réels.

On connaît ce vieil adage de la coopération: «*Si tu
veux nourrir longtemps ton voisin démuni, ne lui apporte pas de poisson; apprends-lui plutôt à pêcher...*»
Encore faut-il qu'il y ait du poisson dans la rivière, sans
quoi il faudra lui apprendre l'aquaculture!...

Mais il est difficile d'apprendre rapidement à des
peuples qui ont faim et dont les besoins primaires n'arrivent pas à être satisfaits. La sagesse populaire nous
prévient: «*Ventre affamé n'a point d'oreilles.*» On ne saurait alors être trop regardant sur le fonctionnement de
la démocratie dans tel ou tel pays, conduit par un parti
unique, dirigé par un président à vie, un dictateur ou
même un empereur. On n'est pas forcé, en revanche, de
céder aux caprices de ce dernier, comme on l'a vu faire
par certains pays occidentaux qui ont financé la masca-
rade de Bangui, lorsque Bokassa Ier s'est fait couronner
empereur de Centrafrique dans un faste napoléonien.
On aura admiré alors la dignité du président ivoirien
Houphouët-Boigny, qui refusa de participer au couron-
nement, mais qui, lorsque son «frère» déchu fut rejeté
de tous, mit une maison à sa disposition pour abriter
son exil à Abidjan.

Un exemple concret: la coopération universitaire Haïti-Québec

Un exemple concret de la disparité des pays francophones et des difficultés de la coopération entre eux
nous est donné par l'examen de la situation haïtienne

en regard de celle du Québec. Le Québec est en effet assez sensible à l'évolution de la situation en Haïti en raison de l'importante immigration haïtienne à Montréal et dans le reste de la province.

Lorsque le président Jean-Claude Duvalier quitta Port-au-Prince le 7 février 1986, les Haïtiens manifestèrent leur joie bruyamment à l'intérieur et à l'extérieur du pays. Les communautés haïtiennes de Montréal et de New York organisèrent de nombreuses manifestations qui attirèrent l'attention – et la sympathie – sur les problèmes de leur pays. Chacun voulut intervenir pour aider Haïti, et se demanda ce qu'il pouvait bien faire. On regarda donc de plus près et l'on fut stupéfié en comparant quelques chiffres.

En octobre 1986, le recteur de l'Université Laval à Québec, M. Jean-Guy Paquet, donna les détails du budget pour la nouvelle année universitaire 1986-1987. Le montant total se chiffrait à 284 771 490 de dollars canadiens, soit environ 285 millions de dollars pour arrondir le chiffre. Le recteur se plaignait alors des difficultés qu'il avait rencontrées pour équilibrer ce budget qui lui semblait insuffisant. Pour que l'Université Laval maintienne son rang et sa réputation parmi les universités nord-américaines, pour qu'elle puisse poursuivre les recherches entreprises dans les diverses facultés dont plusieurs sont bien reconnues et poursuivent des travaux importants pour l'avenir de la science, il manquait au recteur cinq millions de dollars: sans eux, l'université ne pouvait que souffrir dans le développement de la recherche et la qualité de son enseignement.

À la même période, le conseil provisoire du gouvernement haïtien dévoilait le budget de son pays pour l'exercice fiscal 1986-1987, estimé globalement à la somme de un milliard deux cent quatre-vingt-dix millions de gourdes (1 290 000 000 G). La gourde vaut exactement le cinquième du dollar américain, ce qui représente 258 millions de dollars.

Les dépenses du budget haïtien se subdivisaient en trois sections:

- Dépenses de fonctionnement: 1 089 673 700 G (217 934 740 $)

- Dépenses d'investissement: 100 000 000 G (20 000 000 $)

- Amortissement de la dette: 100 306 300 G (20 061 260 $)

Le détail du budget suivait alors, donc voici les grandes lignes:

Le secteur socio-culturel 356 720 000 G (71 344 000 $) est ainsi réparti:

- Université d'État d'Haïti: 11 520 000 G (2 304 000 $)

- Éducation nationale: 161 600 000 G (32 320 000 $)

- Affaires sociales: 27 292 000 G (5 458 400 $)

- Santé publique: 144 406 000 G (28 881 200 $)

- Cultes: 5 632 000 G (1 122 400 $)

- Jeunesse et sports: 6 270 000 G (1 254 000 $)

La population d'Haïti, comme on l'a vu précédemment, est sensiblement la même que celle du Québec. On peut déjà faire quelques comparaisons entre la situation de ces deux États d'Amérique, et mettre en parallèle le budget de l'Université d'État d'Haïti à Port-au-Prince avec celui de l'Université Laval à Québec: ce dernier est environ cent fois plus élevé. Et au Québec, en plus de l'Université Laval, le pays dispose de l'Université de Montréal, de l'Université McGill et de l'Université Concordia (les deux universités anglophones de Montréal), l'Université de Sherbrooke, l'Université du Québec avec sa dizaine de constituantes à Montréal, à Trois-Rivières, à Chicoutimi, à Rimouski, à Hull, etc. Le budget de l'Université d'Haïti représente à peine celui du service audiovisuel de l'Université Laval...

Jetons un rapide coup d'œil au-delà de l'Université Laval, sur le budget global du Québec, qui semble aux yeux des Québécois beaucoup trop étriqué. Le chiffre global pour 1986 est de 28 750 000 000 $ (soit environ cent fois le budget d'Haïti).

- Le budget de la santé est de: 6 280 849 000 $
 (soit 200 fois plus)

–Le budget de l'éducation est de: 4 587 643 000 $
 (soit 150 fois plus)

- Le budget des loisirs, chasse
 et pêche est de: 195 056 500 $
 (rien de tel en Haïti)

On pourrait encore envisager dans le secteur socioculturel, pour reprendre l'appellation haïtienne, le budget du ministère des Affaires culturelles: 192 659 200 $; un tel ministère n'existe pas en Haïti.

Et au budget de la province de Québec, il faudrait aussi ajouter la partie québécoise du budget fédéral pour avoir tous les éléments de la comparaison.

Mais il vaut mieux s'en tenir là. Pensons seulement que, pour l'année 1986, quatre-vingts pour cent de la population haïtienne gagnait moins de 200 dollars par an, alors que le Canada dépensait 20 000 dollars par minute pour son armement.

Comment doit-on, dans ces conditions, envisager une saine coopération entre le Québec et Haïti? Comment développer dans un esprit de justice et de solidarité la coopération qui est née et qui fonctionne déjà bien en plusieurs domaines entre l'Université Laval et l'Université d'État d'Haïti? L'Université Laval n'a pas assez d'argent pour être une université de pointe. L'Université d'Haïti n'a vraiment pas d'argent.

Et l'on voudrait que les uns et les autres, bras dessus, bras dessous, mettent sur pied la francophonie en quelques mois, la célébrant d'une même voix!...

Politique et coopération

On ne saurait considérer la coopération actuelle sans tenir compte de l'histoire des dernières décennies, ni revenir un peu sur la colonisation. Au moment de l'indépendance de la plupart des pays africains, l'économie de la France et de la Belgique reposait sur les ressources de leur empire colonial qui les fournissait en matières premières, agricoles et minérales.

«On peut affirmer, sans craindre de trahir la réalité, que la coopération franco-africaine, dans sa conception initiale n'était, au fond, pour parler comme Clausewitz, que la poursuite de la colonisation par d'autres moyens.» (A. Bourgi, *La Politique française de coopération en Afrique: le cas du Sénégal.*) N'en tenons pour preuve que la lettre de Michel Debré (adressée le 15 juillet 1960 à Léon M'Ba) et citée par A. Grosser (*La Politique extérieure de la V* République):

> On donne l'indépendance à condition que l'État, une fois indépendant, s'engage à respecter les accords de coopération signés antérieurement. Il y a deux systèmes qui entrent en vigueur simultanément: indépendance et accords de coopération. L'un ne va pas sans l'autre.

En établissant des liens privilégiés avec les États africains et malgache, la France poursuivait alors un double objectif:

– s'assurer une part majoritaire dans le commerce des territoires anciennement colonisés;

– maintenir la cohésion d'une zone monétaire au sein de laquelle elle joue un rôle prépondérant.

ÉCHANGES COMMERCIAUX ET LIENS MONÉTAIRES DANS LA COOPÉRATION FRANCO-AFRICAINE

a)   Les échanges commerciaux

Sans porter atteinte aux droits souverains des États africains en manière de conclusion d'accords commerciaux ou de conventions douanières avec les pays tiers, les accords de coopération consécutifs à l'indépendance assurent un débouché important à l'activité économique et commerciale de l'ancienne puissance coloniale, par le jeu des préférences commerciales et des franchises douanières. L'article 15, alinéa 1ᵉʳ de l'Accord franco-sénégalais précise que «*le régime préférentiel réciproque (...) comporte notamment des débouchés privilégiés qui peuvent résulter en particulier d'organisations de marchés et le principe de la libre circulation de la franchise douanière*». Il est vrai qu'en vertu de la réciprocité de ce régime préférentiel, les facilités consenties aux produits métropolitains sont en partie compensées par les surprix à l'exportation sur le marché français dont bénéficient les produits agricoles africains. Les textes vont encore plus loin puisqu'ils prévoient la mise en place de commissions mixtes ayant pour mission, une ou deux fois l'an, d'établir les plans d'importation des États africains et de coordonner les politiques commerciales à l'égard des pays tiers. Ces garanties et privilèges commerciaux accordés en contrepartie de l'aide financière dispensée par l'ancienne métropole revêtent une plus grande signification dans le contexte monétaire de la zone franc, issue de la période coloniale et à laquelle acceptent d'adhérer les nouveaux États.

b)   La rémanence des liens monétaires

On peut dire que les dispositions monétaires contenues dans les accords de coopération signés au lendemain de l'indépendance, comme le traité du 12 mai 1962 qui a posé les règles de fonctionnement de l'U.M.A.O., consacrent officiellement l'hégémonie économique de l'ancien colonisateur et lui confient un rôle déterminant dans la définition de la politique monétaire et bancaire des pays décolonisés.

* :   La zone de libre-échange instaurée par les deux conventions de Yaoundé (1963 et 1969) a étendu le régime de libre circulation des marchandises et de non-discrimination aux autres partenaires de la C.E.E. et aux États africains associés.

Albert Bourgi, *La Politique française de coopération en Afrique: le cas du Sénégal*, Nouvelles Éditions Africaines, Paris-Abidjan, 1979.

La France ne pouvait agir autrement en pareilles circonstances. Elle devait protéger sa situation économique et son propre développement, et préserver d'autre part son influence politique à travers le monde. L'aide à l'Afrique et à Madagascar correspondait en 1960 à 1,38 pour cent du budget français (cette part diminuera progressivement: elle n'était plus que de 0,67 pour cent dix ans après) ce qui est peu eu égard aux avantages qu'en retirait la France, mais ce qui est néanmoins important en comparaison avec la part du budget consacré à l'aide extérieure pour les autres pays occidentaux.

Devant les téléspectateurs français, de Gaulle justifiait ainsi le coût de sa politique africaine: «*Cet argent que nous donnons pour l'aide aux pays sous-développés n'est de l'argent perdu en aucun point de vue. Je considère même que c'est un très bon placement*» (14 décembre 1965). À l'appui de son affirmation, de Gaulle mentionnait les biens culturels, les débouchés pour les exportations françaises et «*notre standing international*».

Foccart, maître d'œuvre de la politique gaulliste de la France en Afrique, se défendra des accusations concernant son action au Gabon (dans le *Figaro magazine* du 10 décembre 1983) en développant des vues encore plus utilitaires.

> Selon une estimation du ministère des Finances du Gabon, pour un franc dévolu au Gabon par les subventions de l'aide publique française, qui pour l'essentiel vont à des organisations et à des compagnies françaises, la France retirait, en 1979, 2,8 francs. Sur le plan des investissements privés, l'économie française, en 1979, retirait environ 717 francs d'un apport initial de 66 francs, soit un retour de 11 francs pour un franc investi.

Ce langage ne correspond peut-être pas vraiment à la réalité des années soixante où l'assistance technique coûtait cher. Plus justement, le ministre de la Coopération, M. Jean Foyer, disait en conférence de presse le 13 mars 1962, pour justifier les dépenses de son ministère: «*Nous avons une certaine responsabilité devant l'Histoire. Et de plus, la politique que nous poursuivons est tout de même l'un des moyens de rayonnement qui restent à la France.»*

Pour les pays africains, l'aide était la bienvenue. Les liens de dépendance coloniale étaient tels qu'il n'était pas question de coupure brutale avec la métropole. On sait ce qu'il advint à la Guinée lorsque Sekou Touré proclama l'indépendance complète de son pays et que la France rompit tous les liens avec elle pendant une vingtaine d'années. L'Afrique avait besoin de la France. Elle accepta l'aide avec reconnaissance.

Toutefois, elle se rendit vite compte, dans chacun des pays, plus ou moins rapidement selon la richesse du pays et l'orientation de sa politique, qu'il était nécessaire de développer d'autres liens et d'autres contacts – tout en gardant des liens privilégiés avec la métropole. Il fallait bâtir une politique économique sur des bases nationales et redéfinir son orientation: c'est toute la prise en charge progressive par les pays d'Afrique de leur destin économique.

L'ancien ministre du Sénégal, M. Alioune Sène, a bien décrit la situation des années postcoloniales.

SURVIE OU NOUVELLE ORIENTATION ÉCONOMIQUE DES NOUVEAUX ÉTATS

L'indépendance politique acquise, il fallut s'atteler à une tâche non moins importante, le développement économique des pays. Pour ce faire, il fallut repenser toute la politique économique et surtout, l'orientation économique; les nouveaux États ne devraient plus constituer des débouchés pour les produits finis de la métropole et des réservoirs de matière première pour les industries de l'ancienne puissance coloniale.

Les nouveaux États, qu'ils fussent anglophones ou francophones, se rendirent compte, bien vite, qu'il était nécessaire de renverser la tendance et que, par-dessus tout, il fallait diversifier les partenaires. Seule une politique d'industrialisation permet de transformer sur place les matières premières et de créer des emplois nouveaux. Par étapes successives, les États nouvellement indépendants poursuivent la lutte pour être maîtres de leurs ressources et richesses naturelles et, aussi, pour atténuer les effets de la détérioration des termes de l'échange.

Cependant, la recherche de nouveaux partenaires ne devait pas entraîner une rupture avec les anciennes métropoles, avec lesquelles les nations nouvelles avaient partagé un passé commun, une langue et une culture commune, des institutions communes, bref, des liens de toutes sortes, tissés depuis des générations et témoins des épreuves et des moments de gloire d'une histoire vécue ensemble.

Alioune Sène, *Francophonie et Commonwealth: mythe ou réalité?*, Colloque du Centre québécois des relations internationales, Québec, 1977.

Ainsi, peu à peu, les échanges économiques et les relations commerciales ont évolué entre la France et les pays africains. Ces relations demeurent fondamentalement asymétriques. Les pays africains et malgache réalisent les trois quarts de leurs échanges avec les pays industrialisés (dont cinquante pour cent avec la C.E.E.) et 5 pour cent seulement entre eux, alors que la C.E.E. réalise cinquante pour cent de ses échanges à l'intérieur entre les pays membres et 5 pour cent avec l'Afrique. C'est que le potentiel économique est très différent. En 1978, le produit national brut de la France (PNB) était de 440 milliards de dollars, celui des 14 pays francophones africains et malgache de 22 milliards de dollars, soit une différence de 1 à 20 pour une population sensiblement égale, de l'ordre de 50 millions.

À première vue, on pourrait ainsi penser que les anciennes colonies d'Afrique n'ont qu'un rôle négligeable, vingt-cinq ans après l'indépendance, dans la politique économique de la France. Il n'en est rien à cause de plusieurs facteurs:

1) la balance commerciale est toujours excédentaire pour la France: cela aide ainsi l'équilibre général de la balance commerciale française;

2) le fait que le compte d'opération des banques centrales soit créditeur contribue au maintien de la parité du franc et fournit des liquidités au Trésor public;

3) les États africains et Madagascar assurent la sécurité des approvisionnements de la France en matières premières stratégiques: près de soixante pour cent de l'uranium, environ trente pour cent du manganèse, du chrome et du phosphate (même si les taux payés par la France sont surévalués en raison des accords bilatéraux);

4) enfin, les marges bénéficiaires des compagnies de transport, de négoce, d'assurances et de financement demeurent substantielles, ce qui leur donne une surface assurée beaucoup plus grande.

Bilatéralisme et multilatéralisme

C'est ce qui explique la grande préférence de la France pour l'aide bilatérale et toutes les opérations y afférant plutôt que la coopération multilatérale, bien qu'elle y participe de façon conséquente. Depuis les indépendances, le multilatéralisme a toujours été envisagé par la France avec une certaine réticence: d'abord elle se méfie depuis la dernière guerre des organismes internationaux qui sont souvent d'inspiration – ou d'imitation – anglo-saxonne et qui coûtent cher en administration. D'autre part, elle pense qu'il est beaucoup plus facile d'avoir des relations directes avec chacun des États africains, pour la commodité des opérations et pour l'intensité de son influence. Le fonctionnement des organismes internationaux – du moins les organisations officielles, intergouvernementales – est souvent lent, assez lourd et plus onéreux; les contributions individuelles sont noyées dans l'action commune.

La Belgique pourrait avoir tendance à suivre la même ligne de conduite: son commerce avec les pays francophones d'Afrique représente vingt pour cent de son commerce total, plus que la France (quinze pour cent, en tenant compte de toutes les incidences). Toutefois, pour des raisons d'ordre linguistique, la Wallonie et

Bruxelles ont besoin d'être bien représentées dans une francophonie forte, si bien que leur point de vue peut varier selon que l'on s'en tient à des paramètres économiques et politiques, ou que l'on considère d'autres aspects.

Pour le Canada et le Québec, il en va autrement. N'ayant pas de passé colonial, donc d'attaches particulières avec tel ou tel pays – si ce n'est que le Canada fut lui-même colonie de la France, mais cela remonte à deux siècles et l'économie a bien changé depuis – le Canada ne répugne pas en général à la coopération multilatérale, d'autant que, pays du Commonwealth en même temps que de la francophonie, il connaît bien dans le premier cas ce type de fonctionnement et ses avantages.

Sur un plan purement pratique, les échanges commerciaux avec les pays africains francophones sont faibles (2,8 pour cent des exportations du Québec, 5 pour cent de ses importations). Le pays avec lequel les échanges sont les plus importants jusqu'à présent est l'Algérie, pays qui ne participe pas aux instances de la francophonie. Le Québec et le Canada ne se sentent pas tenus par l'histoire de privilégier des relations bilatérales bien qu'ils en aient progressivement et de plus en plus établies. *«L'absence de passé colonial, atout du Canada en Afrique»*, titrait *Le Devoir* du 17 juillet 1987, pour rendre compte du discours de Mme Monique Landry, secrétaire d'État au ministère des Affaires extérieures du Canada, à son retour de la Conférence des ministres des Affaires étrangères de Bujumbura au Burundi.

Le Canada, qui pratique aussi le bilatéral, a une tradition d'aide multilatérale. En 1963, la première année où une somme fut dégagée au profit des pays d'Afrique francophone (300 000 $), le Canada donnait 25 millions de dollars aux diverses institutions du Commonwealth. Aujourd'hui, l'écart entre la participation canadienne au Commonwealth et à la francophonie reste frappant. Dans ses programmes multilatéraux, l'Agence canadienne pour le développement international (ACDI) a donné, en 1985-1986, 15,9 millions de dollars aux programmes du Commonwealth contre seulement 1,5 million à ceux de la francophonie: autrement dit, dix fois plus. (Depuis le Sommet de Paris, l'implication du Canada dans les opérations des divers réseaux entraîne des dépenses importantes qui sont appelées à réduire l'écart entre les contributions à la francophonie et au Commonwealth.)

Selon l'Organisation de coopération et de développement économiques (OCDE), l'aide aux pays en développement par la voie des organisations non gouvernementales, ce qui représente une partie de leur coopération multilatérale, se répartissait *comme suit (en %) pour les principaux contributaires:*

Australie	2,4
Belgique	3,1
Canada	8,7
Danemark	4,6
États-Unis	7,4
Finlande	1,1
France	0,4
Japon	0,8
Norvège	4,1
Nouvelle-Zélande	2,3
Pays-Bas	6,6
République fédérale d'Allemagne	5,6
Royaume-Uni	0,7
Suède	5,9
Suisse	14,4

(OCDE, «*Vingt-cinq ans de coopération pour le développement*», 1985.)

Il importe toutefois de bien interpréter ce tableau et de bien le situer dans l'ensemble économique des pays. Les organisations non gouvernementales ne représentent qu'une petite partie des actions multilatérales des États. La France a consacré 24 milliards de francs en 1986 à l'aide multilatérale, ce qui en fait un des premiers pays dispensateurs d'aide multilatérale. Le

Canada d'autre part, même s'il est enclin à intervenir dans les opérations multilatérales, dépense davantage dans l'aide directe, bilatérale.

Dans cette perspective, on comprend aisément l'insistance du Canada à investir davantage dans des opérations multilatérales francophones. Lors du Premier Sommet de Paris – on le verra dans les chapitres suivants – des réseaux ont été constitués et des résolutions prises, appelées à être réalisées avec un financement commun. Mais cela ne va pas très vite. «*Quand on fait le bilan des actions entreprises dans la ligne du Premier Sommet, on a l'impression qu'il n'est pas très dense*», écrit Jacques Dhaussy dans *Le Figaro* (13 juillet 1987). Le Québec, pour accélérer le mouvement, voudrait faire de l'Agence de coopération culturelle et technique – à l'instar du secrétariat du Commonwealth – une sorte de secrétariat permanent des États et gouvernements ayant en commun l'usage du français. La France ne le souhaite pas; elle préfère le comité du suivi et, au niveau des projets, privilégie les actions de formation par rapport aux grands projets technologiques.

Disparités politiques

En ce qui concerne l'ACCT, les points de vue du Canada et du Québec ne sauraient être confondus. On se rappelle la longue querelle entre Québec et Ottawa (se reporter à la première partie de cet ouvrage). Le Québec a toujours été valorisé par l'ACCT: il s'est affirmé internationalement grâce à elle. Il souhaite donc lui voir jouer un rôle de plus en plus grand. «*Le Québec pour sa part, écrit Jean-Marc Léger, a toujours été convaincu de la nécessité d'un rôle de premier plan pour l'Agence, se démarquant très nettement là-dessus de la position d'Ottawa.*» (*Le Devoir*, 21 juillet 1987.) Pour le Canada, au contraire, il n'est pas question d'ajouter aux fonctions actuelles de l'Agence le secrétariat permanent du Sommet. Selon lui, l'agence, même réformée et réorganisée, ne peut se situer au niveau des chefs d'État.

Lors de la réunion ministérielle de Bujumbura, les divergences ne tardèrent pas à s'accuser, d'autant que les délégués furent accueillis par un virulent article du quotidien local *Le Renouveau du Burundi* qui mit les Belges et les Français sur la sellette (voir *Le Monde*, 9 juillet 1987):

> Tout le monde n'est pas content de notre stabilité, en commençant par nos «éducateurs», les Belges, qui après nous avoir fait goûter les méfaits de la potion amère de leur colonialisme, (ont) encore des nostalgies remarquables après 25 ans d'indépendance.

Le Burundi, voisin et frère jumeau du Rwanda, devrait lui être très semblable. Les deux pays, de superficie et de population à peu près égales, se ressemblent beaucoup. Toutefois, ils s'appliquent à mener deux politiques très différentes: la constitution du Rwanda s'ouvre sur une déclaration de confiance en «la toute-puissance de Dieu» alors que celle du Burundi qualifie la république de «laïque»; le Rwanda est pro-occidental, le Burundi est socialiste, même «progressiste», etc. Il est étonnant de voir l'évolution de ces deux ex-colonies belges: c'est un exemple supplémentaire de la diversité du destin des pays francophones...

Devant la timidité de la France à s'impliquer dans de nouveaux projets multilatéraux et novateurs – «la francophonie de l'an 2000» – le ministre canadien annonça en fin de réunion que son pays allait augmenter sa participation à la francophonie. Une mauvaise interprétation des faits fit croire que le Canada doublait sa participation à l'ACCT. On alla même jusqu'à écrire que le Canada devenait ainsi, devant la France, le premier pays contributeur. (La France actuellement assure 46,5 pour cent du budget de l'ACCT, le Canada 32, la Belgique 12, le Québec 3.) On oubliait que ces pourcentages sont fixés statutairement et qu'il faudrait une conférence générale pour les modifier. Mais cela entraîna une série de réactions épidermiques.

«*Mezza voce*, écrit J.-P. Péroncel-Hugoz, *certains responsables français accusent les Canado-Québécois de chercher, sous couvert de militantisme francophone, à s'emparer de positions commerciales françaises dans l'espace afro-arabe.*» (*Le Monde*, 12-13 juillet 1987.) Sous le titre «*Des Français divisés*» Jacques Dhaussy s'interroge dans *Le Figaro*:

> La France est accusée de flottement et manque d'enthousiasme. C'est un reproche qui lui est fait régulièrement: on l'a entendu l'autre semaine lors du colloque organisé par le Quai d'Orsay sur le français dans les organisations internationales. La critique a été reprise, ces jours derniers, à Bruxelles et à Liège pendant la neuvième réunion des communautés ethniques de langue française. Pourquoi la France est-elle si timide? Pourquoi ne s'engage-t-elle pas davantage? On attend beaucoup d'elle, surtout dans les minorités et dans les pays du Sud. (13 juillet 1987.)

Un éditorialiste du *Devoir* à Montréal, Albert Juneau, s'interroge lui aussi. Il constate que la discussion institutionnelle – un comité du suivi pour le sommet ou une Agence renforcée – en masque une plus importante sur ce type de coopération qui émanera de la francophonie. Et il va jusqu'au fond des choses:

> Il paraît évident que le renforcement de l'Agence favoriserait, dans le cadre de la francophonie, la coopération multilatérale. Cette solution remet certes en cause la stratégie centrale de la France en Afrique dans la mesure où elle ouvre la voie à des partenaires qui sont aussi concurrents. Mais c'est là qu'il faut poser la question de fond: pour qui cette francophonie existe-t-elle?... Pour lui assurer un avenir durable, toutes les parties doivent en retirer des avantages. (14 juillet 1987.)

Les divergences de vue entre les partenaires de la francophonie sont compréhensibles. Il faudra éviter qu'elles conduisent à des rivalités. Le ministre des Affaires étrangères du Burundi, M. Nkuruyingoma, disait clairement à la fin de la rencontre: «*Si la francophonie devait devenir compétition entre certains de ses membres, elle courrait à sa perte.*»

Depuis l'indépendance des pays africains et malgache, les occasions de dispute n'ont pas manqué en Afrique, à commencer par certaines vieilles querelles au sujet des frontières. Entre la France et le Canada, on connaît actuellement un différend sur la pêche à Saint-Pierre-et-Miquelon: le Canada tient à sa souveraineté dans une zone de deux cents milles et veut fixer des quotas de capture aux bateaux français: Saint-Pierre n'est qu'à une quinzaine de milles de la côte canadienne, dans une région extrêmement poissonneuse.

On a vu aussi, aux Nations unies, les pays francophones divisés sur l'avenir de la partie saharienne du Maroc, sur les expériences nucléaires de la France et sur le référendum en Nouvelle-Calédonie. Il y aura sans doute d'autres occasions de diverger d'opinion. Il ne faut pas les amplifier: la vie de toute famille comprend obligatoirement sa part de chicanes et de querelles de ménage.

La question de l'ACCT et, plus généralement, celle de l'organisation institutionnelle à définir, est néanmoins importante pour l'avenir de la francophonie. C'est souvent toute une philosophie qui se dégage des conceptions économiques et politiques.

TROISIÈME PARTIE

LE SOMMET
FRANCOPHONE:
PERSPECTIVES

Chapitre 12

FRANCOPHONIE, COMMONWEALTH: LES DIFFÉRENCES

Très régulièrement, à propos de la francophonie, reviennent des comparaisons – pour beaucoup erronées – avec le Commonwealth. Lorsqu'avec la décolonisation d'après la Seconde Guerre mondiale, la France et les pays africains envisagèrent la mise sur pied d'une «Communauté française», on pouvait se demander si cela ne constituerait pas une sorte de «Commonwealth francophone», mais aujourd'hui cela ne s'est pas fait. La francophonie telle qu'on l'a vue avec la naissance de l'ACCT est maintenant plus ouverte. S'il y a des parentés avec le Commonwealth, on ne peut guère utiliser l'expression de «Commonwealth à la française» ou de «Commonwealth francophone». Les différences sont trop considérables. Il importe d'en bien comprendre les raisons avant d'examiner le Premier Sommet de la francophonie.

La composition du Commonwealth

Le Commonwealth est un regroupement, sur la base d'une association volontaire, de 49 pays indépendants émanant de l'ex-Empire britannique et représentant plus d'un milliard cent millions d'individus, soit plus du cinquième des habitants du globe. Ces pays, répartis sur les cinq continents, sont extrêmement divers par leur superficie – des plus vastes aux plus petits – par leur population – ethnies tout à fait différentes – par leur richesse – des plus développés aux plus pauvres. On y retrouve pratiquement toutes les grandes races et les grandes religions du monde.

La reine Élisabeth est reconnue comme le chef du Commonwealth. Elle est aussi la souveraine – le chef d'État – de dix-huit pays.

LES PAYS MEMBRES DU COMMONWEALTH

PAYS	INDÉPENDANCE	CAPITALE	SUPERFICIE (km^2)	POPULATION (1989)	PNB* $ US (89) per capita
Antigua et Barbuda	1ᵉʳ janvier 1981	St-John's	442	82 000	2 570
Australie	6 février 1931	Canberra	7 682 300	16 746 000	10 900
Bahamas	10 juillet 1973	Nassau	13 939	241 000	10 320
Bengladesh	4 février 1972	Dacca	143 998	115 593 000	160
Barbades	30 novembre 1966	Bridgetown	430	261 000	5 330
Belize (ex-Honduras britannique)	21 septembre 1981	Belmopan	22 965	175 000	1 250
Botswana	30 septembre 1966	Caberone	582 000	1 285 000	1 030
Brunei	7 janvier 1984	Bandar Seri Begawan	5 765	240 000	15 400
Canada	6 février 1931	Ottawa	9 203 054	26 525 000	15 080
Chypre	16 août 1960	Nicosie	9 251	701 000	5 210
Dominique	3 novembre 1978	Roseau	750,6	80 000	1 440
Fidji	10 octobre 1970	Suva	18 376	749 000	1 510
Gambie	18 février 1965	Banjul	11 295	858 000	220
Ghana	6 mars 1957	Accra	238 537	15 020 000	390
Grande-Bretagne		Londres	244 103	56 500 000	7 690
Grenade	7 février 1974	St-George's	314	100 000	340
Guyana	26 mai 1966	Georgetown	214 969	1 040 000	380
Inde	15 août 1947	New Delhi	3 276 141	853 373 000	300
Jamaïque	6 août 1962	Kingston	10 962	2 521 000	960
Kenya	12 décembre 1963	Nairobi	582 646	25 130 000	340
Kiribati	12 juillet 1979	Tarawa-City	717	63 843	
Lesotho	4 octobre 1966	Maseru	30 355	1 774 000	360
Malaisie	31 août 1955	Kuala Lumpur	330 434	17 339 000	1 800
Malawi	6 juillet 1964	Lilongwe	118 484	8 428 000	160
Maldives	27 mai 1965	Malé	298	195 000	300
Malte	21 septembre 1964	La Valette	316	353 000	4 010
Île Maurice	12 mars 1968	Port-Louis	2 040	1 103 000	1 470
Nauru	31 janvier 1968	Yaren	20,9	8 000	20 000
Nigeria	1ᵉʳ octobre 1960	Abuja	923 768	113 016 000	370
Nouvelle-Zélande	6 février 1931	Wellington	268 103	3 379 000	8 230
Ouganda	9 octobre 1962	Kampala	241 139	18 442 000	260
Papouasie-Nouvelle-Guinée	16 septembre 1975	Port Moresby	462 840	4 011 000	730
Saint-Christophe et Nevis	19 septembre 1983	Basseterre	296,4	47 000	1 700

PAYS	INDÉPENDANCE	CAPITALE	SUPERFICIE (km²)	POPULATION (1989)	PNB* $ US (89) per capita
Sainte-Lucie	22 février 1979	Castries	616	143 000	1 370
Saint-Vincent	27 octobre 1979	Kingstown	389,3	123 000	950
Salomon	7 juillet 1978	Honiara	27 556	293 000	420
Samoa Occid.	1er janvier 1962	Apia	2 835	166 000	560
Seychelles	29 juin 1976	Port-Victoria	308	66 000	3 180
Sierra Leone	27 avril 1961	Freetown	71 740	4 151 000	300
Singapour	9 août 1965	Singapour	620,2	2 702 000	7 940
Sri Lanka (ex-Ceylan)	4 février 1948	Colombo	64 652	17 209 000	400
Swaziland	6 septembre 1968	Mbabane	17 364	789 000	700
Tanzanie	9 décembre 1961	Dar es Salaam	945 087	27 328 000	220
Tonga	4 juin 1970	Nukualofa	699	99 000	720
Trinité et Tobago	31 août 1962	Port of Spain	5 128	1 283 000	4 220
Tuvalu	1er octobre 1978	Funafuti	26	8 000	409
Vanuatu (ex-Nouvelles-Hébrides)	30 juillet 1980	Port-Vila	12 189	139 000	450
Zambie	24 octobre 1964	Lusaka	752 614	8 456 000	240
Zimbabwe (ex-Rhodésie)	18 avril 1980	Harare (ex-Salisbury)	390 759	9 721 000	590

Pour les anciens dominions, la date retenue par la plupart des historiens du Commonwealth est celle du statut de Westminster (1931).

* Nous avons retenu, pour le PNB (produit national brut) qui donne la valeur totale de l'ensemble des biens et services produits par l'économie d'un pays en une année, les statistiques les plus récentes disponibles.

Sources : - *Britain 1987: An Official Handbook*
        - *C.P.A. (Commonwealth Parlementary Association) 1983*
        - *Quid 1989*

TERRITOIRES ANGLAIS
(DÉPENDANT DE LA GRANDE-BRETAGNE)

TERRITOIRES	CAPITALE	SUPERFICIE (km²)	POPULATION	PNB* $ US (89) per capita
Anguilla	La Vallée	91	7 000	630
Bermudes	Hamilton	54	57 000	20 410
Îles Caïman	George Town	259	20 000	18 200
Îles Falkland	Stanley	16 265	2 000	6 190
Gilbraltar	Gilbraltar	6	29 000	4 196
Hong Kong		1 068	5 841 000	8 260
Montserrat	Plymouth	102,6	12 034	
Îles Pitcairn	Adamstown	49	61	
Sainte-Hélène	Jamestown (chef-lieu)	419	5 000	1 091
Îles Turks et Caïcos	Cockburn town	430	8 000	500
Îles Vierges brit.	Road town	153	13 000	7 385
Territoires de l'Antarctique		5 425 000		

Territoires de l'océan Indien : l'ensemble de ces territoires totalise 5,6 millions d'habitants (dont près de 5,5 pour Hong-kong).

On notera l'absence dans le Commonwealth des États-Unis, de l'Irlande (depuis 1949), du Pakistan (depuis 1972) et de l'Afrique du Sud (depuis 1961).

N'ont pas rejoint le Commonwealth au moment de l'indépendance: la Birmanie et la Palestine (1948), le Soudan (1956), la Somalie britannique (1960, qui forme avec la Somalie italienne la République de Somalie), le Cameroun du Sud (1961), les Îles Maldives (1963, deviennent membre spécial en juillet 1982), Aden (1967).

Histoire du Commonwealth

a) Les origines

L'idée du Commonwealth n'est pas récente. On peut en faire remonter les origines aux premiers troubles de l'Empire britannique qui agitèrent les treize colonies d'Amérique du Nord en 1776, et qui conduisirent à l'indépendance des États-Unis. Une nouvelle politique fut alors tentée de Londres: le gouvernement parlementaire ou «self-government» du Canada, pour éviter que ce dernier suive la trace de son voisin du sud. Malgré tout, le Canada commença à son tour à s'agiter en 1837. Lord Durham proposa alors dans son célèbre rapport l'institution d'un gouvernement responsable devant une assemblée représentative locale. La formule fut retenue puis appliquée en 1850 à l'Australie méridionale, en 1852 à la Nouvelle-Zélande et en 1890 à l'Australie occidentale.

On se mit alors à chercher pendant le dernier quart du siècle la troisième voie qui permettrait aux «colonies blanches» de se sentir à l'aise dans une situation intermédiaire entre les États-Unis et l'Angleterre. Les Américains, fortifiés dans leurs idéaux et réunifiés après la guerre de Sécession (1861-1865), rêvaient de faire bénéficier tout le continent de leur conception de la liberté et de leur mode de gouvernement. Les Canadiens résistèrent. Un des pères de la Confédération canadienne, sir John MacDonald, tenta par la nouvelle organisation du pays (1867) de faire contrepoids et d'imaginer comme on l'a dit, une «troisième option», un pays pluraliste, où Canadiens d'origines française, anglaise, autochtone ou européenne d'autre provenance que de France et d'Angleterre, pourraient collaborer, tout en respectant leurs différences, à la construction d'une nouvelle entité politique.

C'est ce qui permit à un ancien secrétaire du Commonwealth, le professeur Arnold Smith, d'affirmer: «*À l'origine, le Canada a inventé le Commonwealth.*» Intervenant au colloque du Centre québécois des relations internationales (*Commonwealth et francophonie, mythe ou réalité*) au printemps 1977, il insistait sur ce concept important que le Canada a contribué à introduire dans le monde contemporain: celui d'une société pluraliste libre, une société démocratique constituée de deux ou de plusieurs nations. «*En 1867, l'expérience canadienne a pu paraître inhabituelle, voire téméraire à certains, précisait-il. Il y a eu de nombreux empires multinationaux au cours de l'histoire, mais l'édification d'une société politique libre à partir de divers groupes nationaux et culturels parlant deux ou plusieurs langues officielles est une expérience relativement nouvelle et l'une des tâches les plus difficiles mais aussi les plus importantes de notre époque.*»

L'empire des Indes fut créé en 1876; le Canada, l'Australie et la Nouvelle-Zélande devinrent des dominions autonomes.

b) Le statut de Westminster

Après la guerre de 1914, les divergences de vue s'accentuent au sein de l'Empire britannique. L'Australie et la Nouvelle-Zélande tiennent à préserver l'unité, tandis que le Canada et l'Afrique du Sud veulent devenir des États pleinement souverains. Une conférence est convoquée à Londres en 1926, pour définir de nouvelles bases à l'empire en faisant disparaître les dispositions de l'ancienne législation coloniale contraires à l'égalité de statut. Lord Balfour fait preuve alors d'une grande subtilité dans la rédaction d'une résolution qui redéfinit l'Empire britannique, sans que l'on ait besoin d'une nouvelle constitution. Ainsi ce statut de 1931, qui n'est pas une constitution mais qui avait pour but de légaliser une situation de fait en désignant les pays dotés d'un gouvernement autonome, consacrait officiellement le terme de Commonwealth. Sa flexibilité allait lui permettre de passer sans trop de difficultés d'un ensemble britannique à un regroupement multiracial.

Le Canada, qui s'était déjà singularisé, le fit encore par les interventions et le jeu politique de son Premier ministre, Mackenzie King, qui influença le cours des débats de cette période et, donc, l'orientation du Commonwealth. Mais, chose étonnante – ou paradoxe anglo-saxon – ce pays qui, le premier, avait pris ses distances avec le Royaume-Uni et inspiré la formation des dominions autonomes, n'avait pas de constitution rédigée au Canada, par des Canadiens. Jusqu'au 29 mars 1982, le Canada restera régi par l'Acte de l'Amérique du Nord britannique qui ne pouvait être modifié que par le Parlement britannique!...

Sur le plan politique, le changement de souverain en 1936 (Édouard VIII abdiqua en faveur de son frère Georges VI et se retira avec le titre de duc de Windsor) amena les dominions à affirmer leurs droits de décision dans le Commonwealth et à réaffirmer leur refus de «toute institution centrale permanente» (le Parlement de Londres). L'historien britannique Arnold Toynbee avait bien compris les difficultés mais aussi l'importance fondamentale du Commonwealth. Il disait en 1933, à une conférence du Commonwealth à Toronto: *«C'est de l'unité morale beaucoup plus qu'institutionnelle que dépend l'existence du Commonwealth.»*

c) Le Commonwealth moderne

La Seconde Guerre mondiale est une période difficile pour le Commonwealth. Chacun entend participer aux décisions, mais le Premier ministre d'Angleterre, sir Winston Churchill, tient à garder la direction politique de la guerre.

L'après-guerre entraîne plusieurs bouleversements. L'Inde devient indépendante, mais ne peut rester unie: le Pakistan se sépare en 1947 et Ceylan acquiert son indépendance en 1948. Le Premier ministre Nehru va jouer alors un grand rôle. Ayant conduit l'Inde à la république, il amène la transformation du Commonwealth. C'est une nouvelle étape décisive pour l'institution. Le communiqué final de la conférence de Londres en avril 1949 enregistre la «mutation» de façon laconique – et très *british*. Le communiqué parle au début du «*Commonwealth britannique des nations*» (British Commonwealth of Nations) puis, à la fin, cite seulement, à deux reprises, le «*Commonwealth des Nations*». D'uniracial blanc et britannique, le Commonwealth devient alors multiracial et vraiment international. Le rôle de la monarchie est affaibli: le roi est le chef du Commonwealth (*head*) mais il n'est plus qu'un symbole.

Le Commonwealth moderne était ainsi défini en 1949, avec le maintien de l'Inde républicaine dans un regroupement qui était jusque-là uniquement monarchique. Au fur et à mesure de la proclamation de leur indépendance par les anciennes colonies, les pays ainsi formés rejoindront volontairement le Commonwealth, qu'ils soient monarchie nationale ou république, et non seulement monarchie reconnaissant le roi (ou la reine). En 1965, le Commonwealth se dote d'un secrétariat permanent à Londres, financé par les États membres. Plusieurs organismes spécialisés en découlent, qui vont créer alors tout un réseau d'institutions à la fois souples et efficaces.

d) Les rapports politiques, économiques et humains

Les rapports politiques ne sont pas toujours simples à l'intérieur du Commonwealth. L'unité d'action y était relativement facile lorsqu'il n'était que britannique, avant la Deuxième Guerre mondiale, d'autant que le poids des trois principaux dominions, Canada, Australie et Afrique du Sud, avait crû considérablement depuis la fin de la Première Guerre. Dans ce club fermé qu'était alors le Commonwealth, on pouvait s'entretenir entre personnes distinguées et raisonnables, du même milieu socio-économique. Mais le tiers monde devint majoritaire. Aux Nations unies, les voix des pays du Commonwealth se divisèrent et en 1956 l'intervention anglaise à Suez fut unanimement critiquée. Le Commonwealth tint bon cependant; il n'éclata pas comme d'aucuns le prédisaient. Toutefois les résultats politiques des réunions du Commonwealth sont rarement importants: il y a souvent plus d'échanges de vue que de concertation.

Sur le plan économique, ce fut la même évolution. La doctrine anglaise des *«économies complémentaires»* n'a pu résister longtemps à la volonté des pays indépendants de se doter de complexes industriels et de ne pas se limiter à la production de matières premières dont les cours étaient trop aléatoires et trop bas. La part du Commonwealth dans le commerce extérieur de la Grande-Bretagne passa ainsi de cinquante pour cent avant la guerre à vingt pour cent en 1970. Cette dernière s'oriente de plus en plus vers la communauté européenne: la proche réalisation d'un tunnel sous la Manche est plus qu'un symbole.

En ce qui concerne les rapports humains, ils ont fait l'objet de plusieurs lois britanniques pour réduire en particulier l'afflux vers la Grande-Bretagne des immigrants de couleur ressortissants des pays du Commonwealth. Comme c'était le cas dans la Rome ancienne, la citoyenneté britannique est un privilège difficile à acquérir. Le *Commonwealth Immigration Act,* en 1962, soumettait l'entrée en Grande-Bretagne à une autorisation que la loi de 1968 restreignit encore. La circulation des hommes à travers le Commonwealth n'est encouragée que pour des périodes temporaires et à des fins précises.

Ainsi, le Commonwealth moderne paraît souvent évanescent lorsqu'on l'examine de près. Son influence et son action sont pourtant très présentes.

Les structures du Commonwealth

«En théorie juridique, le Commonwealth est un mythe, mais en pratique, il s'agit bien d'une réalité.» (Donat Pharand) C'est un mythe en ce sens que, juridiquement, il échappe à toute définition et toute classification. Conçu il y a longtemps, il s'est transformé assez radicalement au long des années, pour devenir cet ensemble de rapports que l'annuaire de la Grande-Bretagne regroupe pour l'essentiel sous le titre de «Consultation».

À un niveau permanent, la consultation se fait d'abord au moyen de représentations diplomatiques: la Grande-Bretagne n'a pas d'ambassadeurs dans les pays du Commonwealth, mais des hauts commissaires. Des conférences spécialisées sont convoquées périodiquement au profit des ministres, ou des groupes d'experts, et à l'occasion des réunions internationales où le Commonwealth est invité comme tel. Les chefs de gouvernement se réunissent normalement tous les deux ans (à Nassau en 1985, à Vancouver en 1987). Les réunions sont très rarement officielles; ce sont plutôt des rencontres privées, ce qui permet des échanges beaucoup plus libres et «informels». On ne vote pas. Les décisions sont prises à l'unanimité lorsque les discussions aboutissent à un consensus. L'ordre du jour concerne la politique internationale et les intérêts communs. Le point de vue commun, en matière de politique internationale, fait l'objet d'un communiqué à l'issue de la rencontre. Parfois, lorsqu'il n'y a pas d'unanimité, des déclarations séparées sont rendues publiques sur un point particulier.

Parmi les rencontres ministérielles, citons celle des ministres des Finances qui a lieu annuellement; celle des ministres de l'Agriculture, de l'Éducation, de la

Santé et de la Justice, tous les deux à trois ans; enfin celle des ministres de l'Industrie, du Travail et de l'Emploi, du Commerce et de la Condition féminine, dont la périodicité n'est pas fixée.

Un secrétaire général choisi par les chefs de gouvernement dirige le Secrétariat général, à Londres: il est responsable devant les États collectivement. Le rôle de ce Secrétariat général est de préparer les réunions des chefs de gouvernement et les réunions ministérielles. Il coordonne la plupart des nombreuses activités du Commonwealth touchant aux domaines économiques, sociaux et politiques, en particulier ce qui touche à la production de denrées alimentaires et au développement rural, à la jeunesse, à la santé, à la gestion et au progrès scientifique et technologique.

Le Secrétariat général administre aussi le «*fonds du Commonwealth pour la coopération technique*». Ce fonds permet essentiellement de faciliter la coopération par le financement de programmes spéciaux pour le développement des exportations des pays du tiers monde, pour l'accroissement des productions vivrières et l'assistance technique spécialisée. Il existe également un programme de coopération industrielle destiné à la création de nouvelles industries dans les pays en voie de développement.

Parmi les activités remarquables du Commonwealth, on notera encore le programme de bourses qui permet à 1 700 étudiants-chercheurs, qui sont recrutés pour leur compétence, de se spécialiser dans l'université de leur choix. La Grande-Bretagne finance 800 de ces 1 700 bourses. En 1986, un programme spécial de 150 bourses a été ajouté au premier et réservé aux pays en voie de développement.

La Fondation du Commonwealth, lancée en 1966, a été reconnue comme une organisation internationale en 1983. Elle est financée par les États membres et subvient au financement de plus de trente associations professionnelles spécialisées du Commonwealth ainsi qu'à celui de seize centres multidisciplinaires.

Mentionnons enfin l'Institut du Commonwealth (financé en grande partie par l'Angleterre) ayant des fins culturelles, et la Société royale du Commonwealth, plus que centenaire, qui est un foyer d'études et de rencontres. Sa bibliothèque à Londres possède l'une de plus grandes collections sur le Commonwealth. Elle a des sections nationales dans plusieurs pays.

Il faut aussi ajouter les associations non gouvernementales, nombreuses, et pour la plupart plus anciennes que celles des pays d'expression française.

Commonwealth et francophonie

Si l'on compare les institutions de la francophonie avec celles du Commonwealth, on voit qu'il y a des ressemblances sans doute, mais surtout d'énormes différences.

1) Le Commonwealth ne correspond pas à l'anglophonie: ni les États-Unis ni l'Irlande, par exemple, n'en font partie.

2) Le Commonwealth, né de l'Empire britannique du XIXe siècle, est le regroupement exclusif de pays qui en proviennent. Tous les pays nés de l'Empire britannique n'en sont pas membres (à part les États-Unis, indépendants depuis 1776, et l'Irlande, qui conquit son indépendance en 1921, après des siècles de résistance et deux ans de lutte armée. Plusieurs pays comme le Pakistan et l'Afrique du Sud s'en sont retirés. En revanche, aucun pays n'est venu se rajouter qui n'ait été colonie, territoire ou protectorat.

Dans les diverses instances de la francophonie, au contraire, on trouve de nombreux pays qui ne proviennent pas de l'Empire français du XIXe siècle, à commencer par le Canada et la Belgique avec ses trois anciennes possessions africaines, le Zaïre, le Rwanda et le Burundi.

3) Le Commonwealth est beaucoup plus ancien que la francophonie. L'expression a été consacrée par le statut de Westminster en 1931 après la rencontre de 1926. Les réunions de Niamey qui donnèrent naissance à l'ACCT ne datent que de 1969 et 1970. Elles n'ont d'ailleurs permis que la mise sur pied d'une Agence dont les prérogatives sont restreintes (voir son rôle assez négligeable dans la préparation du Sommet).

4) Le Commonwealth est plus grand et beaucoup plus peuplé que la francophonie: 49 pays comptant plus d'un milliard d'individus. Lors du Premier Sommet francophone de Paris, 41 chefs d'État ou de gouvernement étaient présents ou représentés, et l'ACCT ne regroupe que 30 États membres, 7 membres associés et 2 gouvernements participants. La population des pays francophones ne dépasse pas les 300 millions, soit moins du tiers de celle du Commonwealth.

5) Le Commonwealth a un chef reconnu de tous: le roi (ou la reine) «chef du Commonwealth». La francophonie n'en a pas.

6) Le Commonwealth n'est pas bâti uniquement autour de la langue anglaise, bien que, langue officielle, elle soit un puissant facteur d'unification et de cohésion. Ses objectifs sont beaucoup plus économiques que culturels: on peut lire de longs exposés des buts du Commonwealth sans qu'il soit question de la langue anglaise.

Ainsi, la résolution de lord Balfour en 1926, en préludant au statut de Westminster, met surtout l'accent sur les différences entre les membres, le profond respect de la liberté et la volonté commune de maintenir des liens.

> L'empire défie toute classification et ne présente aucune ressemblance avec n'importe quelle organisation politique existant actuellement... Ses diverses parties, dispersées dans le monde, ont une histoire et des caractères différents,

se trouvent à des stades différents de leur évolution... L'Empire britannique repose essentiellement, sinon formellement, sur des idéaux positifs; les institutions libres sont des principes vitaux; la coopération libre est son instrument; paix, sécurité et progrès sont ses buts.

Pour le secrétaire général du Commonwealth, Shridath S. Ramphal, «*les questions culturelles semblent être à la périphérie des activités du Commonwealth*».

La francophonie au contraire est tout d'abord une communauté fondée sur l'usage d'une même langue et son objectif premier – mais non le seul – est la préservation et la promotion des relations culturelles entre ses membres. «*Tisser des liens culturels, économiques, financiers et politiques entre tous les pays francophones de la planète.*» La convention relative à l'Agence de coopération culturelle et technique précise que la langue française est à la base de l'organisation; il y est dit clairement que «*peut devenir partie de la convention: tout État dont le français est la langue officielle ou l'une des langues officielles, ou tout État qui fait usage habituel et courant de la langue française*» (art. 5).

7) Enfin, plus subjectivement, pour la Grande-Bretagne, le Commonwealth est perçu comme une réalité essentielle indispensable, partie intégrante et obligatoire de son histoire: la Grande-Bretagne vit le Commonwealth. Le Commonwealth constitue une sorte de famille dont les liens vont de soi; ils ne sont redéfinis que lorsqu'il le faut, de façon ad hoc: le Commonwealth est «*ressenti*» plutôt que «*raisonné*».

Pour la France, la francophonie est accessoire même si elle est importante. Les rapports bilatéraux préservant l'essentiel des relations avec ses ex-colonies, le Français moyen perçoit souvent la francophonie comme un rêve d'intellectuels, de politiciens idéalistes ou de linguistes. Mais, comme on est rationnel dans la francophonie, on a commencé, pour créer l'ACCT, par coucher sur papier des principes de bases puis une constitution.

On pourrait poursuivre la liste des différences...

Ainsi, on a dit que le Commonwealth était «*le triomphe du système D, de la solution ad hoc et de la politique empirique*» (John W. Holmes). C'est sans doute une succession de formules qu'on a su changer avant qu'elles soient périmées: le Commonwealth est «l'enfant du changement».

Il est difficile pour un francophone de bien cerner le Commonwealth, cet ensemble qui n'a pas de constitution ni même de règles de procédures, et qui est pourtant reconnu partout. Selon la formule d'un humoriste anglais prétendant ne pas très bien comprendre lui non plus: c'est «*une énigme enveloppée d'un mystère*».

Bien entendu, malgré ces remarques essentielles, les buts de la francophonie et du Commonwealth se retrouvent sur plusieurs points: le développement économique, le respect et la promotion des cultures de chacun des membres, les liens de solidarité, le progrès de l'humanité, le maintien de la paix, etc. Au niveau des organes spécialisés, on trouve aussi des concordances comme le programme spécial de développement de l'ACCT qui rejoint le Fonds de coopération technique du Commonwealth.

Mais on voit bien qu'il s'agit historiquement, juridiquement et conceptuellement, de deux choses différentes correspondant à deux comportements. L'Anglais s'est adapté au fur et à mesure à l'évolution de l'Empire: cela a donné le Commonwealth. Le Français tente aujourd'hui de concrétiser une idée: cela commence à donner la francophonie.

Chapitre 13

LE PREMIER SOMMET FRANCOPHONE, PARIS, 17-19 FÉVRIER 1986

Le principe d'une rencontre au sommet des chefs d'État de la francophonie avait été retenu dès la mise sur pied de l'Agence de coopération culturelle et technique: il fallut plus de quinze ans pour arriver au Sommet de Paris en février 1986. Après la visite du général de Gaulle au Québec en 1967 et les engagements de la France qui s'ensuivirent face à cette province, les gouvernements français successifs au cours des années soixante-dix ne pouvaient accepter la proposition canadienne de s'en tenir aux chefs d'État – ce qui excluait le Premier ministre du Québec. Pour ce dernier, bien entendu, il fallait poursuivre dans le sens de l'Agence et réunir à la fois les chefs d'État et les chefs de gouvernement, surtout que les affaires éducatives et culturelles sont au Canada du ressort des provinces et non du gouvernement fédéral. La querelle entraîna le blocage de la situation, l'irritation des Africains, du président Senghor en particulier qui devait annuler, fin 1980, la Conférence des ministres des Affaires étrangères prévue à Dakar pour préparer la rencontre au sommet (voir le chapitre VI).

Mais le changement de gouvernement au Canada, et la ferme volonté du président Mitterrand, aboutirent à l'automne de 1985 à un consensus permettant enfin la dite rencontre en février 1986.

La préparation du sommet

En 1980, on avait imaginé le regroupement des pays francophones dans une «communauté organique» qui comprendrait plusieurs instances, au niveau des chefs d'État, des ministres et des experts, ainsi qu'une fondation internationale bien structurée pour les échanges culturels.

PROJET DE COMMUNAUTÉ ORGANIQUE

Le projet que le président Senghor devait présenter pour adoption à la Conférence des ministres préparant le Sommet franco-africain de 1980 à Dakar prévoyait une conférence des chefs d'État ou de gouvernement qui déterminerait son ordre du jour.

La Conférence au sommet pourrait se réunir à intervalles réguliers, tous les deux ans, par exemple, et se consacrerait à l'examen de la situation internationale, sans ordre du jour rigide.

Les conférences ministérielles et les instances internationales de la francophonie lui feraient un rapport de leurs activités, tandis que des instances parlementaires consultatives pourraient se mettre en place sur la base de l'AIPLF.

Le Secrétariat général assurerait des fonctions d'étude, de préparation d'exécution, de coordination et d'animation des divers organes de la francophonie.

Les conférences ministérielles, soit générales, soit régionales, permettraient l'examen des questions communes dans tous les domaines, en privilégiant bien entendu l'éducation, la culture, la jeunesse et les sports.

La conférence des ministres des Affaires étrangères qui, dans la communauté organique, devrait avoir un rôle prépondérant, se réunirait au moins une fois par an.

Enfin, la Fondation internationale pour les échanges culturels aurait pour objectif majeur de réaliser «l'œuvre culturelle de compréhension et d'enrichissement réciproque qui est le but ultime de la francophonie».

Elle aurait trois divisions:

– le Conseil des langues et cultures, qui aurait pour tâche essentielle «l'identification, la protection, le développement et la diffusion des différentes expressions culturelles de nos nations respectives»;

– l'Agence de coopération culturelle et technique, qui aurait surtout «un rôle concret d'exécution pour les initiatives et projets de coopération culturelle»;

– le Centre d'information, dont la fonction serait de favoriser les communications entre les différentes nations de la communauté.

Résumé par Christine Desouches,
«Difficile gestation d'un ensemble cohérent»

La place du Québec et du Canada

Au début de l'année 1985, l'attitude positive du nouveau Premier ministre canadien, Brian Mulroney, permettait à la France de prendre l'initiative de réunir le Sommet francophone. Le 28 avril, l'ambassadeur de France de faire savoir aux deux gouvernements fédéral et provincial l'intention de Paris de convoquer le sommet dès l'automne 1985.

En août 1985, une solution paraissant en vue dans le conflit opposant Québec et Ottawa, le ministre français des Affaires étrangères, M. Roland Dumas, chargeait l'ambassadeur Jacques Leprette d'une mission exploratoire. Ce dernier constata qu'il ne fallait pas brusquer les choses, plusieurs points litigieux n'ayant pu être réglés jusqu'alors. Il se demanda d'autre part ce que devait être désormais la francophonie institutionnelle et quel contenu devrait avoir ainsi le futur Sommet. Il entreprit une série de consultations et prit pour commencer l'avis des *«initiateurs historiques de ce grand projet: le Sénégal, la Tunisie, et, naturellement, à titre individuel, le Québec, le Canada, un peu la France aussi»* (exposé de l'ambassadeur Leprette devant le Haut Conseil de la francophonie, le 28 mai 1986). Le président Senghor lui fit part de l'état actuel de sa réflexion, eu égard aux changements intervenus dans le monde francophone au cours des dernières années.

Le 7 novembre 1985, une entente était conclue entre les représentants du gouvernement du Canada et ceux du gouvernement du Québec. Lorsque, le 2 décembre suivant, les libéraux de Robert Bourassa reprirent le pouvoir au Québec, ils bénéficiaient de cet «autre héritage international» (Claude Morin): la place du Québec au sommet. (Le premier gouvernement libéral de Robert Bourassa avait été élu en avril 1970, alors que l'entente créant l'ACCT et définissant la place du Québec comme «gouvernement participant» venait d'être signée à Niamey le 20 mars 1970.)

> Désireux d'apporter de concert au Sommet une contribution efficace, originale et de la plus haute qualité, le gouvernement du Québec et le gouvernement du Canada sont convenus de ce qui suit:
>
> 1) Nature et structure
>
> Le Sommet comportera deux parties de nature distincte et consécutives dans le temps. La première partie traitera de la situation politique et économique mondiale et la seconde, de coopération et de développement.
>
> En prévision du Premier Sommet, les deux gouvernements conjugueront leurs efforts dans le but de faire accepter un ordre du jour dont une proposition substantielle et significative sera consacrée à la situation politique et économique mondiale; toutefois ils conviennent que les questions de coopération et de développement occuperont une place prépondérante dans l'ordre du jour de ce sommet (...).
>
> Extrait de l'entente Québec-Ottawa sur le sommet
> francophone (7 novembre 1985)

À cette entente sont joints deux articles de la précédente entente entre les deux gouvernements (1971) concernant les modalités de participation à l'Agence.

L'ambassadeur Leprette put alors réunir de façon pragmatique, puis plus officiellement, les représentants personnels des chefs d'État et de gouvernement précités: Sénégal, Tunisie, Canada, Québec, France. Bientôt, le groupe s'élargit à dix pour atteindre pratiquement la vingtaine par l'adjonction successive de représentants des pays suivants: Belgique, Communauté française de Belgique, Burundi, Côte-d'Ivoire, Gabon, Haïti, Liban, Luxembourg, Mali, Maroc, Mauritanie, Togo, Viêt-nam et Zaïre.

La date définitive du sommet fut fixée du 17 au 19 février 1986. Il fallait aller vite en raison des élections législatives françaises qui auraient lieu en mars. On ne disposait plus que de trois mois, y compris la période des fêtes de Noël, ce qui est très peu et explique en partie que le grand public et la presse n'eurent pas le temps d'y être sensibilisés. (On met généralement deux ans pour préparer une grande conférence internationale.) Le travail fut alors réparti entre les représentants des dix pays qui se réunirent en novembre et qui se chargèrent de préparer les rapports de synthèse sur lesquels aurait à se pencher le sommet. Les tâches furent ainsi définies au départ (des modifications intervinrent en cours de route):

– Sénégal: Situation économique mondiale (situation financière du Sud)

– Tunisie: Formation et transfert de technologie

– Québec: Coopération en matière d'énergie
Informatique

– Canada: Banques de données
Réseaux de communication

– France: Industries de la langue
Situation du français dans les organisations et les réunions internationales

– Gabon: Réseaux de médias et développement des industries culturelles: rapport collectif présenté par le Gabon

– Belgique: Écrit (création, production, diffusion) Avenir des institutions multilatérales francophones: rapport collectif présenté par la communauté française de Belgique

– Mali: Situation des utilisateurs du français dans les pays non francophones

– Burundi: Rencontres interculturelles

Les thèmes à retenir pour le sommet avaient fait l'objet de longues discussions. Certains voulaient s'en tenir à des questions culturelles; d'autres insistaient pour que les questions politiques ne soient pas mises de côté; d'aucuns pensaient que la réunion au sommet devait s'appliquer à définir l'espace francophone; et plusieurs encore pensaient qu'il était temps de se préoccuper surtout dans cet espace de questions de technologie. On résolut ainsi de préparer des rapports sur les principales préoccupations de l'heure et de faire en sorte qu'à la place de déclarations solennelles et d'un communiqué général, la conférence aboutisse à un ensemble de décisions concrètes.

Les objectifs du sommet furent précisés dans le projet qui fut soumis pour approbation à la réunion des ministres des Affaires étrangères (15 décembre).

OBJECTIFS DU SOMMET

L'idée de réunir les chefs d'État et de gouvernement des pays ayant en commun l'usage du français répond aux préoccupations ci-après:

a)   Offrir un forum original de dialogue entre les pays du Nord et du Sud qui permette d'affermir la solidarité des pays intéressés dans un monde exposé à de nombreux périls, et favoriser une meilleure connaissance réciproque des différents partenaires de la francophonie et de leurs dirigeants.

b)   Faire en sorte que cette solidarité apporte aux pays les plus démunis du groupe l'appui des nations industrialisées qui appartiennent à ce groupe, en mettant l'accent sur la formation des hommes et des femmes.

c)   Dégager une volonté commune de relever les défis auxquels fait face la francophonie en mettant l'accent sur les technologies du futur et en tentant d'associer les acteurs de nos sociétés modernes (industries, médias, universités, etc.). À cet égard, le sentiment des représentants personnels a été que, dans de nombreux domaines (comme les banques de données, la télécommunication et la télévision, l'industrie de la langue, la diffusion de l'écrit...), il était urgent de prendre des décisions d'une grande portée pour l'avenir et d'assurer ainsi aux jeunes générations une place de premier plan dans le monde moderne.

d)   Passer en revue et imaginer les voies de l'avenir pour les institutions francophones existantes.

On s'occupa alors des invitations qui furent adressées par la France à tous les chefs d'État et de gouvernement représentés à l'Agence, plus quelques autres susceptibles d'être intéressés en raison de leur francophonie ou de leur francophilie. L'appellation retenue pour le sommet fut celle que proposa le représentant du Viêt-nam: «*Conférence des chefs d'État et de gouvernement des pays ayant en commun l'usage du français*».

Le comité des «sherpas» – ainsi prit-on l'habitude d'appeler les représentants des chefs d'État et de gouvernement à l'instar des habitants de l'Himalaya qui servent de guides aux alpinistes pour les aider à préparer leur ascension jusqu'au sommet – se réunit treize fois entre le 1er janvier et le 16 février. Tout fut enfin prêt pour la grande conférence.

Le Sommet de Paris

41 pays et gouvernements furent représentés au Premier Sommet: 15 par leur chef d'État, 12 par leur chef de gouvernement, les autres par des ministres ou des ambassadeurs. La Louisiane avait été invitée à participer en qualité d'invitée spéciale.

L'absence de trois pays utilisant la langue française fut remarquée: l'Algérie, qui refuse de s'associer à toute manifestation officielle de la francophonie, «*forme déguisée de l'impérialisme français*» (Boumediene); le

Cameroun, qui participe aux réunions africaines francophones mais ne tient pas à s'associer officiellement à la francophonie, de la même façon qu'il ne participe pas au Commonwealth malgré la possibilité qu'il aurait de le faire; le Cambodge – ou Kampucha – dont la situation est extrêmement précaire (le prince Norodom Sihanouk, en exil, ne peut prétendre, pour l'heure, représenter officiellement son pays).

LISTE DES CHEFS D'ÉTAT, DE GOUVERNEMENT ET DE DÉLÉGATION AYANT PARTICIPÉ AU PREMIER SOMMET FRANCOPHONE

Belgique: M. Wilfried Martens, Premier ministre
Belgique (Communauté française):
                        M. Philippe Monfils, président de l'exécutif
Bénin: M. Girigissou Gado, ministre de
                        l'Équipement et des Transports
Burkina-Faso: M. Henri Zongo, ministre de la Promotion
                        économique
Burundi: M. Jean-Baptiste Bagaza, président
Canada: M. Brian Mulroney, Premier ministre
Canada-Québec: M. Robert Bourassa, Premier ministre
Canada-Nouveau-Brunswick:
                        M. Richard Hatfield, Premier ministre
Centrafrique: M. André Kolingba, président
Comores: M. Ahmed Abdallah Abderemane, président
Congo: M. Antoine Ndinga Oba, ministre des Affaires
                        étrangères et de la Coopération
Côte-d'Ivoire: M. Houphouët-Boigny, président
Djibouti: M. Hassan Gouled Aptidon, président
Dominique: Mme Eugénia Charles, Premier ministre
Égypte: M. Boutros Ghali, ministre d'État pour les
                        Affaires étrangères
France: M. François Mitterrand, président
Gabon: M. Omar Bongo, président
Guinée: M. Jean Traoré, ministre des Affaires
                        étrangères
Guinée-Bissau: M. Joao Bernardo Vieira, président
Haïti: M. Rosny Desroches, ministre de l'Éducation
                        nationale
Laos (observateur):
                        M. Thongsay Bodhisane, ambassadeur en
                        France
Liban: M. Amine Gemayel, président

Luxembourg:	M. Jacques Santer, chef du gouvernement
Madagascar:	M. Didier Ratsiraka, président
Mali:	Moussa Traoré, président
Maroc:	M. Abdelatif Filati, ministre des Affaires étrangères et de la Coopération
Maurice:	M. Gaétan Duval, vice-Premier ministre, ministre du Tourisme et de l'Emploi
Mauritanie:	Maaouya Ould Sid'Ahmed Taya, président
Monaco:	M. Jean Ausseil, ministre d'État, chef du gouvernement
Niger:	M. Hamid Algabid, Premier ministre
Rwanda:	M. Juvenal Habyarimana, président
Sainte-Lucie:	M. John Compton, Premier ministre
Sénégal:	M. Abdou Diouf, président
Seychelles:	M. Jacques Hodoul, ministre du Développement national
Suisse (observateur):	
	M. Édouard Brunner, secrétaire d'État aux Affaires étrangères
Tchad:	M. Gouara Lassou, ministre des Affaires étrangères et de la Coopération
Togo:	M. Eyadema, président
Tunisie:	M. Mohammed Mzali, Premier ministre
Vanuatu:	M. Walter Lini, Premier ministre
Viêt-nam (observateur):	
	M. Cù Huy Cân, ministre délégué auprès du Premier ministre responsable des questions culturelles et d'information
Zaïre:	M. Mobutu Sese Seko, président

Communauté de langue française ayant participé en qualité d'invité spécial aux séances solennelles:

Louisiane:	(États-Unis) M. Darrel Hunt, commissaire adjoint au budget du gouvernement de Louisiane

Dans le cadre prestigieux de Versailles, légué à la France par sa monarchie, le président de la République française, M. François Mitterrand, accueillit les participants, venus des cinq continents, avec des croyances, des modes de vie et des choix politiques divers, formant déjà une communauté: *«libre de toute allégeance (...), une communauté désireuse de compter ses forces pour affirmer ses ambitions»*.

Après avoir souligné les difficultés du monde contemporain et la nécessité de s'unir pour y faire face, le président Mitterrand poursuivait:

> Quel est le meilleur rempart ? C'est l'identité culturelle... C'est une civilisation qui nous est commune, à laquelle chacun ajoute son propre apport. La plupart des cultures exprimées autour de la langue française sont des cultures mixtes ou multiples, elles s'enrichissent l'une par l'autre, mais le tronc central, l'axe même de cette action, c'est le français.

Se refusant toutefois à «*composer je ne sais quel discours sur la langue française*», il insistait sur la nécessité de renforcer la cohésion du groupe:

> Nous formons une communauté informelle, c'est-à-dire sans lien organique de caractère administratif. Mais le noyau qui existe entre nous devrait être renforcé. Notre communauté, c'est une sorte de structure, essentiellement une structure de la langue, et au-delà des affinités qui sont là, c'est une communauté du regard que présentent les quelque quarante nations qui participent à ce Premier Sommet francophone, et d'autres encore, quelques-uns, qui souhaitent nous rejoindre.

S'interrogeant sur la faim dans le monde et les multiples problèmes du développement, il définissait le dessein commun: «*Collaborer, coopérer, coproduire. En un mot: rendre plus fertile encore un patrimoine commun dont nous savons déjà que la diversité est la première richesse.*»

Avant de conclure, il employait une formule lapidaire: «*Maintenant, il s'agit de rester fidèle à soi-même. Et pour rester fidèle à soi-même, il faut s'inventer tous les jours.*»

Après M. François Mitterrand, prirent tour à tour la parole le Premier ministre de Belgique. M. Wilfried Martens, le Premier ministre du Canada, M. Brian Mulroney – qui prononça aussi quelques paroles en anglais non reproduites dans les actes du Sommet –, le président de la République de Madagascar, M. Didier

Ratsiraka, le président de la République du Sénégal, M. Abdou Diouf, le Premier ministre de Tunisie, M. Mohammed Mzali, enfin M. Cù Huy Cân, vice-ministre de la Culture et ministre délégué auprès du président de la République du Viêt-nam.

Selon le rapport général du sommet – qui fut confié au Québec:

> Sous des formes diverses, tous devaient insister principalement sur trois éléments:
>
> a) le caractère original de notre entreprise qui doit rester un effort de concertation permanent sur les grandes questions de notre temps et apporter par là une contribution significative à l'instauration d'un nouvel équilibre mondial;
>
> b) la mission de la langue française comme porteuse de progrès et de modernité et comme facteur de dialogue entre nos cultures;
>
> c) le besoin urgent de traduire notre solidarité réaffirmée dans les programmes concrets et mobilisateurs en vue du progrès scientifique et technique, de la formation et de la maîtrise des nouvelles technologies et, plus largement, de développement solidaire.

Du détail et des particularités de ces six exposés, on relèvera l'insistance du Premier ministre canadien sur le multilatéralisme et la «recherche d'un grand dessein» pour la francophonie: «*Si la vocation de la francophonie était clairement énoncée, de façon à susciter l'adhésion unanime de ses membres, elle pourrait faire de ce Premier Sommet un facteur de régénération du système multilatéral international.*» Puis il relève la nécessité «*d'établir la crédibilité internationale du Sommet*», en créant de nouvelles habitudes de concertation. «*Mais nous ne devons pas hésiter à soumettre notre démarche à une évaluation rigoureuse. Reconnaissons que c'est par des réalisations concrètes que doit se traduire l'appartenance à cette communauté.*» Et célébrant à son tour la langue française, il met l'accent sur la vitalité nécessaire du fait français. «*Une langue, si belle soit-elle, ne survit pas uniquement par elle-même, mais aussi par la vigueur et la créativité de ceux qui l'ont reçue en dépôt.*»

Le président sénégalais, Abdou Diouf, salua les grands pionniers (Senghor et Bourguiba) et mit l'accent sur «les échanges», après que le président de la République démocratique de Madagascar, s'érigeant en porte-parole officieux des pays défavorisés, eut prononcé un discours haut en couleur et fortement senti. Ce dernier cita d'abord quelques paroles du président Mitterrand: «*Aider le tiers monde, c'est s'aider soi-même*» et «*Il faut que les pays débiteurs se partagent la charge de la dette.*»

Puis il s'interrogea sur le sens profond de la conférence: «*Ne sera-t-elle que la réapparition des vieux fantômes de l'impérialisme et du parternalisme?*» Il croit cependant qu'il y a un «*pari audacieux*» qui mérite d'être relevé: «*Trouver ensemble un même langage pour affronter un monde dangereux, dans le cadre d'une riche polyphonie culturelle, ethnique, raciale, etc.*» Il met alors l'accent sur l'hypocrisie du monde moderne et la nécessité pour la conférence de regarder la réalité économique en face: «*Les dettes odieuses parce qu'impayables*»... «*la disproportion évidente des forces*»...

> C'est pourquoi, appuyés par une langue d'ouverture et d'accès à la modernité et à la libération, les petits pays présents ici peuvent exposer sinon assouvir leurs aspirations à un développement culturel endogène, et à un développement économique autocentré, dans le cadre d'échanges maîtrisés et volontairement régulés comme on dit en franglais, dans la stricte mesure cependant où les erreurs du passé, les omissions comme les abus, auront été corrigés et définitivement effacés.

Débats, résolutions et suivi

Lors des séances de travail, les débats portèrent sur quelques grandes orientations:

1) la situation politique mondiale

    – résolutions sur l'Afrique australe «condamnant vigoureusement l'apartheid»;

- intervention du Vanuatu au sujet des essais nucléaires dans le Pacifique et sur la situation de certains territoires de cette région;
- projet de résolutions sur le Moyen-Orient (la situation du Liban);

2) la situation économique mondiale

importante résolution concernant:
- la nécessité d'une action multilatérale concertée;
- la demande pressante à tous les pays industrialisés et en voie de développement d'assumer leurs responsabilités;
- la nécessité d'une plus grande concertation.

3) les enjeux d'avenir

Une liste impressionnante d'actions à entreprendre sans délai fut dégagée des rapports de synthèse, en ce qui a trait au développement, à la communication, à la culture et aux industries de la langue.

4) l'avenir des institutions multilatérales francophones, réorganisation et redéfinition de leur rôle, en particulier celui de l'ACCT.

5) les questions liées à l'utilisation de la langue commune

- le français dans les organisations internationales;
- la situation des utilisateurs du français dans les pays non francophones;
- les rencontres interculturelles; la langue française et les langues nationales.

Les propositions émanant de ces divers chapitres et retenues par le Sommet atteignent le chiffre impressionnant de 96. Mais sur l'ensemble, 28 seulement ont fait l'objet d'engagements financiers précis. La France se déclara souvent prête à contribuer, mais sans qu'aucune somme n'ait été envisagée auparavant au sein des administrations concernées. En revanche, le Canada et le Québec présentaient des actions dont le financement avait été dégagé au préalable. Ce qui traduit bien sûr deux administrations et deux écoles de pensée différentes, mais aussi la volonté manifeste pour certains d'une francophonie en action. Les propositions et leur financement potentiel inégal ou incertain devaient soulever une légère inquiétude en dépit de la satisfaction néanmoins unanime exprimée à l'issue du Sommet.

Toutefois, un comité chargé d'assurer le suivi de la Conférence avait été constitué, composé des représentants de 11 pays participant au Sommet, soit: Communauté française de Belgique, Burundi, Canada, Comores, France, Liban, Mali, Maroc, Québec, Sénégal et Zaïre. Ce comité du suivi fut chargé de veiller à la mise en exécution des projets prioritaires et de mener à bien la réflexion sur la réforme des institutions de la francophonie, en particulier de l'Agence de coopération culturelle et technique.

Les projets étaient d'ailleurs regroupés en quatre réseaux pour éviter l'émiettement des crédits et la dispersion des efforts.

> Dans le même souci d'efficacité et d'économie des moyens et de concentration des efforts sur un certain nombre de secteurs-clés, la Conférence a décidé d'inscrire l'ensemble de ses projets en matière des enjeux d'avenir dans quatre domaines prioritaires: développement (agriculture et énergie), industries de la culture et de la communication, industries de la langue, information scientifique et développement technologique (y compris la recherche). Il est convenu de concentrer dans ces secteurs l'essentiel des efforts communs et des ressources nouvelles qui pourront être engagés, et de les canaliser dans des réseaux multinationaux associant les établissements d'enseignement et de recherche, les entreprises publiques et privées et les administrations.

Un des premiers soucis du comité du suivi fut de désigner un chef de réseau en fonction des implications des divers pays:

> — réseau développement (agriculture et énergie): agriculture: Sénégal (M. Djibril Sene); énergie: Québec (M. Christian Latortue);

- réseau culture et communication:
  Canada (M. Pierre Desroches) assisté du Québec (M. Jean-Marc Léger);
- réseau industries de la langue:
  France (M. Jean-Marie Zemb, puis M. Claude Hagège);
- réseau information scientifique et développement technologique, y compris la recherche:
  Communauté française de Belgique (M. Hervé Hasquin).

La première réunion du comité du suivi eut lieu le 24 avril 1986. Elle devait entraîner de nombreuses réunions spécialisées et de nouveau beaucoup de travail pour la préparation du Deuxième Sommet prévu seulement dix-huit mois après celui de Paris, le Sommet de Québec, du 2 au 4 septembre 1987.

L'impact du Premier Sommet dans la presse française

L'importance du Premier Sommet fut considérable dans les milieux spécialisés. Pour l'avenir de la francophonie, c'est un événement historique. La plupart des journalistes étrangers à Paris pour la circonstance relatèrent comme il se devait la conférence et ses à-côtés, parfois avec une certaine grandiloquence.

Malheureusement, leur surprise se transforma en déception quand ils se rendirent compte que leurs confrères de France – surtout de la presse parisienne – ne s'intéressaient guère à la francophonie, ou s'ils s'y intéressaient, que leurs journaux ne leur accordaient guère de place. La revue de la presse d'alors nous paraît aujourd'hui surprenante: les journaux français parlent surtout du Tchad et de la politique intérieure française dans la perspective des élections de mars. Le sommet n'a droit qu'à quelques lignes, parfois aucune (*France-Soir*): l'événement est carrément passé sous silence. Même les journaux télévisés n'en font qu'une brève mention.

«*Il a suffi au colonel Kadhafi*», écrit l'envoyé spécial de la Presse canadienne, Jean-Paul Bury, «*d'envoyer à N'Djamena, capitale tchadienne, un Tupolev 22 (de fabrication soviétique) larguer, à 6 000 mètres d'altitude, à l'abri des radars français, trois petites bombes qui ont écorché la piste de l'aéroport, pour ravir la vedette au premier Sommet francophone, dans la presse nationale française.*»

Au lendemain de la séance solennelle de Versailles, aucun des grands quotidiens français n'accorde de titre en première page au Sommet, si ce n'est *Le Matin* (socialiste), qui publie une photo du président Mitterrand au centre des débats de Versailles avec cette légende: «*Ce fut l'occasion de retrouvailles franco-africaines, et, dans les coulisses, on a beaucoup parlé du Tchad.*» Il n'est pas étonnant que, pour les Français les plus avertis, ce sommet ressemble à une Conférence franco-africaine élargie! *Le Matin*, d'ailleurs, précisait en page intérieure que, par rapport aux élections législatives françaises, un tel sommet ne pouvait pas avoir un énorme impact politique.

Libération (gauche) titre: «Vie de château pour la francophonie» et souligne avec ironie que le Premier ministre canadien s'est quand même expliqué pendant quelques secondes en anglais. *L'Humanité* (communiste) explique qu'il y avait une langue commune mais des préoccupations diverses. *Le Quotidien de Paris* (droite) a trouvé la cérémonie un peu terne et plutôt compassée. *Le Figaro* (droite) et *Le Parisien* (centre) rendent compte sans grands commentaires. Quant au *Monde* (indépendant), il est sceptique sur la portée de la conférence: «*On voit mal au reste, quoi qu'en pensent les Canadiens, ce qu'une enceinte francophone pourrait apporter de plus à la difficile solution de questions comme la dette du tiers monde, le désarmement ou l'apartheid...*»

LE SOMMET DE PARIS
ET *L'ANNÉE 1986 DANS* LE MONDE

Manchettes de février (aucune mention du Sommet):

- Trois attentats à Paris: les amis des «prisonniers politiques arabes» commencent à faire parler d'eux
- Aux Philippines, Marcos est chassé par Cory Aquino
- En Haïti, Jean-Claude Duvalier est renversé
- Olof Palme est assassiné en Suède
- Nouvelle intervention des soldats français au Tchad

Éphémérides (du 17 au 19 février):

17: Un berger et une jeune fille sont tués par erreur au pays basque par le GAL (Groupe antiterroriste de libération) qui a revendiqué une trentaine d'attentats contre des réfugiés basques espagnols depuis décembre 1983 (11, 15, 16-17, 20 et 21).

17-19: Le Premier Sommet des «Pays ayant en commun l'usage de la langue française» se tient à Versailles et à Paris. Il rassemble les représentants de 42 États ou communautés francophones. Lors de la conférence de presse finale, M. Mitterrand annonce 28 «décisions pratiques» (du 15 au 21).

18: En janvier, la balance du commerce extérieur a été excédentaire de 3,5 milliards de francs, le chômage a augmenté de 2,3 % après 4 mois de recul, et la hausse des prix n'a été que de 0,1 % (20 et 28 février, 1er mars).

19: M. Robert Badinter est nommé au Conseil constitutionnel par M. Mitterrand. Il en deviendra président le 5 mars, après la démission de M. Daniel Mayer, qui reste membre du Conseil. M. Robert Fabre, nommé par M. Mermaz, remplace M. Paul Legatte, qui lui succède au poste de médiateur. M. Maurice-René Simonet, nommé en octobre 1984, est reconduit par M. Poher. Au gouvernement, M. Michel Crépeau succède à M. Badinter au ministère de la Justice et M. Jean-Marie Bockel, secrétaire d'État au tourisme, remplace M. Crépeau au ministère du Commerce, de l'Artisanat et du Tourisme. L'opposition, à l'exception de M. Chirac, dénonce la nomination de M. Badinter (du 21 février au 1er mars).

L'Année 1986 dans Le Monde
Gallimard, Coll. Folio-actuel, 1987.

Avec le recul du temps, on est vraiment désolé d'une si pauvre couverture du sommet par la presse française, ce qui trahit ainsi un non moins faible intérêt pour la francophonie. Toutefois, la presse est en grande part le reflet de l'opinion et une sorte de haut-parleur des préoccupations présumées ou réelles des lecteurs. Ce désintérêt apparent des médias, qui n'est pourtant ni censure ni boycott, ne soulève-t-il pas de nouveau et en droite ligne la question de la «francophonie populaire»?

Heureusement, le sommet semble avoir peu à peu porté fruit au cours des mois suivants. La nomination, dans le gouvernement de Jacques Chirac élu en mars, de Mme Michaux-Chevry au poste de secrétaire d'État chargé de la francophonie a suscité un nouvel intérêt dans la presse. On est revenu sur la question: les quotidiens et les périodiques se sont davantage ouverts à la francophonie. (Les étudiants en journalisme et en science politique trouveront matière à de nombreuses réflexions en examinant le traitement comparé du sommet en France et dans les pays d'expression française, pendant et après le sommet.) On ne saurait en faire ici une étude détaillée. Saluons seulement les quelques journalistes français titulaires de chroniques régulières sur la francophonie qui se sont évertués dans les conditions difficiles d'un environnement peu réceptif à faire connaître la vie des francophones et de la francophonie.

Chapitre 14

APRÈS LE PREMIER SOMMET: SUITES ET PERSPECTIVES INSTITUTIONNELLES

Le Sommet de Paris marqua incontestablement une étape dans le développement de la francophonie institutionnelle. Pourtant, le sommet n'est pas une institution, juridiquement parlant. Il importe là encore de préciser des notions qui, dans l'esprit du public en général, ne sont pas très claires.

De l'importance du sommet

Comme on l'a vu dans la première partie de cet ouvrage, les années cinquante et soixante furent à l'échelle du monde caractérisées par le développement des organisations internationales. Le monde s'était constitué en «blocs» politiques; pour les confronter ou pour leur faire contrepoids, on sentit le besoin de mettre sur pied d'autres ensembles, de tisser des liens extra-nationaux pour relier les spécialistes ou les responsables dans tous les domaines de l'activité politique, économique et scientifique.

Les communications ayant fait d'énormes progrès, on tenta d'aller plus loin. Les liaisons aériennes se développèrent avec le tourisme dans des proportions qu'on n'avait pas imaginées après la Deuxième Guerre mondiale. Les liaisons, hertziennes, par câble ou par satellite, modifièrent aussi considérablement les rapports entre les hommes: les grands de ce monde pénétrèrent dans tous les foyers par la télévision, le jour même où un événement les concernait; les images, en couleurs, devinrent de plus en plus exactes et le développement à la radio des émissions dites de «lignes ouvertes» poussa les auditeurs à faire connaître sur-le-champ leur approbation, leur méfiance, leur inquiétude ou leur désaccord avec les hommes politiques souvent éminents qui acceptèrent de répondre au grand public, au lieu de s'adresser seulement à l'auditoire spécialisé des conférences de presse.

Pour concrétiser une entente ou pour régler un différend, il devint évident que les dirigeants des États devaient se voir et se parler, régulièrement dans quelques cas, ou à l'occasion, si la situation politique l'exigeait. On installa ainsi un «téléphone rouge» entre Washington et Moscou pour permettre au président des États-Unis et au premier secrétaire du Parti communiste d'URSS de s'entretenir directement de la situation mondiale.

Les chefs d'État se sont toujours rendus en visite «officielle» dans les pays étrangers, répondant à des invitations non moins «officielles». Depuis une vingtaine d'années, ces visites se sont multipliées mais ont surtout été augmentées d'autres déplacements moins officiels, des réunions de travail diverses, des rencontres amicales, périodiques ou non, pour s'informer, se concerter, s'expliquer sur telle ou telle question de l'heure. Les facilités contemporaines permettent de se rendre très vite «sur le terrain», et de s'entretenir directement – et rapidement – avec ses amis, ses adversaires et ses interlocuteurs obligés. Le chef de la chrétienté même a compris l'importance de se rendre personnellement dans tous les coins du globe.

Dans cette perspective, des rencontres se sont instaurées, qu'on a de mieux en mieux organisées lorsqu'elles étaient appelées à revenir périodiquement – on tenait alors à ce qu'elles soient rentables –, et que, dans certains cas, on a institutionnalisées. Le langage contemporain, très largement influencé par les médias audiovisuels, a retenu l'image de *«la rencontre au sommet»* pour désigner la réunion des chefs d'État. L'expression s'est raccourcie en *«sommet»* tout simplement, et la métaphore a filé, comme on dit en stylistique; elle s'est prolongée pour donner naissance à des expressions figurées, dont les fameux *«sherpas»*, responsables de la préparation du sommet (voir le chapitre précédent).

Mais il y a loin d'une rencontre au sommet même planifiée, préparée, ordonnée méthodiquement et périodique, à une institution définie juridiquement, basée sur des statuts approuvés légalement par ses membres fondateurs. L'effet de la répétition et de la périodicité incite à parler, en langage courant, de l'institutionnalisation d'une telle rencontre. Pourtant, juridiquement parlant, le terme n'est guère plus exact que lorsqu'on présente un homme vénérable comme un véritable «institution» en raison de son âge et de son importance.

Lorsque le président François Mitterrand décida en 1985 de convoquer le Premier Sommet francophone à Paris, il le fit avec le poids qu'a dans le monde francophone le chef de l'État français, mais non pas dans le cadre d'une institution qui aurait impliqué officiellement la France. C'est pourquoi on emploie l'expression, pour le comité des sherpas par exemple, de «représentants privés» des chefs d'État.

Ceci n'empêche pas cependant que des recommandations très importantes émanent de la conférence et que, s'appuyant sur le consensus des chefs d'État, les

pays s'impliquent très largement. C'est le rôle du comité du suivi de voir à ce que chaque pays concrétise les promesses qui ont pu être faites, examine les suggestions et les possibilités diverses.

Le président du Zaïre, le maréchal Mobutu, remerciant au nom de tous les participants le président français pour la qualité de son accueil, l'a fort bien dit à la séance de clôture du Sommet de Paris:

> Ce sommet aura été celui de l'efficacité pour avoir posé dès à présent des jalons solides qui tracent d'une manière claire et précise les voies d'avenir sur la base des actions concrètes...
>
> Ces jalons posés, il s'agit maintenant de veiller soigneusement – j'allais dire au follow up, mais restons francophones – je dis au suivi et à la réalisation concrète des objectifs définis. Et, à cet égard, nous sommes heureux de constater qu'un comité du suivi a été mis sur pied en vue de veiller à la bonne application de toutes les décisions prises au cours de ce sommet important et historique.

De sommet en sommet

Parmi les nombreux sommets existants aujourd'hui, deux d'entre eux sont bien connus des francophones: le Sommet franco-africain organisé pour la première fois en 1973 par le président Georges Pompidou et qui se tient annuellement depuis lors; le Sommet des sept principaux pays industrialisés, dont l'idée revint au président Giscard d'Estaing en 1975 et qui se réunit également sur une base annuelle.

Le Sommet franco-africain

La première de ces réunions regroupa autour de la France les pays d'Afrique noire qui furent ses anciennes colonies – sauf le Cameroun et Madagascar qui n'y ont jamais participé; et depuis 1982, le Burkina-Faso qui s'est retiré (il y participait autrefois lorsqu'il s'appelait Haute-Volta). À ces pays se sont joints progressivement d'autres, concrétisant ainsi la double orientation du sommet: d'une part préserver la zone d'influence traditionnelle de la France; d'autre part, marquer la volonté d'ouverture panafricaine. C'est ainsi que sont entrés les pays lusophones (Guinée-Bissau, Cap-Vert, Sao Tomé puis l'Angola) et des pays anglophones (Éthiopie, Liberia, Sierra Leone...). Après le retrait du Maroc de l'OUA en 1985, à cause du problème de la «République saharaouie», le roi Hassan II participa au Sommet franco-africain et y fut alors admis comme membre à part entière.

Le Sommet franco-africain avait été prévu à l'origine pour débattre de questions économiques. Mais les chefs d'État y participant ne pouvaient manquer de profiter de leur rencontre pour parler de politique, si bien que ces conférences ont presque toujours été *«contaminées par l'actualité politique»* (J.-F. Médard, *Le Changement dans la continuité*, Politique africaine, 1982). On y a parlé de Centrafrique, du Tchad et de la Libye. Comme la finalité de ce sommet n'a jamais été de prendre des décisions, le programme prévoit toujours beaucoup de temps pour les rencontres individuelles, si bien que la conférence la plus importante est souvent la conférence parallèle, celle qui se déroule dans les coulisses.

On s'est éloigné d'autre part progressivement de la francophonie, même si on s'efforce de préserver l'identité du noyau historique. C'est un peu le cercle des «vieux amis» de la France qui s'est enrichi de la participation de nouveaux amis que l'on s'est faits au profit de l'aide économique. Le rôle de la France a diminué, sans être effacé; elle exerce un «leadership non directif»; elle suggère plutôt qu'elle n'impose ni même ne propose.

Les résultats positifs de ces rencontres paraissent plutôt minces, une fois qu'on a évacué tous les grands thèmes et les proclamations solennelles de «solidarité» qui reviennent obligatoirement. La coopération est depuis 1979 proclamée «d'intérêt réciproque»; les grandes orientations de la France gaulliste se sont peu à peu dissipées avec le discours giscardien; elles ont suivi le cours normal du monde actuel, préoccupées surtout d'échanges économiques et de technologie.

Toutefois, ces conférences sont utiles comme des occasions périodiques de rencontre et des préludes à d'autres réalisations. Le Sommet franco-africain de l'automne 1985 a ainsi permis de faire avancer la préparation du Premier Sommet francophone.

Le Sommet des Sept

Le Sommet des sept principaux pays industrialisés (Allemagne, Canada, États-Unis, France, Grande-Bretagne, Italie, Japon, plus un représentant de la Communauté économique européenne) connaît chaque année dans les médias une publicité beaucoup plus grande que les autres. Depuis 1975, il a drainé des centaines de journalistes accompagnant le président des États-Unis et les six autres chefs d'État. Les communiqués remis à la presse sont souvent préparés à l'avance, et l'on peut prévoir avant la rencontre à peu près tout ce qui va s'y dire. Ce sommet a fini par devenir une sorte de réunion d'apparat.

Depuis qu'il n'est plus aux rênes de l'État français, l'initiateur de ce sommet, Valéry Giscard d'Estaing, s'est expliqué à plusieurs reprises, en particulier en 1986 et 1987, sur l'évolution, qu'il juge fâcheuse, du Sommet des Sept.

> Lorsque j'ai lancé la première invitation en 1975, déclarait-il au *Monde* (6 juin 1986), je songeais à avoir une explication d'homme à homme sur les intentions véritables des participants. Avec le premier choc pétrolier, il est devenu évident que la mondialisation de l'économie exigeait une plus grande présence des responsables politiques; on ne pouvait abandonner entièrement ces problèmes économiques aux organismes internationaux spécialisés où les politiques sont absents.

V. Giscard d'Estaing cite des noms:

L'idée du Sommet de Rambouillet, c'était d'avoir une conversation directe avec le président Ford et de savoir s'il avait ou non la volonté d'agir pour réduire l'amplitude des variations des taux de change.

Malheureusement, les sommets ont évolué vers de grandes démonstrations pour le public.

Dès l'année suivante, en 1976, lorsque nous avons tenu notre sommet à Porto Rico, pour des raisons qui tenaient à la conjoncture électorale américaine, nos travaux sont devenus médiatiques, avec un énorme appareil de presse. Par la suite, il y a eu une dérive constante vers davantage de formalisme, c'est-à-dire vers des communiqués détaillés à très faible retentissement, et des opérations médiatiques massives. Ces communiqués n'ont pas beaucoup de sens.

L'ancien président rappelle alors que les réunions vraiment utiles sont celles qui ont eu une finalité bien définie. «*Les sommets qui ont été utiles sont les sommets où les participants, ou certains d'entre eux, avaient des objectifs précis.*» Il invite à davantage de simplicité.

Le côté médiatique actuel affaiblit la crédibilité des sommets. On sait que le communiqué est préparé à l'avance. On sait que les décisions ne seront pas prises par les chefs d'État responsables, mais par les machines administratives des différents gouvernements.

Pour terminer, étant donné que les sommets sont devenus eux aussi d'assez lourdes machines, Valéry Giscard d'Estaing met l'accent sur la nécessité d'une continuité d'un sommet à l'autre si l'on veut qu'il en résulte des progrès réels: il faut assurer le suivi.

Du Sommet de Paris à celui de Québec

Le besoin évoqué par Giscard d'Estaing avait certainement été pris en considération par le sommet francophone. Si ce Premier Sommet de la francophonie fut «*un événement sans précédent*» (Raymond Barre), s'il a revêtu un «*caractère historique*» (Félix Houphouët-Boigny), ce fut bien sûr par l'ampleur de la réunion (plus de quarante participants). Mais ce fut surtout parce qu'on avait pris des orientations précises, choisi parmi les résolutions de privilégier tout de suite des projets concrets, et pour ce faire, chargé un comité, où sont représentées toutes les régions du monde, d'assurer le suivi.

Parmi les projets retenus, certains étaient ponctuels, d'autres de plus grande envergure. Il s'agissait pour l'essentiel de:

- l'étude de la mise en place d'un institut francophone de l'énergie;
- la publication d'un guide de l'énergie;
- l'étude de la fourniture d'équipement photovoltaïque aux pays du Sahel;
- faire un rapport du séminaire de formation informatique organisé par l'Agence de coopération culturelle et technique en marge du Marché international du logiciel à Montréal;
- l'organisation d'un groupe de travail international relatif aux banques de données;
- l'étude de la mise en place d'une Agence internationale d'images;
- l'étude de l'extension de la chaîne de télévision française TV-5 en Amérique du Nord, étude qui pourra servir de base à une extension future à l'Afrique;
- la préparation de l'exposition du livre francophone dans le cadre du prochain Salon du livre de Paris en 1987;
- la mise au point d'une collection de livres de poche francophones;
- la constitution d'un fonds multilatéral pour la scolarisation des enfants francophones dans les pays non francophones, et notamment à New York et à Washington;
- l'étude d'un projet d'informatique scolaire à Madagascar.

Et, comme on l'a vu au chapitre précédent, les projets étaient répartis en quatre réseaux «stratégiques», pour lesquels des chefs de réseau furent nommés par le comité du suivi: réseau développement, agriculture et énergie; réseau culture et communication; réseau industries de la langue; réseau information scientifique et développement technologique, y compris la recherche.

Nous n'entrerons pas dans le détail de chacun de ces dossiers. Les programmes évoluent de façon plus ou moins rapide, selon l'ampleur des projets et les besoins de financement, la volonté politique des pays, les situations de fait et les antécédents, etc. L'important est qu'ils existent, qu'ils aient créé une dynamique et que par eux la coopération s'organise entre les pays francophones d'une façon nouvelle et originale.

«*La coopération entre les pays de la francophonie passera d'une relation d'aide à une action commune entre partenaires actifs*», disait le sous-ministre québécois Denis Ricard, en annonçant le programme du Deuxième Sommet de Québec. «*C'est même*, poursuivait-il, *un des enjeux les plus importants du Sommet.*» Chaque période a ses symboles, ses expressions, ses objectifs projetés. Les dernières années de la francophonie, au centre desquelles est l'organisation des premiers sommets, sont marquées par les notions «*d'espaces francophones*» à définir et à partager, à organiser ou à développer et à moderniser, et de «*partenariat*» entre tous les pays du Nord et du Sud.

Les réseaux mis en place par le sommet ne régleront pas toutes les questions. On a parfois tendance à s'illusionner en pensant qu'une nouvelle approche peut tenir lieu de solution à un problème: ce peut être une partie de la solution, ce qui n'est déjà pas mal.

Le sommet n'est pas une panacée, ni l'appareil qui en découle. Néanmoins, on retiendra la dynamique qu'il a créée et qui se développe autour des principales orientations: la mise en place d'une télévision et d'une radio francophones internationales; le renforcement du potentiel informatique de la francophonie, notamment dans le secteur des banques de données et des logiciels; une meilleure circulation de l'information scientifique entre les institutions de langue française; le développement des petites et moyennes entreprises dans le domaine agricole; la création d'une sorte de marché commun des biens culturels.

Depuis quelques années, on a pris conscience de la pluralité des cultures au sein de la francophonie et de l'adaptation nécessaire de la langue. Depuis la décolonisation, les pays les plus riches ont aussi compris la nécessité d'aider au développement des pays démunis par l'établissement d'une coopération efficace. Cette coopération risquait parfois d'aboutir à une forme de recolonisation déguisée, entraînant l'exode des cerveaux par une formation non adaptée aux besoins locaux, un endettement croissant et, dans plusieurs cas, pratiquement insoluble, enfin, d'une manière générale, un accroissement des liens de dépendance économique, technologique et militaire: la souveraineté politique se ramène alors au décorum et au folklore.

C'est là que la réflexion nouvelle découlant du Premier Sommet et de son suivi apporte un rajeunissement des concepts et un réajustement de l'action commune. *«On ne veut pas de discours où l'on exalte la langue française»*, a dit abruptement le président du Burundi à la conférence des ministres de Bujumbura (6 juillet 1987). *«On veut un sommet de solidarité où les plus riches s'engagent concrètement à aider les plus pauvres.»*

« Faute de mieux, un sommet »

Le comité international du suivi est donc une instance de fait qui résulte d'un accord tacite entre les gouvernements – et non d'un traité comme celui de Niamey qui a donné naissance à l'ACCT. En jetant avec un peu de recul un regard logique sur le sommet, on est surpris de constater qu'on a fonctionné «à l'anglaise».

On a mis de l'avant un certain nombre de points et de problèmes communs, que l'on a tenté de résoudre grâce à une commune bonne volonté. Pragmatiquement, on a mis sur pied des instances nationales et internationales pour répondre aux besoins du moment. Cela durera-t-il? N'y aurait-il pas lieu d'institutionnaliser? Quel rôle l'Agence de coopération culturelle et technique peut-elle jouer à l'avenir?

Après un an de satisfaction générale, on a vu reparaître dans chaque pays les allusions ironiques suivies de critiques de plus en plus précises à l'endroit de ses principaux partenaires francophones. Les Africains craignent de se voir doucement écartés des affaires des «grands Blancs»: sauf pour l'agriculture (Sénégal), les réseaux sont dirigés par les Occidentaux (France, Belgique, Canada, Québec). Les Canadiens, qui voudraient bien aller de l'avant, se heurtent aux positions traditionnelles de la France. «*On voit mal au nom de quelle logique la France, au nom de l'amour du français, accepterait de partager son fief avec d'autres puissances occidentales*», écrivait dans le journal *La Presse* de Montréal Alain Dubuc, qui intitulait son article «Francophonie: folklore ou dollars?» et qui choisissait comme sous-titre: «Faute de mieux, un sommet». De son côté, rendant compte de la conférence de Bujumbura, J.-P. Péroncel-Hugoz, dans *Le Monde*, laisse entendre que dans la délégation française, on reproche à mi-voix aux Canadiens de vouloir faire du commerce en Afrique «sous couvert de militantisme francophone».

Un article du quotidien de Québec, *Le Soleil*, sous la plume de Jean-Louis Bourque, tire la conclusion: «*La francophonie s'inscrit dans un monde de compétition où les États-nations ne se font généralement pas de cadeau. Ils luttent principalement pour la défense de leurs intérêts nationaux*» (19 juillet 1987).

La bonne entente du sommet sera-t-elle suffisante? Ne faudrait-il pas institutionnaliser la francophonie après avoir clairement dit ce qu'elle était? Le vieux désir de cartésianisme qui anime tout francophone l'incite à vouloir une structure cohérente et permanente qui renforcerait son efficacité et son homogénéité. Léopold Sédar Senghor s'est expliqué de nouveau sur la question après le Premier Sommet.

POUR UNE FRANCOPHONIE INSTITUTIONNELLE

Il faut, d'abord, qu'à la française, nous nous donnions des institutions, je le répète. Et j'ai suggéré au président de la République qu'on puisse profiter du sommet qui aura lieu à Québec pour ce faire, car nos amis canadiens tiennent, pour une grande part, la clé du problème. On a bien fait de commencer à l'anglaise, mais, maintenant, il faut finir à la française par *un accord multilatéral créant la francophonie* avec ses institutions, sans oublier les problèmes culturels.

Ensuite (...), il faut *une citoyenneté de la francophonie.* Il n'est pas admissible qu'un francophone ne soit pas traité en cette qualité comme chez nous. Et ceci, par exemple, vaut pour les permis de séjour des entrepreneurs, qui ne peuvent être précaires...

L. S. Senghor, Haut Conseil de la francophonie, 30 mai 1987.

Mais on sait déjà les divergences de vue entre les divers partenaires, en particulier sur le rôle à confier à l'Agence en cas d'institutionnalisation de la francophonie.

Pour les uns, dont le gouvernement du Québec, l'Agence, une fois réformée en profondeur et ragaillardie, devrait devenir le Secrétariat permanent de la francophonie, l'équivalent du Secrétariat général du Commonwealth. Mais pour d'autres, dont le Canada et la France, l'Agence, même rénovée, devrait avoir un rôle plus limité, et en tout cas non politique. Personne, de toute façon, ne veut créer un nouveau secrétariat permanent qui entraînerait des frais pour la mise sur pied d'une autre structure.

Une solution intermédiaire a été trouvée à moyen terme: l'ACCT pourrait être l'exécutant des projets définis par le sommet, mais une structure légère assurerait le suivi politique et la préparation des sommets. Ainsi, le fonctionnement du Sommet de la francophonie serait assuré.

Son avenir est sans doute plus prometteur que celui de plusieurs autres sommets soumis à de vives critiques. Mais, même avec les actions concrètes qui en découlent, l'institution de la francophonie reste à faire. Grâce à la dynamique engendrée récemment, le «mythe» de la francophonie devient peu à peu une réalité. La réflexion n'est pas terminée. Il faut cependant tenir compte de l'évolution rapide du monde et du retard que l'on peut prendre. Si l'on tient à renforcer la francophonie, et si pour cela on essaie de l'institutionnaliser, il faudra sans doute encore un certain temps et de nouveau beaucoup de bonne volonté.

La meilleure leçon qu'on peut tirer du Commonwealth, son pragmatisme mis à part, c'est peut-être la patience et la prudence avec laquelle il s'est organisé.

La francophonie est héritière d'une longue histoire, avec certains gènes socio-culturels communs issus de son nécessaire métissage, avec de nombreux changements de cap aussi.

Mais, sans faire table rase de toute cette mosaïque constitutive, il faut admettre que le sort de l'ensemble dépend maintenant d'une volonté politique. Que cette dernière soit prise «en commun», ainsi que le laisse entendre le titre complet du sommet, est sûrement une condition nécessaire à l'équité et à l'universalité. Mais ce n'est pas une condition suffisante pour entretenir un sentiment d'appartenance qui anime le quotidien, et non les sommets. Il appartient aux seules populations de vivre la francophonie. Comme l'enseignent la biologie et la linguistique, la norme sera toujours ce qui subsiste dans les faits, et non dans les souhaits, fussent-ils génétiquement ou structurellement idéaux.

Chapitre 15

LE DEUXIÈME SOMMET FRANCOPHONE QUÉBEC, 2-4 SEPTEMBRE 1987

Vingt ans après la mémorable visite du général de Gaulle et dix-huit mois après le Sommet de Paris, quarante pays et gouvernements se retrouvèrent à Québec pour la deuxième rencontre au sommet. On attendait beaucoup de cette réunion. Ce fut un succès, de l'avis unanime des participants et de celui des observateurs qui s'accordèrent pour saluer les résultats positifs de la rencontre, avec un accent parfois même légèrement envieux, de la part de certains journalistes du Commonwealth par exemple.

Les groupes de travail assurant, après février 1986, le suivi dans les réseaux s'étaient organisés: cela avait pris un certain temps et dix-huit mois seulement s'étaient écoulés entre le Sommet de Paris et celui de Québec. On pouvait craindre que de nouvelles suggestions, de nouveaux projets et des spéculations intellectuelles à caractère trop politique soient avancés au moment où les premières résolutions n'avaient pas encore pu prendre effet. Les vieux réflexes protectionnistes et la démagogie avaient refait surface en plusieurs occasions; les pionniers de la francophonie ne cachaient pas une crainte qui s'amplifia au cours de l'été.

Jean-Marc Léger, dans un essai publié à la veille du Sommet, «La francophonie: grand dessein, grande ambiguïté» et dans un article de synthèse de l'un des numéros spéciaux consacrés au deuxième Sommet, énonçait une vigoureuse mise en garde: «Nous sommes maintenant à l'heure de ce que j'appellerais «La francophonie de la dernière chance»... Si nous ne réussissons pas à créer un certain «irréversible» francophone au cours des prochaines années, il ne sera même plus la peine d'en espérer l'avènement... Cette chance, les peuples de langue française doivent la saisir à pleines mains. Cela suppose une claire, ferme et constante volonté politique au niveau le plus élevé, la sensibilisation puis l'adhésion de l'opinion publique, en particulier de la jeunesse, à ce grand dessein, une conscience exigeante de l'égalité et de la réciprocité entre tous les peuples concernés.» (*Forces*, automne 1987, p. 45,56).

De son côté, l'ex-président sénégalais, Léopold Sédar Senghor, tout en apportant sa paternelle caution à la construction de la francophonie, tenait des propos teintés d'inquiétude. Ainsi, à l'occasion d'un grand discours prononcé pour l'inauguration des fêtes du cinquantenaire de la Faculté des Lettres à l'Université Laval, qui eut lieu la première journée du Sommet, il déclarait: «On en est rendu à une étape majeure où il faudra soit réussir, soit renoncer. Or il faut à tout prix réussir, le mot «renoncer» n'étant pas français.» Il précisait ses craintes, fondées sur l'insistance de quelques participants à ne viser qu'à la satisfaction de leurs intérêts immédiats ou à ne tenter de répondre qu'à des problèmes d'ordre technique – les logiciels, par exemple – au détriment d'une problématique d'ensemble et d'une dynamique généreuse.

Les fonctionnaires impliqués dans l'organisation, conscients eux-mêmes de l'enjeu du Sommet, commentaient: «Si on ne parle qu'Afrique du Sud, dettes et problèmes économiques, la francophonie n'a pas d'avenir. Si l'on discute de problèmes concrets de coopération et de développement, elle en a. Il faut trouver le bon registre, autrement elle disparaîtra.» (*Jeune Afrique*, 2 septembre 1987).

L'organisation canado-québécoise

La préparation rigoureuse et efficace de la réunion dans une opération concertée d'Ottawa et de Québec, manifesta clairement leur volonté d'œuvrer dans un esprit d'entente et de conciliation, après les ajustements nécessaires (le Canada avait accepté sans empressement que les réunions à huis clos des chefs d'État et de gouvernement se tiennent dans l'édifice de l'Assemblée nationale du Québec, ce qui risquait de trop souligner le rôle international de la province, tandis que de son côté, Québec répugnait à voir pénétrer la Gendarmerie royale du Canada dans l'enceinte du Parlement pour assurer la sécurité des délégués).

Le Canada investit ainsi 12 millions de dollars (55 millions de FF) dans la préparation de la tenue du Sommet, dont 4 millions pour la sécurité qui fut entièrement à sa charge. Le Québec pour 45 % et le Nouveau-Brunswick pour 5 % se répartirent les charges restantes. En cette période marquée par la menace du terrorisme, les mesures de sécurité devaient être nécessairement rigoureuses. Les Québécois, qui sont en général bon public, voulaient s'associer spontanément aux manifestations mais furent éconduits la plupart du temps par la police qui les maintint en dehors du large périmètre réservé aux officiels.

Mais les efforts considérables du pays et des gouvernements hôtes furent récompensés. Le Sommet se tint dans d'excellentes conditions de travail. Il entraîna de ce fait un renforcement de l'influence du Canada sur la scène internationale en général et dans la francophonie en particulier. Le Canada l'avait espéré: «Le Canada compte profiter de son statut de puissance invitante du Sommet francophone pour s'imposer en Afrique, avait dit sans ambages dans une entrevue aux journalistes la secrétaire d'État aux Affaires extérieures du Canada, Mme Monique Landry, «pour se hisser aux loges de la coopération aux côtés d'une France qui en a, jusqu'à présent, recueilli les plus beaux fruits.»

On soulignait toutefois, du côté canadien, qu'il n'était pas question de supplanter la France sur ses marchés ni de lui demander de renoncer à ses programmes bilatéraux au profit de programmes multilatéraux. Du côté français d'ailleurs, après les quelques remarques négatives de la réunion préparatoire de Bujumbura en juillet, on niait que le gouvernement ait une attitude «frileuse» et conservatrice. On s'alignait sur l'Élysée en se réjouissant de nouveaux apports de capitaux qui ne menaceraient pas l'influence de la France en Afrique. «L'amitié n'interdit pas une saine émulation.» (Mitterrand)

Pour le premier ministre Brian Mulroney, l'enjeu était plus vaste. Hôte également du Sommet du Commonwealth en octobre, il entendait voir renforcer la dualité du Canada par un développement notable de la francophonie. «Il faut... développer avec la francophonie un instrument aussi attrayant, aussi intéressant, aussi puissant au niveau international que le Commonwealth.» Le Sommet de Québec devait marquer une autre étape, après celle des retrouvailles, plutôt «sentimentales» du premier Sommet. M. Mulroney l'exprima ainsi: «C'était une réussite linguistique et culturelle. Nous allons maintenant chercher à favoriser les pays qui ont absolument besoin de la francophonie comme instrument de relance économique et de participation internationale» (*Forces*, p. 5,6).

La tenue du Sommet

Si donc le Sommet de Paris avait été le Sommet de l'espoir pour la francophonie, celui de Québec tenta d'être celui de sa concrétisation. «Le futur commence aujourd'hui», affirma le président Mitterrand à l'ouverture en exposant sa vision sur les objectifs du Sommet. «Il l'a fait un peu comme un grand patron», commentait à la télévision l'ancien premier ministre du Québec, M. René Lévesque, qui devait malheureusement décéder deux mois plus tard. Selon le président français, la langue française, qui a permis une «complicité sans frontière», doit devenir une «langue pratique des temps modernes», et la communauté francophone, en accroissant la compréhension et la solidarité entre les peuples, doit permettre de «faire face aux enjeux de l'avenir, autour des objectifs déjà choisis: communiquer, coopérer, développer, témoigner, inventer.»

Les participants se mirent à l'étude dans l'esprit des recommandations de leurs hôtes: «transformer nos intentions communes en actions concrètes» (Robert Bourassa), «Ne craignons pas de nourrir les plus hautes ambitions, mais astreignons-nous à la sobriété. Gardons bien en vue les idéaux qui nous animent mais exprimons-les par des résultats très concrets» (Brian Mulroney).

Un échange de vue sur la politique internationale entraîna des résolutions sur l'agriculture et la protection de l'environnement, les calamités naturelles, l'aide économique au Tchad, le Liban, la lutte contre l'érosion en Haïti, le conflit irano-iraquien, l'Afrique australe, le Moyen-Orient.

Puis les questions économiques retinrent l'attention de tous, la solidarité imposant une réflexion approfondie sur le problème de l'inégale répartition des richesses à travers la francophonie. On chargea le Comité du suivi d'examiner une recommandation de Madagascar qui reprenait la proposition du Québec: une sorte d'indexation de la dette des pays défavorisés sur le prix des matières premières et un échéancier établi en fonction des recettes d'exportation.

Le Canada annonça alors l'annulation complète des dettes de sept pays africains bénéficiant d'un moratoire, pour un total de 325 millions répartis ainsi:

Cameroun (143,7), Côte d'Ivoire (80), Zaïre (31,3), Madagascar (22,9), Congo (22,6), Sénégal (16,8) et Gabon (7,6).

Les travaux du Comité du suivi firent l'objet d'un rapport portant sur la mise en œuvre de 28 décisions du Sommet de Paris jugées prioritaires et sur l'étude de 17 autres. Le président du Comité, l'ambassadeur Leprette, insista sur l'effet salutaire qu'eurent le défi lancé à Paris et l'échéance retenue pour le Sommet de Québec. On décida donc, dans le souci d'efficacité évoqué plus haut, de ne retenir de nouvelles propositions d'actions que si le financement en avait été prévu et trouvé au moins partiellement.

Les réseaux définis en 1986 furent maintenus sans changement: agriculture, énergie, culture et communication (communication et industries culturelles), information scientifique et développement technologique y compris la recherche, industries de la langue. Parmi les résolutions importantes, on retiendra la création d'un Centre d'échanges multilatéraux d'actualité francophone (CEMAF) préludant à l'organisation de l'Agence francophone d'images de télévision (AFIT), la mise sur pied d'un Centre international francophone de formation à distance, l'extension du programme de télévision TV-5 vers Haïti et la Caraïbe en attendant de pouvoir le faire pour l'Afrique et l'hémisphère-sud (et constituer ainsi une grande chaîne mondiale de télévision francophone), la création d'un Institut de l'Énergie à Québec, la mise sur pied de l'Université des réseaux d'expression française (UREF) dans le cadre de l'AUPELF, et nombre de projets dont la réalisation fut confiée à l'ACCT.

Plusieurs actions hors réseaux furent aussi décidées, dont la tenue des premiers Jeux de la francophonie en 1989 au Maroc, et l'implication plus grande des organisations non gouvernementales (ONG) aux travaux du Sommet avec l'établissement pour cela d'une ligne budgétaire auprès de l'ACCT.

Le rôle de l'ACCT fut aussi redéfini et amplifié, son secrétariat devant assurer pour une bonne part le fonctionnement des opérations décidées par le Sommet et mises en œuvre par le Comité du suivi. Toutefois, pour ne pas brusquer les choses et en attendant une réorganisation interne vivement souhaitée, on décida de reporter la création d'un secrétariat permanent de la francophonie, l'ACCT devant progressivement améliorer sa gestion et se préparer pour le troisième Sommet, à Dakar, en 1989.

Le comité du suivi fut étendu à douze pays:

Présidence:	France			
Vice-Présidence:	Canada	Membres:	Communauté française	Niger
	Canada-Québec		de Belgique	Tunisie
	Sénégal		Madagascar	Zaïre
	France		Liban	Gabon
			Mali	

Avant de se séparer, la Conférence adopta enfin une déclaration de solidarité par laquelle les participants conviennent que la volonté qui préside à une entreprise commune doit se traduire en engagements et en réalisations concrètes pour le bénéfice mutuel.

DÉCLARATION DE SOLIDARITÉ ÉMISE À L'ISSUE DU DEUXIÈME SOMMET DE LA FRANCOPHONIE

NOUS, chefs d'État et de gouvernement, réunis au Canada, à Québec, les 2,3 et 4 septembre 1987:

NOUS FONDANT sur la solidarité, la coopération et la compréhension mutuelle qui se sont établies, au fil des ans, entre nos pays et leurs institutions;

NOUS INSPIRANT du respect fondamental de la diversité des traditions, de l'héritage culturel et politique de nos populations, et de leurs aspirations au mieux-être et au développement;

RECONNAISSANT l'importance de notre libre association où, partenaires égaux, nous sommes liés par une même volonté de contribuer à un équilibre renouvelé de nos rapports et inspirés par l'usage, à des degrés divers, de la langue française comme outil de connaissance, de dialogue, de développement et d'innovation;

CONVENONS que nos rencontres périodiques constituent des occasions de dialogue franc et ouvert, de concertation sur des enjeux et des sujets d'intérêt commun de nature politique, économique et de coopération;

que ces rencontres au plus haut niveau raffermissent une solidarité libre de contraintes, cimentée par une même responsabilité envers les générations montantes et par une volonté de relever ensemble les grands défis de développement et de modernisation qui se posent à nous;

que la volonté qui préside à notre entreprise commune doit se traduire en engagements et en réalisations concrètes pour notre bénéfice mutuel.

À ces fins, nous les chefs d'État et de gouvernement:

RÉAFFIRMONS notre volonté de donner à notre communauté une nouvelle vitalité, pour renforcer ses institutions et pour élargir l'horizon de ses aspirations, de ses responsabilités et de ses engagements, afin d'en faire une communauté solidaire;

INCITONS l'Agence de coopération culturelle et technique et les associations et organisations francophones à inscrire leurs projets et activités dans les perspectives ouvertes à l'occasion de nos rencontres et à apporter leurs propres impulsions à la consolidation d'un espace où l'usage d'une langue commune favorisera la libre circulation des biens culturels, l'échange des connaissances scientifiques, le transfert et l'adaptation des nouvelles technologies;

NOUS ENGAGEONS à promouvoir auprès d'autres instances internationales l'esprit et les principes qui nous animent, fondés sur une solidarité ouverte à la diversité des langues et des cultures de nos peuples.

Les grandes leçons du Sommet

Après la rencontre de Québec, il paraît clair que la francophonie s'est renforcée et qu'on devra désormais compter avec elle. L'Algérie refuse toujours d'adhérer à l'entreprise jugée «néo-colonialiste» et le Cameroun continue à s'abstenir de la même façon qu'il le fait avec le Commonwealth. Mais les autres pays sont beaucoup plus solidaires et décidés à poursuivre leur commun effort – la défection du Vanuatu fut plutôt circonstancielle –.

Comme le relatait de façon lapidaire *Paris-Match*, et avec un certain humour, en commentant la «photo de famille» des dirigeants francophones: «Ils étaient tous là non pour chanter la «complainte du français perdu» mais pour se rappeler qu'ils sont faits pour se comprendre» (18 septembre 1987). D'ailleurs, les journalistes français étaient venus nombreux à Québec (163 sur un total de 966) alors qu'ils avaient plutôt dédaigné le Sommet de Paris. Radio France Internationale avait pour sa part envoyé plus de 40 personnes avec son président M. Tezenas du Montcel; pendant une semaine, ses émissions furent diffusées depuis Québec.

Le président du Burundi, le colonel Jean-Baptiste Bagaza, quitta précipitamment le Sommet: il venait d'être renversé. Un mois plus tard, le président du Burkina-Faso était assassiné au cours d'un autre coup d'État; puis le président tunisien Habib Bourguiba était à son tour destitué par son premier ministre en raison de son grand âge, pour «incapacité à gouverner». (Le nouveau président, M. Ben Ali, annonça publiquement que, face à la «sénilité» de l'ancien «combattant suprême», il était obligé «de le déclarer dans l'incapacité absolue d'assumer les charges de la présidence de la République».) L'histoire continue; la francophonie tient bon. Certains rieurs anglo-saxons en auront été pour leurs frais lorsque se produisit aussi un coup d'État aux îles Fidji, au moment du Sommet du Commonwealth.

L'Afrique réagit aujourd'hui de façon beaucoup plus positive face à la francophonie. Le mot même de francophonie, qui provoquait des réactions parfois vives, est en passe de trouver une nouvelle signification aux yeux de beaucoup d'Africains qui ont compris qu'il fallait dissocier la francophonie socio-linguistique de la francophonie «entreprise dynamique de coopération à aménager». Pour plusieurs, même, la francophonie est une solution de rechange à la coopération franco-africaine. «La francophonie n'est pensable que par le multilatéralisme» (Abdou Diouf). Ainsi, le journaliste Ali Idrissou analysait la situation nouvellement créée:

«Les États africains francophones croient en la francophonie et contribuent au rayonnement de la langue française dans le monde. C'est leur langue de formation et de travail aussi bien dans l'administration que dans la recherche. Toutefois, développer cette langue pour multiplier seulement le nombre de ceux qui la parlent sur la terre n'est sans doute pas la préoccupation essentielle des Africains.

«Ce que veulent les Africains francophones, c'est que la langue française et la technologie qui l'incarne leur permettent de contribuer concrètement et positivement, comme les nations du Nord, à la créativité au sein de l'espace francophone.»
(*Le Soleil*, Québec, 5 septembre 1987)

Même si les problèmes linguistiques et culturels restent au fond du débat, les préoccupations touchant l'utilisation du français pour accéder aux technologies de pointe et à la modernité ont pris le dessus pour la réalisation des projets. Le français technique est au cœur des préoccupations actuelles. On a compris qu'il ne servait à rien de célébrer les mérites de la langue, qu'il fallait plutôt l'utiliser pour aller de l'avant.

Après le travail des associations, puis la prise de conscience des gouvernants au premier Sommet, une volonté d'implication par le deuxième Sommet d'organisations non gouvernementales et d'associations entourant l'ACCT s'est fait jour qui est encourageante. Il faut en effet que les décisions du Sommet se répercutent dans le public pour qu'il se sente de plus en plus concerné. Une plus grande implication des associations est déjà un premier pas. La tentation des fonctionnaires est parfois grande de penser que l'État, c'est eux. (Ainsi l'a-t-on clairement perçu dans quelques déclarations faites au colloque du Centre québécois des relations internationales (CQRI) tenu en prélude au Sommet.) Mais, comme on l'a dit à maintes reprises, la francophonie devra être populaire ou elle ne sera pas. Une sorte de minisommet des associations francophones a ainsi été envisagé, qui pourrait se tenir avant le Sommet de Dakar. M. Louis Dussault, le responsable du Secrétariat permanent des peuples francophones à Québec, en a pris l'initiative et verra à sa réalisation: une réunion tenue parallèlement au Sommet, à son invitation, en a tracé la voie.

Sans doute, la réussite ne couronnera pas forcément toutes les entreprises décidées au Sommet. On a vu par exemple comment le Festival du film francophone proposé par la France à l'initiative du secrétaire d'État à la francophonie, Mme Michaux-Chevry, fut monté à la hâte en Martinique (30 octobre – 7 novembre) et connut un médiocre succès. Il faudra en retenir la leçon.

Au cours des prochaines années, les observateurs de la francophonie suivront avec un intérêt particulier l'évolution de la situation politique et linguistique en Belgique. Le microcosme que constitue la région des Fourons, enclave francophone dans le pays flamand, est un précédent qui porte à réfléchir sur les espèces de ghettos que sont les zones francophones enclavées. D'autre part, juridiquement parlant, les prérogatives internationales accordées à la communauté française au sein de la Belgique constituent aussi une expérience tout à fait intéressante (M. Roger Dehaybe en est le commissaire général aux relations internationales).

Parallèlement et sur un plan différent, les Francophones suivront les efforts du peuple haïtien vers l'avènement de la démocratie dans leur pays, après l'échec amer des premières tentatives et l'annulation des élections du dimanche 29 novembre 1987, au matin même du scrutin et après une nuit de violence causée par les néo-duvaliéristes et les anciens tontons-macoutes.

Le poids du Canada et de la francophonie nord-américaine

Une autre constatation importante est le rééquilibrage de la francophonie au profit de l'Amérique du

Nord francophone. Tous les participants et observateurs au Sommet de Québec s'entendirent pour faire ressortir l'impression, souvent nouvelle pour eux, du poids que représentait désormais la francophonie nord-américaine. En termes géographiques, les cartes parlent peut-être davantage après le Sommet de Québec: la superficie du Canada représente plus des deux cinquièmes de toute la francophonie, environ 10 millions de km² sur 23,5 millions (25 si on ajoute l'Algérie). On sait toutefois qu'une bonne partie de ces territoires sont inhabités et constitués de zones nordiques et inhospitalières.

Mais, si l'on considère le poids économique du Canada et sa volonté d'implication dans la francophonie, on constate qu'il y a là (en ajoutant les îles de la Caraïbe, la Louisiane et les populations francophones des États-Unis) un pôle important de la francophonie qui transforme les échanges traditionnels Europe-Afrique en un triangle nouveau: Europe-Afrique-Amérique. Ce rééquilibrage n'est pas sans conséquences linguistiques, culturelles et politiques.

Le Sommet du Commonwealth tenu à Vancouver en octobre a précisé certaines de ces appréciations. La francophonie fut citée en exemple à plusieurs reprises, entre autres choses pour la création de l'Université des réseaux d'expression française que l'on vise à copier dans les pays du Commonwealth. D'une façon générale, la francophonie fut beaucoup plus présente dans l'esprit des participants et plus respectée que jamais. D'autre part, le Canada réussit à faire accepter par tous les participants une résolution condamnant l'Afrique du Sud, malgré l'opposition de la Grande-Bretagne qui avait tenté d'isoler le Canada en début de séance et qui se retrouva finalement seule contre tous.

Vers le troisième Sommet

En résumé, le deuxième Sommet aura été important et bénéfique. Rien n'est jamais définitivement acquis, mais ceux qui s'interrogeaient anxieusement avant la réunion auront pu être partiellement rassurés. Et comme le dit Claude Morin: «Il y a toujours une autre «dernière chance» dans la mesure où l'humanité continue».

Le grand francophone que fut René Lévesque aura pu commenter cette grande rencontre avant sa mort et faire bénéficier une dernière fois le public québécois de ses analyses à la télévision, avant sa mort subite:

«Ce deuxième Sommet n'aura pas été la perpétuelle dernière chance des pessimistes ni évidemment l'élan fulgurant dont pouvaient rêver les optimistes. Et il n'a sûrement pas dissipé non plus les doutes des sceptiques. Mais il a été en quelque sorte cette minute de vérité que commandait le plus simple bon sens, à savoir qu'ils étaient tous là à décider s'ils voulaient que ça marche, et ça a marché, et ça semble prometteur.»

Il appartiendra au troisième Sommet de rationaliser, avec l'expérience acquise, la progression de la francophonie. «Après le Sommet fondateur de Paris et celui de l'essor, à Québec, il reste à atteindre sans heurts celui de l'âge de raison, en 1989 à Dakar» (*Le Monde*, 6 septembre 1987).

Chapitre 16

LES TROISIÈME ET QUATRIÈME SOMMETS FRANCOPHONES DAKAR, 24-26 mai 1989 CHAILLOT, 19-21 novembre 1991

Le Sommet de Dakar

Après l'Europe et l'Amérique, c'était au tour de l'Afrique d'accueillir la Conférence. Dakar se prépara. Le Sommet devait être simple et peu onéreux. Il sera fastueux et coûtera fort cher. Les Africains ne voulaient pas être en reste après l'éclat du Sommet de Québec. Les États occidentaux (France, Canada, Québec, Belgique) après s'être fait prier, délièrent les cordons de leurs bourses et financèrent la plus grande partie de l'opération. Mais tout marcha bien et l'ensemble des participants se félicita de l'entreprise.

«Après Paris, cette ville des Lumières d'où tant de grandes idées ont germé et fleuri, après Québec, cette terre symbole dans ce Canada des confluences, voici que Dakar s'honore d'accueillir la Conférence (...).

Vous devinez aisément la grande fierté et l'immense plaisir que le peuple sénégalais tout entier éprouve (...) C'est l'Afrique tout entière qui accueille aujourd'hui le Sommet, pour une coopération plus intense dans la solidarité et le respect mutuel. Je souligne solidarité et respect mutuel. Cela ne vous étonne pas ici au Sénégal, dans la patrie de Léopold Sédar Senghor (...)

(...) En nous réunissant ici à Dakar, à quelques lieues de Gorée, l'île-martyre, témoin des souffrances de l'Afrique meurtrie aux périodes pénibles des premiers contacts de l'ère coloniale, aujourd'hui patrimoine de l'Humanité, nous venons affirmer notre volonté commune de dépasser les errances du passé, pour bâtir, dans la liberté et l'égalité, un monde plus juste et plus humain, pour un solide épanouissement de nos peuples.»

Et le président Abdou Diouf d'insister dans son discours inaugural sur la reconnaissance et le développement des langues africaines:

«Par la voix toujours éloquente et généreuse de son Premier Magistrat, la France souhaite que le plurilinguisme en Francophonie soit reçu «comme une source d'enrichissement, de convivialité, de promotion aussi». Et elle laisse à chacun le droit d'être francophone ou pas, «de le rester ou non».

La présence de tous, ici, me permet de dire très librement: nous sommes francophones, nous restons francophones.

Dès lors que les langues nationales acquièrent droit de cité en Francophonie, ce droit leur ouvre les portes de la coopération, dans le respect de la souveraineté des États et de l'identité culturelle des peuples.

Par la promotion sans réserve de nos langues nationales, disparaîtront des sentiments de frustration qui pourraient subsister, et l'enseignement du français s'améliorera en s'appuyant sur elles.

C'est aussi par la connaissance des diverses langues de la Francophonie et des cultures qu'elles véhiculent que passe la compréhension entre les peuples, et leur rapprochement. Il ne s'agit donc plus de proclamer une égalité absolue entre le français et les langues natio-

*nales, mais de la vivre pleinement, en aménageant réel-
lement leur complémentarité, en donnant une nouvelle
impulsion aux études africaines et aux recherches, en
renforçant la créativité linguistique.*

*Humanisme de différence, la Francophonie ne
saurait s'accommoder de l'uniformisation culturelle!
Elle ne saurait, de ce fait, viser la confiscation des iden-
tités respectives des pays qui s'en réclament et ne peut
en rien être réductrice. Elle invite plutôt à un enrichissement mutuel dans la mise en commun de ce qui nous lie,
nous rapproche et nous fortifie, la langue française, sans
que jamais n'abdique sa personnalité le Vietnamien, le
Belge, le Monégasque, le Malien, le Zaïrois...*

*En outre, nous associant autour d'une langue,
notre ambition est aussi bien de promouvoir ce symbole
de notre unité, notre signe de reconnaissance, que de
promouvoir la solidarité effective dans tous les domaines
importants qui contribuent au développement de nos
pays, et au renforcement de notre communauté.»*

L'hôte du Sommet terminait en souhaitant néanmoins que, comme convenu, un accent particulier soit
mis sur la coopération et le développement (agriculture
et environnement, énergie, information scientifique, etc.)
et proposait que l'on se préoccupe d'éducation dans la
perspective essentielle de la formation.

C'est dans cette perspective qu'après deux jours
de délibération, les participants adoptaient la «Déclaration de Dakar».

DÉCLARATION DE DAKAR

**Nous, chefs d'État, de gouvernement et de délégation,
réunis à Dakar, les 24-26 mai 1989**

CONSIDÉRANT

après Paris et Québec que notre communauté francophone
se fondant, d'une part sur l'usage en commun de la langue
française, d'autre part sur la richesse et la diversité de ses

traditions, de ses langues et de ses cultures, est devenue une réalité politique, économique et culturelle fondamentale dans la vie de nos États et en même temps un facteur d'équilibre entre les Nations,

CONSIDÉRANT

que les Sommets sont le lieu privilégié d'expression et de renouvellement d'une solidarité essentielle pour la construction d'un espace commun francophone de dialogue et de coopération,

CONSIDÉRANT

que c'est le contenu concret des réalisations qui fera la valeur de notre projet et que la consolidation de l'espace francophone passe par une coopération multilatérale exemplaire qui se fonde sur l'action et la modernité,

À ces fins, nous chefs d'État et de gouvernement,

RÉAFFIRMONS

notre volonté de continuer de développer au sein de notre espace commun de solidarité et de coopération, des actions concrètes et significatives, multilatérales et multiformes pour relever les grands défis de notre temps dans les domaines de l'Agriculture et de l'Environnement, de l'Énergie, de la Culture et de la Communication, de l'Information scientifique et du Développement technologique, des Industries de la langue, de l'Éducation et de la Formation,

DÉCIDONS

que l'Éducation et la Formation constituent un domaine stratégique d'intervention, à la fois pour la préservation et la diffusion tant de la langue française que des langues et cultures nationales, pour la consolidation de la communauté francophone en favorisant la compréhension et l'adhésion de la jeunesse à nos objectifs pour la réalisation du développement économique des nations,

PRENONS

solennellement l'engagement de contribuer à la création d'un contexte économique international plus équitable, aux fins de promouvoir, dans les pays en développement, membres de notre communauté, un processus d'amélioration de leur situation économique,

NOUS FÉLICITONS

du renforcement de la fonction et du rôle de l'Agence de Coopération culturelle et technique dans la dynamique des Sommets, qui constitue un jalon essentiel dans l'ancrage d'une francophonie multilatérale,

INCITONS

les autres instances internationales à partager notre volonté politique commune, de créer et de développer une pareille dynamique favorable à la promotion des relations culturelles, économiques, scientifiques et technologiques et d'œuvrer à l'instauration d'une paix solide et durable dans le monde.

Pour désigner le Sommet de Dakar, les commentateurs ont utilié le terme de «maturité». En effet, si les deux premiers sommets ont vu l'édification de la francophonie, le troisième fut celui de sa consolidation, tant sur le plan de sa constitution que sur celui de ses programmes.

Au Sommet de Dakar, la francophonie s'est vue élargie de nouveaux participants: la Suisse et le Cameroun, qui avaient décliné les deux premières invitations, ont accepté de faire partie du Sommet. Le Cap-Vert, la Guinée équatoriale et Madagascar viennent compléter la communauté qui s'étend maintenant à presque tous les pays francophones. (La Mauritanie, quant à elle, a cru bon de se désister, eu égard au conflit qui l'oppose au Sénégal.)

Même si la dernière Conférence des pays francophones offrait peu de nouveaux programmes (dont ceux de l'éducation qui fait l'objet d'un nouveau secteur et de l'environnement), elle a solidifié son appareil en intégrant ses réseaux (refondus en sept secteurs) à l'ACCT, se dotant ainsi d'un secrétariat permanent. Outre ses programmes, le Sommet privilégie d'autres domaines: l'Université d'Alexandrie (Université francophone du 4ᵉ cycle), la scolarisation des enfants francophones, les bourses de la francophonie, les fonds de solidarité et la coopération juridique et judiciaire.

Après la Conférence de Dakar, les chefs d'État et de gouvernement des pays francophones se donnèrent rendez-vous au Zaïre, en 1991, pour le Sommet suivant. Des troubles ayant éclaté dans ce pays et l'autorité du président Mobutu étant de plus en plus contestée, il parut bientôt opportun d'envisager un autre lieu d'accueil. La France proposa Paris pour des raisons évidentes de commodité (Paris est équipée pour accueillir des rencontres internationales de haut niveau, et tous les pays y ont une ambassade pouvant se charger de ses ressortissants). L'offre fut acceptée; le quatrième Sommet se tiendrait donc à Paris, au palais de Chaillot. Pour éviter la confusion avec le premier Sommet, on prit l'habitude d'appeler le quatrième, Sommet de Chaillot.

Le Sommet de Chaillot
(19-21 novembre 1991)

De sommet en sommet, la famille s'agrandit. En novembre 1991, 47 États et gouvernements avaient été conviés dont, pour la première fois, le Cambodge, la Roumanie et la Bulgarie qui siégèrent comme observateurs. (On notait aussi des représentants de trois communautés françaises qui participaient comme invités spéciaux: la Louisiane, la Nouvelle-Angleterre et le Val d'Aoste.)

Malgré la présence de vingt chefs d'État et de quatorze chefs de gouvernement, sans compter les autres chefs de délégation, la presse locale ne trouva en général pas grand éclat à cette conférence dont elle se plut souvent à relever les désagréments qu'elle causait à la population parisienne par de nombreux encombrements supplémentaires de la circulation. Pourtant, la presse orale et écrite s'intéressa de plus en plus à cette grande manifestation au fil des jours et des observateurs avisés soulignèrent qu'il s'était agi là d'une rencontre extrêmement importante pour la francophonie.

En plus du nombre accru des membres de ce «club à la mode», il faut en retenir essentiellement les préoccupations démocratiques et le lien établi entre développement et démocratie, le renforcement des programmes existants, en particulier dans le domaine des communications, l'intérêt marqué pour l'environnement et les problèmes économiques, ainsi que la mise sur pied de structures fonctionnelles avec un Secrétariat général permanent.

Francophonie, développement et démocratie

Après l'affirmation par le président François Mitterrand de la croyance française *«en la valeur universelle de la démocratie»*, les participants insistèrent énergiquement sur la nécessité de considérer comme prioritaire la marche de tous les pays vers la démocratie. Ainsi le Premier ministre canadien Brian Mulroney qui présenta le président haïtien, Aristide, renversé par un coup d'État militaire et exilé, lia-t-il démocratie et développement, faisant de l'une la condition de l'autre et, plus concrètement, faisant du processus démocratique la condition nécessaire pour obtenir l'aide de son pays. *«La France, qui nous accueille, est le berceau de la liberté, la mère patrie des droits de la personne. Et ce retour aux sources devrait nous être d'autant plus salutaire que nous prenons de plus en plus conscience que, sans démocratie véritable, il ne peut y avoir de développement durable, et que sans développement soutenu, il ne peut y avoir de démocratie solide. (...) Les droits de la personne, ce n'est pas une notion juridique abstraite ou une théorie politique en vogue dans les pays industrialisés. Ce n'est pas un produit de luxe, mais un outil essentiel du développement. Et le Canada estime logique et juste que son aide au développement soit de plus en plus canalisée vers les pays qui s'efforcent de respecter et qui travaillent à développer les droits de la personne chez eux.»*

Au nom de l'Afrique, Nicéphore Soglo, président nouvellement et démocratiquement élu du Bénin, lia lui aussi catégoriquement démocratie et développement, excusant l'impatience des populations «*qui se sont battues, souvent au péril de leur vie, pour l'instauration du processus démocratique, et inclinent, de ce fait, à vouloir tout, tout de suite, avec une impatience bien compréhensible.*» Mais il revendique le droit à une démarche originale pour chaque pays: «*Sans doute ne saurions-nous prétendre qu'il existe un modèle imposable à tous, quelque chose comme un 'prêt-à-porter démocratique'.*» Il résuma les objectifs du sommet de Chaillot comme «*celui de la consolidation et de l'approfondissement des liens de coopération dans l'espace francophone.*»

Cette quête de la démocratie donna lieu à une déclaration solennelle, dite déclaration de Chaillot.

DÉCLARATION DE CHAILLOT

Nous, chefs d'État, de gouvernement et de délégation de pays ayant en commun l'usage du français,

Réunis pour affirmer une fois de plus notre solidarité et notre ferme volonté de concourir activement à façonner ensemble un avenir meilleur pour nos peuples et pour la communauté internationale,

Nous félicitons des progrès de la démocratie constatés dans le monde entier, saluons tout particulièrement la contribution déterminante des peuples à cette évolution, et sommes convaincus qu'il appartient à chaque peuple de déterminer les voies les plus appropriées à l'affermissement de ses institutions démocratiques,

Réitérons notre foi dans les valeurs démocratiques fondées sur le respect des droits de la personne, des minorités et des libertés fondamentales,

Croyons fermement qu'une plus grande participation des peuples à leur développement passe par le libre exercice des libertés fondamentales et l'avènement de l'état de droit,

Convaincus qu'il n'existe pas de développement sans liberté, ni de véritable liberté sans développement,

Déplorons les conséquences tragiques de la famine, de la pauvreté, des calamités naturelles et des désastres dus à l'action de l'homme. À notre époque, marquée par le souci de solidarité et de partenariat, la persistance intolérable du sous-développement exige une mobilisation de la Communauté des Nations et requiert d'imprimer un nouveau cours à notre coopération,

Persuadés que le développement économique, responsabilité première de chacun de nos pays, passe par le maintien, voire l'accroissement, des flux d'aide, la poursuite de la concertation économique dans les grandes instances internationales et le renforcement des efforts pour l'intégration économique mondiale et régionale, nous engageons à l'avènement d'un véritable partenariat économique fondé sur l'établissement d'un dialogue renouvelé entre nos pays,

Convaincus que la démocratie est au cœur d'une répartition plus équitable des ressources matérielles et humaines et qu'elle est aussi fondamentale pour la prospérité économique des peuples que la dignité de l'homme, prenons l'engagement de faire avancer le processus de démocratisation, de consolider les institutions démocratiques et décidons de développer des programmes appropriés dans ce sens,

Nous, chefs d'État, de gouvernement et de délégation réunis à Chaillot, entendons ainsi faire face à nos responsabilités historiques et répondre aux aspirations légitimes de nos peuples dans un contexte international nouveau.

Quant à l'économie, de plus en plus présente, des participants lui donnèrent une place significative en prenant en compte les conclusions du Forum francophone des Affaires qui s'était tenu à La Rochelle, en préambule au Sommet, du 28 au 30 octobre.

Ce Forum des Affaires imaginé au Sommet de Québec, est devenu de plus en plus conséquent et prometteur pour les échanges entre industriels, investisseurs et hommes d'affaires de la francophonie.

RECOMMANDATIONS PRÉSENTÉES PAR LE FORUM FRANCOPHONE DES AFFAIRES ET RETENUES PAR LE SOMMET DE CHAILLOT

–   La mise en place, par le secrétariat international, d'un observateur des échanges économiques entre francophones.

- Le renforcement de l'action des États francophones dans les institutions multilatérales ayant des programmes d'appui au développement économique.

- L'amélioration des conditions d'accueil des investisseurs, notamment par le développement des télécommunications.

- L'organisation des commissions mixtes bilatérales privées à l'occasion des communications mixtes bilatérales publiques.

- L'appui et le renforcement des organisations professionnelles à vocation commerciale, qu'elles soient publiques ou privées.

Communication: TV 5 et Radio 5

Quelques jours avant le Sommet s'étaient aussi tenues à Paris, à l'Arche de la Défense, les premières Assises francophones de la communication. Près de 400 professionnels de la communication traitèrent dans des débats parfois animés de la presse écrite, de la radio, de la télévision, du cadre juridique et déontologique ainsi que de l'harmonisation, la coordination et du développement de leurs productions. Un projet de radio multilatérale de langue française fut présenté par le CIRTEF (Conseil international des radiotélévisions d'expression française) et, pour ce qui est de la télévision, la préoccupation majeure fut l'extension de TV5 à l'Afrique, de sorte que la production ne soit pas seulement du Nord vers le Sud, mais puisse aussi atteindre le Nord en venant du Sud.

Le Sommet de Chaillot retint ces objectifs. La communauté française de Belgique et le Canada s'associèrent pour la réalisation d'une sorte de Radio5, dans le but de réaliser à terme une radio vraiment multilatérale comme l'est TV5. Quant à cette dernière, la France soutiendra de façon particulière la création de TV5-Afrique de même que l'accroissement de la part des programmes du Sud dans la grille de TV5. La France doublera sa participation au fonds d'aide aux productions audiovisuelles et cinématographiques des pays du Sud gérés par l'ACCT et le CIRTEF. Mme Catherine Tasca, ministre française de la Francophonie, annonça de plus la création d'une fondation «Écrans du Sud» qui, dotée d'une somme d'environ 20 millions de francs, interviendra pour faciliter tous les stades de la production. La présence africaine sur TV5 passera de 1 heure hebdomadaire en 1991 à 2 heures en 1992 (alors que la chaîne sera accessible à l'Afrique via satellite) et à 4 heures hebdomadaires en 1993.

Les structures de la Francophonie

Pour réaliser les objectifs fondamentaux de la Francophonie qui firent tous l'objet d'une étude attentive (espace de la culture et de la communication, espace éducatif, jeunesse et sports; espace scientifique; droit au service du développement et de la démocratie; environnement et développement), le Sommet de Chaillot établit une structure pyramidale de décision et de gestion des programmes.

Désormais, entre les sommets convoqués tous les deux ans, une conférence ministérielle de la Francophonie se réunira chaque année et un Conseil permanent de la Francophonie quatre fois par an. Ces deux instances définiront la politique globale de coopération que l'ACCT, devenue secrétariat permanent de tous les organes officiels, est chargée de mettre en opération. Huit comités de programme travailleront sous la présidence de l'ACCT, tandis que le neuvième (Enseignement supérieur et recherche universitaire) sera présidé par l'AUPELF/UREF qui présentera directement ses recommandations et ses besoins financiers au Comité permanent.

Les questions de structures ne passionnent pas beaucoup l'opinion publique. Il faut cependant noter que la Francophonie, à l'instar du Commonwealth, évite l'éparpillement et se dote maintenant de structures centralisées et fonctionnelles.

L'organisation de la Francophonie après le Sommet de Chaillot

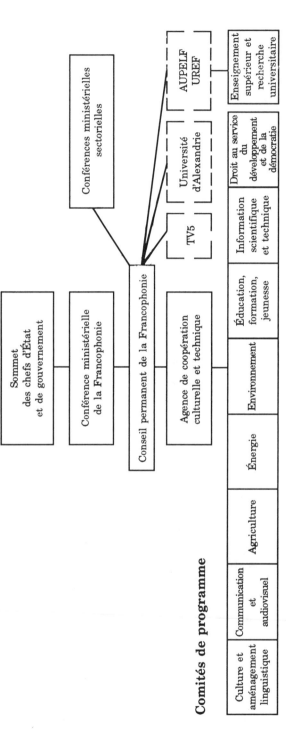

Comités de programme

Culture et aménagement linguistique	Communication et audiovisuel	Agriculture	Énergie	Environnement	Éducation, formation, jeunesse

TV5	Information scientifique et technique	Droit au service du développement et de la démocratie	Enseignement supérieur et recherche universitaire

1- Instance suprême, le **Sommet** des chefs d'État et de gouvernement des pays ayant en commun l'usage du français se réunit tous les deux ans.

2- La **Conférence ministérielle de la Francophonie** (CMF), composée des ministres des Affaires étrangères et/ou de la Francophonie, se réunit une fois par an. Conférence ministérielle du Sommet, elle est aussi l'organe supérieur de l'ACCT à titre de conférence générale ou de conseil d'administration. Des conférences ministérielles sectorielles (éducation, culture, jeunesse et sport, justice, etc.) sont organisées par l'ACCT sous l'autorité du Conseil permanent de la Francophonie.

3- Le **Conseil permanent de la Francophonie** (CPF), composé des représentants de 15 chefs d'État ou de gouvernement nommés par le Sommet, se réunit quatre fois par an comme «animateur politique, coordinateur et arbitre» de la coopération multilatérale francophone. Il remplace vis-à-vis des Sommets les anciens Comité international du Service (CIS) et Comité International Préparatoire (CIP) et constitue par ailleurs le Bureau élargi de l'ACCT.

4- L'**Agence de coopération culturelle et technique** (ACCT) assure les rôles de Secrétariat permanent de toutes les instances de la Francophonie et d'opérateur principal des décisions du Sommet. Elle préside 8 des 9 comités de programme. Elle est au cœur de la pyramide institutionnelle.

5- TV5, l'**Université d'Alexandrie et l'Association des universités partiellement ou entièrement de langue française/Université des réseaux d'expression française** (AUPELF/ UREF) sont trois opérateurs privilégiés et, à ce titre, sont invités à proposer au Conseil permanent de la Francophonie (CPF) les programmes et les affectations budgétaires relatifs à leur compétence propre. (L'AUPELF/UREF préside le 9° comité de programme.)

6- Les **comités de programme**, anciens comités d'experts sont au nombre de 9: Culture et aménagement linguistique; Communication et audiovisuel; Agriculture; Énergie; Environnement; Éducation, formation, jeunesse; Information scientifique et technique; Droit au service du développement et de la démocratie; Enseignement supérieur et recherche universitaire.

7- Les **organisations non gouvernementales** (ONG) autres que l'AUPELF/UREF ne font pas partie des instances officielles de la Francophonie (intergouvernementales). Elles tiendront un forum à l'occasion de chaque Sommet; des modalités devront être définies pour leur permettre de participer aux travaux du Sommet.

L'AUPELF-UREF

On aura compris que si l'ACCT est une organisation intergouvernementale, l'AUPELF/UREF, bien que très largement financée par des fonds publics, est une organisation non gouvernementale (ONG). Compte tenu de l'importance de ses activités et de son rayonnement au niveau universitaire (230 universités et établissements d'enseignement), le Sommet la considère comme un «opérateur privilégié» (ainsi que TV5 et l'Université Senghor d'Alexandrie).

L'UREF est composé de réseaux d'enseignement et de chercheurs (biotechnologies, entrepreneuriat, télédétection, français en francophonie, paludisme et sida, etc.); via ces regroupements sectoriels, l'AUPELF/UREF développe la coopération interuniversitaire par des banques de données, des bourses de recherche, de publication, des congrès et des colloques tels que celui qui s'est tenu les 12 et 13 novembre à Grenoble, et à Paris le 14, intitulé «Démocratisation, économie et développement: la place de l'enseignement supérieur.»

Pour conduire toutes ces actions, l'ACCT bénéficiera en 1992 d'un budget de l'ordre de 365 millions de francs, l'AUPELF de 75 millions de francs. Quant à TV5, consortium des télévisions de 5 pays (France, Belgique, Suisse, Québec, Canada), les premiers responsables de la diffusion en Europe et en Afrique du Nord, les autres dans les Amériques, le budget doit être accru au cours des prochaines années pour permettre la production et la diffusion de nouvelles émissions en Afrique noire.

Les organisations non gouvernementales (ONG)

Comme chacun le sait, la Francophonie n'est pas uniquement le fait des gouvernements ni même des grandes associations francophones telles que l'AIPLF (Association internationale des professeurs de langue française), l'UIJPLF (Université internationale des journalistes et de la presse de langue française), etc. On compte aujourd'hui plus de 600 associations œuvrant d'une manière ou d'une autre dans la Francophonie.

En dernière minute, les ONG ont obtenu du Sommet d'être elles aussi prises en considération selon leur importance, leur spécificité et leur rayonnement.

Le sommet et les associations francophones internationales (ONG)

Les chefs d'État, de gouvernement et de délégation, donnent mandat au Conseil permanent de la Francophonie:

– d'établir les critères et conditions auxquels doivent satisfaire les associations francophones internationales avec lesquelles les Sommets entretiendront des relations prévues par la présente résolution et,

– de déterminer les différentes catégories d'organisations non gouvernementales (O.N.G.) de la Francophonie, et d'assurer leur accréditation,

– de prévoir un forum de ces O.N.G. francophones qui se tiendra dans le cadre de chaque Sommet,

– de définir les modalités et les formes d'association concrètes selon lesquelles les associations francophones internationales pourront participer aux travaux des Sommets.

Activités culturelles

Pendant la semaine du Sommet, de nombreuses activités culturelles avaient été organisées qui présentèrent la Francophonie dans ses réalisations théâtrales, musicales, cinématographiques, etc. Ces manifestations connurent un bon succès et sont à encourager, même si le public y est assez restreint, les places étant en majorité, sinon en totalité, réservées aux délégations du Sommet et aux journalistes. Le grand public put toutefois assister à un concours de la chanson francophone en «francovision» (à la télévision). C'était une première; mais on souhaita pour l'avenir un choix plus grand et une présentation plus dynamique, si l'on veut que les efforts soient rentables et que la Francophonie du Sommet devienne plus populaire.

Le sommet à travers la presse parisienne

Le premier Sommet de février 1986 à Paris n'avait eu que très peu d'échos dans la presse française. Le Sommet de Chaillot fit l'objet de beaucoup plus d'articles et de commentaires, les uns positifs et sympathiques à l'évolution de la Francophonie, les autres critiques, blasés, voire humoristiques, au lendemain de l'ouverture.

LE SOMMET DE LA FRANCOPHONIE À PARIS

M. Mitterrand a concédé aux pays du Sud «le droit de fixer les modalités et le rythme de leur démocratisation»

Méandres au cours du protocole... occasion ratée... Les téléspectateurs n'auront eu droit qu'à des propos académiques. Quant aux milliers d'automobilistes parisiens retenus par de gigantesques encombrements (certains journaux télévisés ont fait leurs choux gras de ces bouchons, bon moyen de rendre populaire la francophonie!)...

Faut-il signaler aussi ce faux pas d'une autre nature, ayant consisté – lors du déjeuner offert mardi au Musée des monuments français à plusieurs dizaines de journalistes étrangers couvrant le Sommet – à servir du porc dans le plat de résistance alors que les deux tiers des États francophones sont à majorité musulmane...

Le Monde (J. P. Péroncel-Hugoz)

SOMMET DE LA FRANCOPHONIE

Léopold Sédar Senghor: «Ne pas laisser tomber l'Afrique»

Pour l'ancien président du Sénégal, l'intérêt bien compris de l'Europe est de continuer à aider le continent noir.

Le Figaro (Renaud Girard)

SOMMET

La démocratie au cœur de la francophonie

Il a surtout été question de démocratie en Afrique hier, lors de l'ouverture du sommet francophone, au cours de laquelle le Canadien Mulroney et le Béninois Soglo ont tenu la vedette. Le décor et l'étiquette n'ont pas encore changé, mais la francophonie se démocratise... aux dépens de la France. (...) Hier, contrairement aux habitudes, le discours de la France a été dépassé, voire distancé par ceux qui, aux côtés de François Mitterrand sur la tribune, lui ont contesté le magistère de la démocratie: le Béninois Nicéphore Soglo et le Premier ministre canadien Brian Mulroney.

(...) Et quand, du haut de la tribune francophone, le président camerounais Paul Biya a vilipendé *«le Nord qui s'enrichit toujours plus alors que le Sud s'appauvrit de manière dramatique»*, il s'agissait des propos d'un homme qui ne quitte son village natal, où il s'est fait construire un dix-huit trous et une piste d'atterrissage, que pour deux jours de travail par semaine à la présidence. La répression du mouvement démocratique au Cameroun, au cours des sept derniers mois, a fait plus d'une centaine de morts.

Libération (Stephen Smith)

QUATRIÈME SOMMET À PARIS

La Francophonie joue la démocratie

La démocratisation en Afrique domine les discussions des 47 délégations

(...) La nouveauté de ce quatrième Sommet est l'irruption de l'exigence de démocratie. Parce que son régime est ce qu'il est, le président Mobutu a dû renoncer à organiser un Sommet qui avait été primitivement attribué au Zaïre. Et quelques chefs d'État, comme le roi du Maroc, bouderont ostensiblement le rendez-vous déplacé à Paris. Au contraire, la présence de quelques-uns des nouveaux responsables africains issus de la «démocratisation», les projets canadiens et québécois de soutien à celle-ci, l'arrivée de Cambodgiens renaissants, de Roumains et de Bulgares qui découvrent un monde nouveau, confirment l'intérêt d'une francophonie qui n'a de raison d'être que polycentrique.

La Croix (Yves Pitette)

LISTE DES CHEFS D'ÉTAT, DE GOUVERNEMENT ET DES CHEFS DE DÉLÉGATION AYANT PARTICIPÉ AU SOMMET DE CHAILLOT

Belgique	Wilfried MARTENS, Premier ministre
Communauté française de Belgique	Valmy FEAUX, Ministre-Président de l'Exécutif
Bénin	Nicéphore SOGLO, Président de la République
Bulgarie (Observateur)	Jeliou JELEV, Président de la République
Burkina-Faso	Blaise COMPAORE, Président de la République
Burundi	Major Pierre BUYOYA, Président de la République
Cambodge (Observateur)	Khek SYDODA, Ambassadeur itinérant, Membre du Cabinet du Président du Conseil National Suprême du Cambodge
Cameroun	Paul BIYA, Président de la République
Canada	Brian MULRONEY, Premier Ministre
Canada-Nouveau-Brunswick	Franck McKENNA, Premier Ministre
Canada-Québec	Robert BOURASSA, Premier Ministre
Cap-Vert	Eurico MONTEIRO, Ministre de la Justice

La francophonie

Centrafrique	André KOLINGBA, Président de la République
Comores	Mohammed DJOHAR, Président de la République
Congo	André MILONGO, Premier Ministre
Côte d'Ivoire	Félix HOUPHOUËT-BOIGNY, Président de la République
Djibouti	Moumin BAHDON FARAH, Ministre des Affaires étran- gères et de la coopération
Égypte	Boutros GHALI, Vice-Premier Ministre pour les Relations étrangères
France	François MITTERRAND, Président de la République
Gabon	El Hadj Omar BONGO, Président de la République
Guinée	Jean TRAORÉ, Ministre des Affaires étrangères
Guinée-Bissau	Joao Bernardo VIEIRA, Président de la République
Guinée équatoriale	Isidoro EYI MONSUY ANDEME, Vice-Premier Ministre
Haïti	Jean-Bertrand ARISTIDE, Président de la République
Laos	Kaysone PHOMVIHANE, Président de la République
Liban	Elias HRAOUI, Présidet de la République
Luxembourg	Jacques SANTER, Premier Ministre
Madagascar	Honoré RAKOTOMANANA, Président de la Haute Cour Constitutionnelle
Mali	Amadou Toumany TOURÉ, Chef de l'État

Maroc	Mohammed BENAISSA, Ministre des Affaires culturelles
Maurice	Sir Anerood JUGNAUTH, Premier Ministre
Mauritanie	Maaouya OULD SID'AHMED TAYA, Président du Comité militaire de Salut National
Monaco	René NOVELLA, Ambassadeur de Monaco en Italie
Niger	Cheiffou AMADOU, Premier Ministre, Chef du gouvernement de Transition
Roumanie (Observateur)	Ion ILIESCU, Président de la République
Rwanda	Juvénal HABYARIMANA, Président de la République
Sainte-Lucie	John COMPTON, Premier Ministre
Sénégal	Abdou DIOUF, Président de la République
Seychelles	Danielle de SAINT-JORRE, Ministre du Plan et des Relations extérieures
Suisse	René FELBER, Vice-Président du Conseil fédéral, Chef du Département fédéral des Affaires étrangères
Tchad	Idriss DEBY, Président de la République
Togo	Kokou Joseph KOFFIGOH, Premier Ministre
Tunisie	Hamed KAROUI, Premier Ministre
Vanuatu	Donald KALPOKAS, Premier Ministre
Viêt-nam	NGUYEN HUU THO, Vice-Président du Conseil d'État

Zaïre	BUKETI BUYAKI, Ministre des Relations extérieures

COMMUNAUTÉS FRANÇAISES AYANT PARTICIPÉ EN QUALITÉ D'INVITÉS SPÉCIAUX AUX SÉANCES SOLENNELLES

Dominique	Le gouvernement de Roseau n'a pas pu participer.
Louisiane	Allan BARRES, Sénateur – Ancien Président du Sénat de Louisiane
Nouvelle-Angleterre	Paul LAFLAMME, Président de l'ACTFANE
Val d'Aoste	Gianni BONDAZ, Président du Gouvernement de la Région

COMPOSITION DU CONSEIL PERMANENT DE LA FRANCOPHONIE

(15 membres)

Bénin	Gabon	Québec
Canada	Île Maurice	Sénégal
Communauté française de Belgique	Liban	Togo
Côte d'Ivoire	Madagascar	Viêt-nam
France	Maroc	Zaïre

LES FRANCOPHONES EN FRANCOPHONIE

Le tableau ci-dessous est une estimation du nombre et de la proportion des Francophones, réels ou occasionnels, habitant les régions ou les pays faisant partie de l'espace francophone, c'est-à-dire les personnes qui dans cet espace utilisent le français comme langue d'usage (réels) ou comme langue occasionnelle (occasionnels). Les chiffres sont donnés en milliers.

États et régions	Réels		Occasionnels		Popul. totale	Langue(s) officielle(s), administrative(s)
	Nb	%	Nb	%		
AFRIQUE	22 486	9,6	33 147	14,1	235 140	
Égypte	215	0,4	1 700	3	54 800	arabe
Maghreb	6 980	21	9 560	28	33 500	
Maroc	4 610	18	6 400	25	25 600	arabe-français
Tunisie	2 370	30	3 160	40	7 900	arabe-français
Afrique subsaharienne	13 441	10,1	19 745	14,9	132 780	
Bénin	470	10	940	20	4 700	français
Burkina-Faso	610	7	1 300	15	8 700	français
Burundi	165	3	550	10	5 500	kirundi-français
Cameroun	1 940	18	2 160	20	10 800	français-anglais
Cap-Vert	500	0,1			370	portugais
Centrafrique	140	5	365	13	2 800	français
Congo	770	35	660	30	2 200	français
Côte-d'Ivoire	3 630	30	3 630	30	12 100	français
Djibouti	29	7	100	24	410	français-arabe
Gabon	300	30	400	40	1 000	français
Guinée	355	5	710	10	7 100	français
Guinée-Bissau	1	0,1			1 000	français
Guinée équatoriale	500	0,1			400	portugais
Mali	890	10	890	10	8 900	français
Mauritanie	120	6		4	2 000	arabe-français
Niger	520	7	1 110	15	7 400	français
Rwanda	210	3	350	5	7 000	kinyarwanda-français
Sénégal	720	10	1 100	14	7 200	français
Tchad	150	3	980	20	4 900	français-arabe
Togo	680	20	1 020	30	3 400	français
Zaïre	1 740	5	3 500	10	34 900	français

La francophonie

États et régions	Réels		Occasionnels		Popul. totale	Langue(s) officielle(s), administrative(s)
	Nb	**%**	**Nb**	**%**		
Océan Indien	1 850	13,2	2 142	15,2	14 060	
Comores	35	8	120	27	450	français-arabe
Madagascar	1 060	9	1 300	11	11 800	malgache-français
Maurice	270	25	600	55	1 100	anglais
Mayotte	20	33	20	35	60	français
Réunion	460	80	87	15	580	français
Seychelles	5	7	15	20	70	créole-anglais-français
AMÉRIQUE	8 054	15,4	3 565	6,8	52 184	
Amérique du Nord	6 886	15,4	3 200	7,1	44 806	
Canada	6 580	25	3 000	11	26 300	anglais-français
Québec	5 620	82,9			6 780	français
Nouveau-Brunswick	245	33,6			730	anglais-français
Louisiane	100	2,2	200	4,4	4 500	anglais-français
Nouvelle-Angleterre	200	1,4			14 000	anglais
Saint-Pierre & Miquelon	6	100			6	français
Caraïbes	1 168	15,8	365	4,9	7 378	
Dominique	1	1,1			90	anglais
Haïti	570	9	250	4	6 400	français-créole
Guadeloupe	270	80	50	15	336	français
Guyane française	55	73	15	20	75	français
Martinique	270	80	50	15	337	français
Sainte-Lucie	2	1,4			140	anglais
ASIE	968	1,3	800	1,1	74 000	
Liban	894	27	800	23	3 300	arabe
Extrême-Orient	74	0,1			70 700	
Laos	4	0,1			3 900	laotien
Viêt-nam	70	0,1			66 800	vietnamien
EUROPE	61 059	83,5	5 200	7,1	73 122	
Belgique	4 500	45,5	3 200	32	9 900	français-néerlandais-allemand
France métropolitaine	55 000	98			56 100	français
Luxembourg	300	80			372	français-allemand-luxembourgeois

Les troisièmes et quatrièmes sommets francophones

États et régions	Réels		Occasionnels		Popul. totale	Langue(s) officielle(s), administrative(s)
	Nb	%	Nb	%		
Monaco	27	90			30	français
Suisse	1 220	18,5	2 000	30	6 600	allemand-italien-français-romanche
Val d'Aoste	12	10			120	italien-français
OCÉANIE	300	64,5	33	7,1	465	
Nouvelle-Calédonie	120	80	15	10	150	français
Polynésie française	128	80	16	10	160	français-italien
Vanuatu	45	31			145	français-anglais-bislama
Wallis-et-Futuna	7	70	2	20	10	français
COMMUNAUTÉ FRANCOPHONE	97 867	21,4	42 745	9,8	434 911	

Haut Conseil de la francophonie

CONCLUSION

L'AVENIR: DE LA FRANCOPHONIE DES SPÉCIALISTES À LA FRANCOPHONIE POPULAIRE

La francophonie existe. Nous l'avons rencontrée tout au long de cet ouvrage. Jeune encore dans son développement structural, riche de possibilités, mais aussi objet et occasion de nombreux problèmes, elle est en formation comme on le dit d'un adolescent en pleine croissance.

Elle n'est pas toujours bien localisée. Auguste Viatte rappelait à propos que *«la frontière linguistique du français ne coïncide nulle part et n'a jamais coïncidé avec une démarcation politique ni avec une frontière naturelle».*

Elle est protéiforme; à tout le moins elle a de nombreuses facettes, ce qui la rend difficile à saisir, d'autant que selon l'angle d'où on la regarde, elle paraît différente.

La francophonie linguistique

Après plus de dix siècles, la langue française a évolué; elle s'est transformée; elle est sortie de France;

elle s'est multipliée par marcottage. Le résultat est son implantation actuelle sur les cinq continents, avec des variantes et des atours adaptés aux climats et aux réalités locales.

Le français a passé avec succès l'épreuve de la Deuxième Guerre mondiale et de la décolonisation pour conforter sa position de langue mondiale, malgré l'importance croissante de l'anglais dans les milieux scientifiques et économiques. La conscience linguistique doit fortifier la francophonie autour de sa langue au brillant passé et à l'avenir toujours prometteur, si elle s'adapte à la fois au monde technologique et aux besoins différents de ses millions de locuteurs, qui vivent parfois très loin de l'Île-de-France.

Parmi les menaces qui pèsent sur elle, il y a sans doute le développement mondial de l'emploi de l'anglais. Mais ce n'est pas sûr et, en tout cas, il ne faut surtout pas voir l'anglais comme l'ennemi du français.

L'ennemi est davantage à l'intérieur de la francophonie et se nomme manque d'ouverture, frilosité et conformisme. Pourquoi, par exemple, en 1986, les communiqués de presse de la villa Médicis (résidence des artistes français sélectionnés avec soin et bénéficiaires de prestigieuses bourses d'études à Rome) étaient-ils rédigés en anglais sous le titre «International Press Service»? Ils émanaient d'ailleurs du Director of the French Academy in Rome. Les francophones devraient mieux respecter leur langue et comprendre ainsi que son avenir est en partie lié à celui de la latinité: le français comme l'italien, l'espagnol ou le portugais, pour ne citer que les principales langues romanes, n'ont certainement pas besoin d'une autre langue de communication pour continuer de s'entretenir entre elles; elles ont tout à gagner à continuer de s'affirmer et à s'épauler mutuellement.

La francophonie culturelle

La culture s'exprimant à partir de la langue française et émanant d'elle, n'est plus monolithique. La

francophonie culturelle est multiple; c'est son
extraordinaire force pour le XXI⁰ siècle.

J'honore le français autant qu'il m'honore lorsque je fais un
bon usage haïtien de sa richesse. Ce n'est pas en bienfai-
trice généreuse que la France nous donne un libre accès à
sa langue et aux mystères de la culture qu'elle informe, mais
en nation qui est prête à recevoir la sève et le souffle de nos
cultures d'expression française, affirmait René Depestre au
Colloque des Cent (1986). Ainsi établis avec rigueur,
poursuivait-il, sans mirage ni trucage de maîtres à sujets,
nos rapports culturels avec la France et les Français
débouchent avec grâce sur des horizons adorablement lu-
mineux. Le destin de la francophonie va donc se jouer sur
tous les fronts de la vie, dans la mondialisation des objets
comme dans l'émancipation des sujets, dans la solution des
conflits d'identité comme dans l'exceptionnel effort d'imagination et d'invention qu'il y a à faire pour réinventer notre
planète et pour vivre ses merveilles comme le bien indivis
de tous les humains.

Les responsables de tous les pays francophones
savent que la valorisation des particularismes dans un
ensemble cohérent est la seule politique culturelle réaliste. Mᵐᵉ Michaux-Chevry, secrétaire d'État française
chargée de la francophonie, l'a compris lorsqu'elle affirmait, peu après sa nomination, devant le Haut Conseil
de la francophonie (28 mai 1986):

La conscience francophone ne se développera véritablement
que dans la mesure où elle constitue le lieu immatériel où
s'expriment librement le foisonnement des traditions
populaires, le jaillissement des créations et des besoins d'expression et de communication ainsi que la volonté attentive
et curieuse de comprendre l'autre.

LANGUE, CULTURE ET MÉTISSAGE

Le français de nos romans n'est pas automatiquement tenu
de se formuler dans les termes de celui de monsieur de
Balzac. Pour utiliser toutes les ressources d'une langue que
nous avons en commun, je dirai que je n'écris pas français,
mais en français. Liberté que s'offre également Sony Labou
Tansi quand il indique qu'un de ses personnages avait

l'habitude de «dormir la femme d'autrui». La note de bas de page est évidemment inutile. M. Dupont comprend et les camarades Itoua et Malonga éclatent de rire. Par de telles licences, il nous arrive, au demeurant, de rafraîchir la langue de l'Hexagone. Nul besoin d'être prix Nobel de biologie pour savoir que toute injection de sang nouveau enrichit la race. Les bâtards sont des enfants splendides!

Henri Lopès, sous-directeur général de l'UNESCO et romancier congolais, conférence à l'Université Laval, 26 mars 1987.

La francophonie économique

Le regroupement de plus de cent millions de francophones représente une force économique. Sans que des rapports étroits aient été définis dans ce domaine, l'ensemble constitue une puissance importante: matières premières, produits manufacturés, circuits de distribution, etc. C'est, nous l'avons vu, dix pour cent de la production mondiale et quinze pour cent des exportations.

Au printemps de 1987, la compagnie Crouse-Hinds, dont le siège social est à Houston (Texas), a cru bon de dépenser un demi-million de dollars pour publier en français son catalogue (630 pages, 165 000 mots dont 1 088 termes spécialisés qui font l'objet d'un lexique). Cette compagnie est spécialisée dans la fabrication d'installations électriques, commutateurs, conducteurs et appareils de contrôle qui ont la caractéristique d'être antidéflagrants, c'est-à-dire à l'épreuve des explosions. Une dépense aussi considérable pour une grande recherche terminologique, qui a été confiée à un bureau de traduction et de terminologie du Québec, n'a certainement pas été faite pour l'amour désintéressé du français, mais parce que la compagnie multinationale espérait bien en tirer profit à travers la francophonie!

Mais la francophonie économique est aussi un défi. La majorité des pays francophones sont des pays en voie de développement qui ont besoin d'aide. Leur appel se répète de réunion en réunion: la solidarité des francophones ne doit pas être un vain mot, et la recherche technologique est nécessaire pour agir de concert à combattre la faim et rééquilibrer les ressources.

Devant les maires francophones réunis à Brazzaville en juillet 1987, le Premier ministre français et maire de Paris, Jacques Chirac, réaffirmait les missions du français qui doit être la langue de la recherche, de l'économie, du social et du technique: «*Le développement des techniques, dit-il, lance un défi aux francophones.*»

Pour relever ce défi, il importe que la francophonie donne la preuve de cette «solidarité» célébrée dans tous les discours. «*Nous devons avoir une attitude beaucoup plus humaine, plus généreuse, qui prenne en compte l'impact social et culturel des projets d'aide*», disait de son côté Louis Sabourin au retour d'une mission africaine. Cet universitaire canadien, ancien président de l'Organisation de coopération pour le développement économique (OCDE), soulignait le fait que pour la première fois, la Banque mondiale venait de produire un rapport sur l'impact social des contraintes imposées à l'Afrique par la dette et le Fonds monétaire international. Il soulignait alors la nécessité de «*défaire les rapports d'inégalité*» qu'une certaine conception du développement a favorisés depuis 1945.

La francophonie politique

Politique et économie sont liées à ce niveau. On retrouve les différences de point de vue touchant à la forme de l'aide, bilatérale ou multilatérale. Pour citer encore Louis Sabourin (*Le Devoir*, 1ᵉʳ août 1987), les rapports multilatéraux sont «*moins propices que les tandems aux liens de dépendance*».

Ce sera peut-être le rôle des sommets et des réseaux de la francophonie de rétablir une certaine égalité en même temps que la «fraternité» entre les pays riches et les pays pauvres. «*Pour l'Afrique francophone, une manière d'affirmer son indépendance, c'est de diversifier sa politique étrangère.*»

On constate sur ce point que, malgré toute la bonne volonté des anciennes métropoles, il y a un problème réel né de la situation historique. La France, qui reste sans conteste le chef de file de la francophonie, doit comprendre que son rôle a évolué depuis la fin de ses empires coloniaux et le rééquilibrage du monde au cours des deux dernières décennies. Elle doit permettre que soient à l'aise dans la francophonie aussi bien les autres pays occidentaux que les pays en voie de développement.

Senghor a insisté à de nombreuses reprises sur le rôle du Canada dans la francophonie. «*Vous avez, vous Canadiens, un rôle essentiel*», disait-il dans plusieurs réunions préparatoires au Deuxième Sommet de Québec, pensant à la fois au développement technique, à la puissance économique et au maintien de la langue française dans une culture jeune et moderne. Concrètement, l'analyste André Patry écrivait dans *Le Matin* de Montréal (6 février 1987):

> Le rôle du Canada au sein de la francophonie est essentiel. Il ne cède en importance qu'à celui de la France. Ce sont ces deux pays qui fournissent les fonds sans lesquels la plupart des projets retenus par la première conférence des chefs d'État et de gouvernement resteraient lettre morte (...). Ce sont les gouvernements français et canadiens qui assument avant tout le coût de fonctionnement de la francophonie.

L'importance actuelle dans la francophonie du Canada et du Québec peut surprendre et sembler modifier les enjeux traditionnels sur l'échiquier des relations francophones. On l'a vu par exemple en Amérique latine où semblait se déclarer une certaine affinité élective à l'endroit du Québec, francophone, latin d'origine et de sensibilité et lui aussi d'Amérique.

Il serait par ailleurs tout à fait irréaliste de considérer que la francophonie puisse relever d'un nouvel axe de responsabilité franco-canadien. C'est l'image que pourrait donner le Grand Prix de la francophonie décerné par une institution éminemment française, l'Académie française, avec des fonds en majorité canadiens. Ce premier geste constructif d'une francophonie en marche prendra plus de sens lorsque participeront davantage sur le choix et sur les moyens, tant les autres pays occidentaux, comme la Belgique, que les autres partenaires que sont les pays en voie de développement.

La solidarité politique doit amplifier la solidarité économique: *«La francophonie, ce n'est pas seulement l'ensemble des peuples francophones»*, disait en conférence de presse l'ambassadeur du Canada à Paris et principal responsable du Sommet de Québec, M. Lucien Bouchard, *«ce n'est pas seulement la culture francophone ni la langue française, ce ne sont pas les institutions françaises, c'est d'abord et avant tout une solidarité politique.»*

La francophonie institutionnelle

Beaucoup d'associations et d'organisations travaillent à tisser la francophonie. Gouvernementales ou non, elles sont pour beaucoup assez dynamiques, mais presque toutes plutôt dépourvues d'argent. Comme les possibilités financières seront toujours insuffisantes, il y a lieu de s'interroger sur leur regroupement en vue d'une plus grande efficacité. Une structure d'ensemble serait souhaitable.

Pour le secrétaire perpétuel de l'Académie française et ancien ministre français de la Culture, M. Maurice Druon, cela ne fait aucun doute:

> Il y a beaucoup trop d'organismes qui s'occupent de la francophonie et travaillent en ordre dispersé, chacun voyant midi à son clocher. Tout cela devrait être élagué, réorganisé, de façon à doter la francophonie d'institutions solides et bien structurées.

L'Express, 2-7 janvier 1987.

Mais comment le faire, alors que l'Agence de coopération culturelle et technique ne rallie pas tous les suffrages, et que les questions relevant de la francophonie sont traitées dans plusieurs ministères? On a pu voir dans quelques réunions internationales que les points de vue ministériels français n'allaient pas forcément dans le même sens.

La francophonie populaire

De politicienne, la francophonie s'est spécialisée. Elle mobilise maintenant des «experts» au sein des associations et des réseaux. Mais le public n'est pas encore très conscient de ce qui se passe. La francophonie doit maintenant le rejoindre si elle veut être solide et bien enracinée.

Pour le francophone de la rue, la francophonie est surtout l'occasion de grandes déclarations et le prétexte de voyages qui ne le concernent pas. Le Haut Conseil de la francophonie a vu tout l'enjeu qu'il y avait là. Sa session du 28 au 30 mai 1986 portait sur le thème: «*Francophonie et opinion publique*». François Mitterrand, en ouvrant cette session, dit avoir été surpris par le peu de réactions publiques après le Sommet de Paris.

SENSIBILITÉ DE L'OPINION PUBLIQUE AUX QUESTIONS DE LA FRANCOPHONIE

Lors du dernier sommet, j'ai constaté un certain manque d'intérêt du public français pour la francophonie, alors même que la rencontre se déroulait à Paris. Les Français ressentent moins que les peuples de certains de vos pays l'urgence de relever en commun les défis qui nous assaillent; la prise de conscience des enjeux de la francophonie n'est pas en France au même niveau que dans d'autres pays de notre communauté, alors que l'importance des problèmes est la même pour tous; il y a trop de tranquillité chez nous, on n'y mesure pas suffisamment les menaces qui pèsent sur notre destin; scepticisme, indifférence, ou absence d'information, je ne sais, mais l'avenir de la francophonie dépend autant de notre action que de l'adhésion de l'opinion publique et plus particulièrement des jeunes. La communauté francophone, pour être vivante, suppose que les peuples ressentent comme essentielle cette nouvelle fraternité, cette nouvelle solidarité. La francophonie ne doit pas être seulement l'affaire des gouvernements et des administrations. Elle ne trouvera sa véritable dimension que si chacun, dans nos pays respectifs, se l'approprie, si elle devient un état d'esprit partagé par les peuples francophones.

François Mitterrand, Haut Conseil de la francophonie,
28 mai 1986.

Le secrétaire d'État français aux Affaires étrangères, M. Didier Bariani, fait la même constatation:

Il est clair que la francophonie est, dans l'état actuel des choses, confinée à un cercle de spécialistes. Or dans nos pays démocratiques, les gouvernements ne peuvent agir que si elle s'appuie sur une opinion consciente et informée (...) Le thème de la francophonie n'occupe pas encore dans l'opinion française la place qu'il a dans les opinions publiques de certains de nos partenaires. Ce n'est pas là le moindre des paradoxes. Trop souvent, en France, la francophonie est perçue comme un combat d'arrière-garde, l'affaire de puristes attachés à la défense d'une langue que n'utilisent plus les jeunes générations, perméables aux modes anglo-saxonnes.

Il suggère alors d'intéresser davantage les hommes politiques et, pourquoi pas, le mécénat qui commence à se développer en France. Cette idée qui peut paraître élitiste n'est pas non plus sans portée populaire. Les orchestres de village, les manifestations artistiques locales sont des expressions spontanées d'une collectivité, mais généralement soutenues par des associations ou des municipalités. C'est à ce niveau qu'une certaine idée de la francophonie doit s'enraciner. Les jumelages, de ville à ville, n'ont-ils pas représenté une des premières formes du dialogue des cultures? La francophonie, pour être vivante, doit être naturellement présente dans les manifestations de la vie courante; elle doit être populaire.

Et l'esprit de la fête doit finalement prévaloir sur les déclarations officielles, l'adhésion spontanée des citoyens étant le gage le plus sûr de la pérennité des décisions politiques et des institutions.

«Je ne pourrais croire, disait Nietzsche, en un dieu qui ne sache pas danser.»

L'avenir

L'avenir de la francophonie, sous tous ses aspects, est donc prometteur, mais non sans conditions:

La francophonie doit s'accepter telle qu'elle est, sans complexes ni gêne à l'endroit de tous ses membres. Le chroniqueur du *Monde*, J.-P. Péroncel-Hugoz, illustrait à ce propos une forme d'incohérence qui se manifeste entre nos pétitions de principe et notre attitude pratique. Évoquant le Salon du livre francophone de Paris en mars 1987, où les livres non français étaient relégués à l'étage: *«En somme, la francophonie extérieure a été traitée une fois de plus comme une jeune cousine qu'on ne veut pas refuser de recevoir, mais qu'on relègue dans sa chambre, lorsque les invités de marque viennent souper.»*

Pourtant, comme le constate le journaliste, qu'on le veuille ou non, la francophonie se fait, elle existe et existera de plus en plus. *«Cela dit, écrit-il encore, comme on l'a répété jadis de l'unité italienne, la francophonie fara da se. Elle se fait même avec une véritable explosion d'œuvres en français sur les cinq continents.»*

Il faut être lucide en face de l'histoire, et retenir la leçon de Pygmalion. Dans la pièce de Bernard Shaw, le professeur Higgins a appris à Elisa la phonétique et les bonnes manières. Elle ne pourra jamais redevenir marginale dans la société; mais le professeur ne pourra non plus la revoir comme elle était à l'origine. Qu'ils le veuillent ou non, ils sont devenus sinon égaux, du moins inséparables.

Ce phénomène n'est-il pas l'expression d'une dialectique qu'aura connue tout l'Occident des dernières générations et que, pour sa part, le grand écrivain noir américain Langston Hugues exprimait dans une formule voisine: «*Moi aussi je suis l'Amérique*»?

MOI AUSSI JE SUIS L'AMÉRIQUE

Moi aussi je chante l'Amérique.
Je suis le frère obscur.
On m'envoie manger à la cuisine
Quand il vient du monde,
Mais je ris,
Je mange bien,
Et je prends des forces
Demain,
Je resterai à table
Quand il viendra du monde.
Personne n'osera
Me dire
Alors:
«Va manger à la cuisine.»
Et puis
On verra bien comme je suis beau
Et on aura honte.
Moi aussi je suis l'Amérique.

Langston Hugues (1902-1967).

L'engagement par des actes et non seulement par des discours reste l'actuel défi de la francophonie. La fin de chaque siècle, comme nous le montre l'histoire, est rarement propice aux consensus et aux mouvements ascendants: la méfiance et les hésitations face à l'avenir l'emportent souvent jusqu'à ce qu'un nouveau courant reprenne les idées déjà en germe pour les mener à terme. Peut-être l'an 2000 sera-t-il l'âge de la francophonie moderne?

Si l'on est conscient que l'avenir du français dépend avant tout de la modernité des moyens que nous mettons en usage, la francophonie actuelle détient un potentiel considérable, par-delà tous les antagonismes qui peuvent l'agiter. Qu'on ne mesure pas cette richesse en kilomètres ni en nombre de locuteurs. La francophonie, réalité irréductible à toute définition formelle, représente, à l'aube du XXIe siècle, un des plus étonnants et paradoxaux constats: issus d'une forme de civilisation française aujourd'hui disparue, ces nombreux descendants et collatéraux s'interrogent aujourd'hui sur l'étrange héritage qu'ils détiennent et ne peuvent renier, non plus que leur désir – encore confus mais résolu – d'*en faire un nouveau et vaste champ d'expression et d'action.*

BIBLIOGRAPHIE SÉLECTIVE

Ouvrages généraux

CHAUDENSON Robert, *Vers une révolution francophone*, Paris, L'Harmattan, 1989, 224 + 10 p.

Collectif, *L'État de la francophonie dans le monde*, Haut Conseil de la Francophonie, Rapport annuel depuis 1985, Paris, La Documentation française.

Collectif, *La francophonie de A à Z*, Paris, Ministère des Affaires étrangères / Ministère de la Francophonie, 1990, 64 p., 135 mots clés.

Collectif, *Annuaire biographique de la francophonie*, publié par le Cercle Richelieu de Paris, diffusion Nathan, 1re édition, 1986-87, 480 p., Réédité périodiquement.

Collectif, *Répertoire des organisations et associations francophones*, Paris, La Documentation française, 1984, 112 p., rééd.

Collectif, AUPELF-UREF, Répertoire des Établissements d'enseignement supérieur membres de l'AUPELF-UREF, Montréal, 1991, 850 p.

Collectif, AUPELF-UREF, Répertoire des Enseignants et chercheurs des institutions membres de l'AUPELF-UREF (Afrique, Caraïbes, Océan Indien), Montréal, 1991, 708 p.

Collectif, AUPELF-UREF, Répertoire international des départements et centres universitaires d'études françaises, Montréal, 1991, 626 p.

DENIAU Xavier, *La Francophonie*, Paris, P.U.F., Coll. «Que sais-je?», 1983, rééd. 1992, 128 p., Le minimum nécessaire pour la connaissance de la francophonie.

FARANDJIS Stélio, *Textes et propos sur la francophonie*, Paris, Éd. Richelieu-Senghor, s.d., 156 p.

GUILLOU Michel et LITTARDI Arnaud, *La Francophonie s'éveille*, Paris, Berger Levrault, 1988, 264 p. La francophonie envisagée surtout du point de vue de l'Afrique.

LÉGER Jean-Marc, *La Francophonie, grand dessein, grande ambiguïté*, Montréal/Paris, HMH/Nathan, 1987/1988, 242 p. Les réflexions d'un des grands artisans de la francophonie.

LUTHI J-J., VIATTE A., ZANANIRI G., *Dictionnaire général de la francophonie*, Paris, Letouzey et Ané, 1986, 396 p.

QUENNEVILLE Jean-Marie, *Répertoire des sigles et acronymes en usage dans la francophonie*, Ottawa, Banque internationale d'information sur les États francophones, 1989.

RAPHAËL, Monique, avec la collaboration de BRIAND S., BRUCHET J. et PLISSON Bruno, *Francophonie, bibliographie sélective et analytique*, Paris, CNDP, 1989, 108 p.

RICHER Suzanne, sous la direction de, *Documentation et francophonie*, Paris, La Documentation française, 1989, 152 p.

ROY Jean-Louis, *La Francophonie, L'émergence d'une alliance*, Montréal, Hurtubise HMH diffusion Hatier, 1989, 134 p.

TOUGAS Gérard, *La Francophonie en péril*, Montréal, Cercle du Livre de France, 1967.

VIATTE Auguste, *La Francophonie*, Paris, Larousse, 1969, 205 p.

Histoire, géographie, économie et politique

BOURGI Albert, *La politique française de coopération en Afrique: le cas du Sénégal*, Abidjan, Librairie générale de droit et de jurisprudence et Nouvelles Éditions africaines, 1979.

BRUEZIÈRE Maurice, *L'Alliance française 1883-1983*, (*Histoire d'une institution*), Paris, Hachette, s.d.

Collectif, *Atlas de la francophonie. Le monde francophone*, Sainte-Foy (Québec), Éd. Laliberté/Paris, Éd. Frison-Roche, 1989.

Collectif, *La Francophonie dans le monde* (carte murale scolaire), Paris, Éd. Nathan, 1989.

Collectif, *Francophonie scientifique, le tournant*, Paris, AUPELF, Éd. John Libbey, 1989, 169 p.

Collectif, *La Francophonie et l'action extérieure de la France*, Paris, École Nationale d'Administration, sept. 1981.

Collectif, *Francophonie et Coopération communautaire internationale. Les communautés, nouveaux instruments de coopération.* Actes du colloque de Strasbourg (19-20 oct. 1989), Paris, ACCT/ Économica, 1990, 226 p.

Collectif, *Francophonie, acte unique européen*, Actes du colloque de Franceville (23-26 janv. 1989), Paris, ACCT, 1990, 424 p.

de GAULLE Charles, *Discours et messages (Avec le renouveau, mai 1958-juillet 1962)*, Paris, Plon, 1970.

GRIMAL Henri, *Le Commonwealth*, Paris, PUF, Coll. «Que sais-je?», 1982, 126 p.

GROSSER Alfred, Affaires extérieures, *La Politique de la France, 1944-1984*, Paris, Flammarion, 1984.

LACOUTURE Jean, *De Gaulle*, Paris, Seuil, Tome I: 1984, Tome II: 1985, Tome III: 1986.

MAUGEY Axel, *La Francophonie en direct*, T. I., L'espace politique et culturel, 190 p., T. II, L'espace économique, 92 p., Québec, Les publications du Québec, 1987. Deux séries de 26 et 19 entrevues.

MAUGEY Axel, *Vers l'entente francophone*, Québec, Office de la langue française, 1989, 248 p.

MORIN Claude, *L'Art de l'impossible*, Montréal, Boréal, 1987, 472 p.

ROSSILLON Philippe (sous la direction de), *Un milliard de Latins en l'an 2000*, Paris, L'Harmattan et Union latine, 1983.

SALON Albert, *L'Action culturelle de la France dans le monde*, Paris, Nathan, 1983, collection Francophonie.

WAUTHIER Claude, *L'Afrique aux Africains, Inventaire de la négritude*, Paris, Seuil, 1973, 360 p.

Langue, littérature et culture

ALEXANDRE Pierre, *Langues et langage en Afrique noire*, Paris, Payot, Coll. «Bibliothèque scientifique», 1967, 169 p.

BEAUCÉ Thierry de, *Nouveau discours sur l'universalité de la langue française*, Paris, Gallimard, 1988, 247 p.

BEAUMARCHAIS Jean-Pierre de, COUTY Daniel et REY Alain, *Dictionnaire de la littérature de langue française* (3 vol.), Paris, Éd. Bordas, 1984.

Biennale de la langue française. Actes de chaque biennale depuis 1965, Paris, Éditions africaines.

BLANCPAIN Marc, REBOULLET André, *Une langue, le français aujourd'hui*, Paris, Hachette, 1976, 328 p.

BOURSIN J-L., *Le livre scientifique et technique de langue française*, Paris, Haut Comité de la langue française, 1981, 94 p.

BRAHIMI-CHAPUIS Denise et BELLOC Gabriel, *Anthologie du roman maghrebin, négro-africain, antillais et réunionnais d'expression française (de 1945 à nos jours)*, Paris, CILF/ Delagrave, 1986, 225 p.

BROGLIE Gabriel de, *Le Français, pour qu'il vive*, Paris, Gallimard, 1986, 286 p.

CHEVRIER Jacques, *Anthologie africaine*, Paris, Éd. Hatier, coll. «Le monde noir poche», vol. 1, Romans et nouvelles, 1981; vol. 2, La poésie, 1988.

CHEVRIER Jacques, *Littérature nègre*, Paris, Armand Colin, coll. «U», 1984, 272 p.

Collectif, *Inventaire des particularités lexicales du français en Afrique noire*, Équipe I.F.A., Montréal/Paris, AUPELF/ACCT, 1983, 550 p.

Collectif, *Promotion et intégration des langues nationales dans les systèmes éducatifs (Bilan et inventaires)*, CONFEMEN, Paris, Honoré Champion, 1986.

Collectif, *Littératures de langue française hors de France*, F.I.P.F., diffusé par Éd. Duculot, Belgique, 1976, 704 p.

Collectif, *Le français dans les organisations internationales*, Paris, Les Impressions nouvelles, 1987.

DEJEUX Jean, *Dictionnaire des auteurs maghrébins de langue française*, Paris, Éd. Karthala, 1984, 404 p.

DESCHAMPS Christian, *Poésies du monde francophone*, Pantin-Paris, Éd. du Castor Astral, 1986, 221 p.

DUMONT Pierre, *L'Afrique noire peut-elle encore parler français?*, Paris, L'Harmattan, 1986, 168 p.

ÉTIEMBLE, *Parlez-vous franglais?*, Paris, Gallimard, 1973, 376 p.

JOUBERT Jean-Louis, LECARME Jacques, TABONE Éliane et VERCIER Bruno, *Les littératures francophones depuis 1945*, Paris, Bordas, 1986, 382 p.

GAUVIN Lise et MIRON Gaston, *Écrivains contemporains du Québec*, Anthologie, Paris, Éd. Seghers, 1989, 579 p.

HAGÈGE Claude, *Le français et les siècles*, Paris, Éd. Odile Jacob, 1987, 192 p.

KAZADI Ntole, *L'Afrique afro-francophone*, Institut d'études créoles et francophones, U. de Provence, diffusion Didier érudition 1991, 184 p.

LECORNEC Jacques, *Quand le français perd son latin* (Nouvelle défense et illustration), Paris, les Belles Lettres, 1981.

MULLER Bodo, *Le Français d'aujourd'hui*, Paris, Klincksieck, 1985, 302 p.

NOYER Alain-Pierre, *Dictionnaire des chanteurs francophones*, Paris, CILF, 1989, 210 p.

REBOULLET André et TÉTU Michel, (sous la direction de), *Guide culturel, Civilisations et littératures d'expression française*, Paris, Hachette, 1977, 382 p., rééd. 1992-1993.

ROUCH Alain et CLAVREUIL Gérard, *Littératures nationales d'écriture française (Afrique noire, Caraïbes, Océan Indien)*, Paris, Éd. Bordas, 1981, 512 p.

TÉTU de LABSADE Françoise, *Le Québec, un pays, une culture*, Montréal/Paris, Boréal/Le Seuil, 1990, 458 p.

TOUGAS Gérard, *Les écrivains d'expression française et la France*, Paris, Denoël, 1973, 269 p.

Trésor de la langue française au Québec, Dictionnaire du français québécois, Québec, PUL, 1985.

VALDMAN et alii, *Le français hors de France*, Éditions Honoré Champion, 1979.

VIATTE Auguste, *Histoire comparée des littératures francophones*, Paris, Nathan, 1980.

Colloques, conférences et numéros spéciaux

Actes de la Conférence des chefs d'État et de gouvernement des pays ayant en commun l'usage du français (Paris 17-19 février 1986), Paris, La Documentation française, 1986, 352 p.

Actes de la deuxième Conférence des chefs d'État et de gouvernement des pays ayant en commun l'usage du français (Québec 2, 3, et 4 septembre 1987) Sainte-Foy (Québec), Édition Laliberté, 1988, 308 p.

Actes de la troisième Conférence des chefs d'État et de gouvernement des pays ayant en commun l'usage du français (Dakar, 24, 25 et 26 mai 1989), Dakar, 1990.

Collectif, *Francophonie et Commonwealth, mythe ou réalité?* Centre québécois des relations internationales, Québec,/CQRI, 1978.

Collectif, *L'Arbre à palabres des francophones*, Colloque des Cent, Montréal, Guérin Littérature, 1986, 196 p.

Collectif, *Le Général de Gaulle et la Francophonie*, Colloque franco-africain, Dakar, 1978, Paris, Axium 1979.

CONAC Gérard, DESOUCHES Christine, SABOURIN Louis, *La coopération multilatérale francophone*, Paris, ACCT/Économica 1987.

Écrits du Canada français, «Québec/Francophonie», colloque 24-26 octobre 1986, Montréal, 1987.

Esprit, «Le français, langue vivante», Paris, nov. 1962.

Rencontre mondiale des départements d'études françaises, *Les études françaises à travers le monde.* (1ʳᵉ rencontre, Québec, 22-27 mai 1972), AUPELF, 1978.

Rencontre mondiale des départements d'études françaises, *Le renouveau des études françaises à l'université.* (2ᵉ rencontre, Strasbourg, 17-23 juillet 1977), AUPELF, 1978.

Rencontres des peuples francophones 1979, La langue française, Montréal, Leméac, 1980.

Rencontres littéraires francophones, *L'identité culturelle dans la littérature de la langue française*, Paris/Pécs, ACCT/Presses de l'Université de Pécs, 1989, 356 p. Les actes d'un intéressant colloque à Pécs, Hongrie, du 24 au 28 avril 1989, colligés et présentés par Arpád Vígh.

Revue des deux mondes, «Pour la langue française», Paris, nov. 1991, 224 p.

Revues spécialisées

L'Année francophone internationale (annuel) depuis 1991 –, Faculté des lettres, Université Laval, G1K 7P4, Sainte-Foy (Québec) ou Université de Paris-Sorbonne, 1, rue Victor-Cousin, 75005 Paris.

Bulletin de liaison Énergie-Francophonie (trimestriel), IEPF, 56, rue Saint-Pierre, Québec, G1K 4A1.

La lettre de la francophonie (bimensuel), ACCT, 13, quai André Citroën, 75015, Paris.

Diagonales (trimestriel), EDICEF, 26, rue des Fossés Saint-Jacques, 75005, Paris.

Dialogues et cultures (semestriel), FIPF, 1, ave. Léon-Journault, 92310 Sèvres.

Le Français dans le monde (huit numéros par an), 26, rue des Fossés Saint-Jacques 75005 Paris.

La Gazette de la presse de langue française (bimestriel), UIJPLF, 3, cité Bergère, 75009 Paris.

Notre librairie (trimestriel), Revue du livre: Afrique, Caraïbe, Océan Indien, CLEF, 57, Boulevard des Invalides, 75007 Paris.

Parlements et Francophonie, AIPLF, 235, Boulevard Saint-Germain, 75007 Paris.

Universités (trimestriel), AUPELF, Université de Montréal, B.P. 6128, Montréal, H3C 3S7.

ANNEXES

Annexe

PRINCIPAUX ORGANISMES OFFICIELS, ASSOCIATIONS ET ADRESSES UTILES

ACADÉMIE FRANÇAISE
23, quai de Conti, 75006 Paris, France
tél. :   (33)-1-43-26 02 92

ACADÉMIE ROYALE DE LANGUE ET DE LITTÉRATURE FRANÇAISE
1, rue Ducale, 1000 Bruxelles, Belgique
Tél. :   (32)-2-511 56 87 ou 512 80 75

AGENCE DE COOPÉRATION CULTURELLE ET TECHNIQUE (ACCT)
Siège ACCT:
13, quai André Citroën, 75015 Paris, France
Tél. :   (33)-1-44 37 33 00
Télécop. : (33)-1-45 79 14 98

École internationale de Bordeaux (EIB)
43, rue Pierre-Noailles, 33405 Talence cedex, France
Tél. :   (33)-56 37 50 59
Télécop. : (33)-56 04 42 01

Bureau régional de Lomé
B.P. 7223, Lomé, Togo
Tél. :   (228) 21 63 50
Télécop. : (228) 21 81 16

La francophonie

Bureau de Genève
14, avenue Joli-Mont, CH 1209, Genève
Tél. :   (41)-22 788 36 66
Télécop. : (41)-22 788 36 75

Institut de l'Énergie des pays ayant en commun l'usage du français
(IEPF)
56, rue Saint-Pierre, Québec (Qué), G1K 4A1, Canada
Tél. :   (1)-418-692-5727
Télécop. : (1)-418-692-5644

ALLIANCE FRANÇAISE
101, boulevard Raspail, 75270 Paris cedex 06
Tél. :   (33)-1-45 44 3828

ALLIANCE ISRAÉLITE UNIVERSELLE
45, rue La Bruyère, 75009 Paris, France
Tél. :   (33)-1-42 80 3500

AMERICAN ASSOCIATION OF TEACHERS OF FRENCH (AATF)
57, East Armory Ave, Champaign, Illinois, 61820 États-Unis
Tél. :   (1)-217-333-2842
Publication: French Revue

ASSOCIATION CANADIENNE D'ÉDUCATION DE LANGUE
FRANÇAISE (ADELF)
268, rue Marie de l'Incarnation, Québec (Qué), G1N 3G4, Canada
Tél. :   (1)-418-681-4661

ASSOCIATION DES ÉCRIVAINS DE LANGUE FRANÇAISE
(ADELF)
14, rue Broussais, 75014 Paris, France
Tél. :   (33)-1-43 21 95 99

ASSOCIATION DES ÉDITEURS BELGES (ADEB)
111, avenue du Parc, 1060 Bruxelles, Belgique

ASSOCIATION DES ÉTUDES FRANCOPHONES D'EUROPE
CENTRE-ORIENTALE
Universität Wien, Institut für Romanistik, Universitätstrasse 7
A-1010 Vienne, Autriche

ASSOCIATION POUR L'ÉTUDE DES LITTÉRATURES
AFRICAINES (APELA)
5, Square H. Delormel, 75014 Paris, France

ASSOCIATION FRANCOPHONE D'AMITIÉ ET DE LIAISON
(AFAL)
5, rue de la Boule rouge, 75009 Paris, France
Tél. :   (33)-1-47 70 10 83

ASSOCIATION FRANCOPHONE D'ÉDUCATION
COMPARÉE (AFEC)
CIEP, 1, avenue Léon-Journault, 92311 Sèvres cedex, France

ASSOCIATION INTERNATIONALE DES ÉDITEURS
AFRICAINS FRANCOPHONES (AIEAF)
Éditions CEDA
B.P. 541, Abidjan 01, Côte d'Ivoire

ASSOCIATION INTERNATIONALE FRANCOPHONE
DES AÎNÉS (AIFA)
1000, Route de l'Église, Sainte-Foy (Qué), G1V 4E1, Canada
Tél. :   (1)-418-646-9117
Télécop. : (1)-418-643-8666

ASSOCIATION INTERNATIONALE DES FEMMES
FRANCOPHONES (AIFF)
B.P. 71 Nouakchott, Mauritanie

ASSOCIATION INTERNATIONALE DES MAIRES ET
RESPONSABLES DES CAPITALES ET MÉTROPOLES
PARTIELLEMENT OU ENTIÈREMENT FRANCOPHONES
(AIMF)
9, rue des Halles, 75001 Paris, France
Tél. :   (33)-1-42 76 41 49
Télécop. : (33)-1-40 39 06 62

ASSOCIATION INTERNATIONALE DES PARLEMENTAIRES
DE LANGUE FRANÇAISE (AIPF)
235, boulevard Saint-Germain, 75007 Paris, France
Tél. :   (33)-1-47 02 26 87
Télécop. : (33)-1-45 51 11 47

ASSOCIATION FRANCE-CANADA
5, rue de Constantine, 75007 Paris, France
Tél. :   (33)-1-45 55 83 65

ASSOCIATION NATIONALE DES SCIENTIFIQUES POUR
L'USAGE DE LA LANGUE FRANÇAISE (ANSULF)
9, parc d'Ardenay, 91120 Palaiseau, France

ASSOCIATION QUÉBEC-FRANCE
9, Place Royale, Québec (Qué), G1K 4G2, Canada
Tél. :   (1)-418-643-1616

ASSOCIATION UNIVERSITAIRE POUR LE DÉVELOPPEMENT
DE L'ENSEIGNEMENT ET DE LA CULTURE EN AFRIQUE ET
À MADAGASCAR (AUDECAM)
100, rue de l'Université, 75007 Paris, France

ASSOCIATION DES UNIVERSITÉS PARTIELLEMENT OU ENTIÈREMENT DE LANGUE FRANÇAISE (AUPELF)/ UNIVERSITÉS RÉSEAUX D'EXPRESSION FRANÇAISE (UREF)
Direction générale – Bureau Amérique du Nord
B.P. 400, Succ. Côte des Neiges, Montréal (Qué), H3S 2S7, Canada
Tél. :   1-(514)-343-6630
Télécop. : 1-(514)-343-2107

Bureau Afrique
B.P. 10017, Liberté, Dakar, Sénégal
Tél. :   (221) 24 29 27
Télécop. : (221) 25 34 58

Bureau Caraïbe
B.P. 15185, Pétionville, Haïti
Tél. :   (509) 45 44 08
Télécop. : (509) 57 39 74

Bureau Europe
192, boulevard Saint-Germain, 75007 Paris, France
Tél. :   (33)-1-42 22 96 38
Télécop. : (33)-1-42 22 39 48

Bureau Océan Indien
Cité Ampefiloha IV, Antananarivo, Madagascar
Tél. :   (261) 231 804
Télécop. : (261) 231 815

BANQUE INTERNATIONALE D'INFORMATION SUR LES ÉTATS FRANCOPHONES
Secrétariat d'État, Ottawa (Ontario), K1A 0M5, Canada
Tél. :   (1)-819-997-3857
Télécop. : (1)-819-953-8439

BUREAU POUR L'ENSEIGNEMENT DE LA LANGUE ET DE LA CIVILISATION FRANÇAISE À L'ÉTRANGER (BELC)
9, rue Lhomond, 75005 Paris, France
Tél. :   (33)-1-47 04 42 73

CENTRE INTERNATIONAL D'ÉTUDES PÉDAGOGIQUES (CIEP)
1, avenue Léon-Journault, 92311 Sèvres cedex, France
Tél. :   (33)-1-45 07 60 00
Télécop. : (33)-1-45 07 60 01

CENTRE INTERNATIONAL DE RECHERCHE, D'ÉCHANGES ET DE COOPÉRATION DE LA CARAÏBE ET DES AMÉRIQUES (CIRECCA)
B.P. 393, 97200, Fort de France, Martinique (Antilles françaises)
Tél. :   (596)-73 45 19
Télécop. : (596)-60 51 04

CENTRE DE RECHERCHE ET D'ÉTUDE POUR LA
DIFFUSION DU FRANÇAIS (CREDIF)
École normale supérieure de Saint-Cloud, 11, ave Pozzo-di-Borgo
92211 Saint-Cloud cedex, France
Tél. :   (33)-1-46 02 63 01

CENTRE DE RENCONTRE ET D'ÉCHANGES
INTERNATIONAUX DU PACIFIQUE (CREIPAC)
B.P. 3755, Nouméa, Nouvelle-Calédonie
Tél. :   (687)-28 36 19

CERCLE RICHELIEU DE PARIS
4, Place du général Catroux, 75017 Paris, France
Tél. :   (33)-1-45 20 03 95

CLUB DES LECTEURS D'EXPRESSION
FRANÇAISE (CLEF)
57, boulevard des Invalides, 75007 Paris, France
Tél. :   (33)-1-47 83 14 38
Publicat. : Notre librairie

CONFÉRENCE DES MINISTRES DE L'ÉDUCATION NATIO-
NALE DES PAYS D'EXPRESSION FRANÇAISE (CONFEMEN)
B.P. 3220, Dakar, Sénégal

CONFÉRENCE DES MINISTRES DE LA JEUNESSE
ET DES SPORTS (CONFEJES)
B.P. 3314, Dakar, Sénégal

CONSEIL AFRICAIN ET MALGACHE POUR
L'ENSEIGNEMENT SUPÉRIEUR
Ouagadougou, Burkina-Faso

CONSEIL POUR LE DÉVELOPPEMENT DU FRANÇAIS
EN LOUISIANE (CODOFIL)
P.O. Box, Lafayette, Louisiane, 70502, États-Unis
Tél. :   (1)-318-233-1020

CONSEIL INTERNATIONAL DES ÉTUDES
FRANCOPHONES (CIEF)
Département de français, Montclair College, Upper Montclair,
New Jersey
07043 États-Unis

CONSEIL INTERNATIONAL DE LA
LANGUE FRANÇAISE (CILF)
142 bis, rue de Grenelle, 75007 Paris, France
Tél. :   (33)-1-47 05 07 93
Télécop. : (33)-1-45 55 41 16

CONSEIL DE LA LANGUE FRANÇAISE
800, Place d'Youville, Québec (Qué) G1R 3P4, Canada
Tél. :   (1)-418-643-2740

CONSEIL INTERNATIONAL DES RADIOS TÉLÉVISIONS
D'EXPRESSION FRANÇAISE (CIRTEF)
20, quai Ernest-Ansermet, C.P. 234, 1211 Genève 8, Suisse
Tél. :   (41)-22-28 12 11

CONSEIL DE LA VIE FRANÇAISE EN AMÉRIQUE
56, rue Saint-Pierre, Québec (Qué) G1K 4A1
Tél. :   (1)-418-692-1150

CULTURA LATINA
65, boulevard des Invalides, 75007 Paris, France
Tél. :   (33)-1-47 34 94 29

DÉLÉGATION GÉNÉRALE À LA LANGUE FRANÇAISE
1, rue de la Manutention, 75016 Paris, France
Tél. :   (33)-1-40-69 12 00
Télécop. : (33)-1-40 69 12 80

FÉDÉRATION INTERNATIONALE DES ÉCRIVAINS
DE LANGUE FRANÇAISE (FIDELF)
1030, rue chevrier, Montréal (Qué), H2L 1H9, Canada

FÉDÉRATION INTERNATIONALE DES PROFESSEURS
DE FRANÇAIS (FIPF)
1, avenue Léon-Journault, 92310 Sèvres
Tél. :   (33)-1-46 26 53 16
Télécop. : (33)-1-46 26 81 69

FORUM FRANCOPHONE DES AFFAIRES
1253, avenue du Collège McGill, Montréal (Qué), H3B 2Y5, Canada

HAUT CONSEIL DE LA FRANCOPHONIE
72, rue de Varennes, 75007 Paris, France
Tél. :   (33)-1-42 75 86 70
Télécop. : (33)-1-42 75 79 45

INSTITUT INTERNATIONAL DE DROIT D'EXPRESSION
FRANÇAISE (IDEF)
27, rue Oudinot, 75007 Paris, France
Tél. :   (33)-1-47 83 17 36

LIGUE INTERNATIONALE DES SCIENTIFIQUES POUR
L'USAGE DE LA LANGUE FRANÇAISE (LISULF)
1200, rue Latour, Saint-Laurent (Qué), H4L 4S4, Canada
Tél. :   (1)-514-747-2308

MAISON DE LA FRANCITÉ
18, rue Joseph II, 1040 Bruxelles, Belgique
Tél. :   (32)-2-219-49 33

MISSION LAÏQUE FRANÇAISE
9, rue Humblot, 75015 Paris, France

OFFICE FRANCO-QUÉBÉCOIS POUR LA JEUNESSE (OFQJ)
5, rue de Logelbach, 75017 Paris, France
Tél. :   (33)-1-47 66 04 76
1214, rue de la Montagne, Montréal (Qué), H3G 1Z1, Canada
Tél. :   (1)-514-873-4255

OFFICE DE LA LANGUE FRANÇAISE
Tour de la Bourse, C.P. 316,
800, Place Victoria, Montréal (Qué)
H2Z 1G8, Canada
Tél. :   (1)-514-873-4460

ORGANISATION COMMUNE AFRICAINE ET
MAURICIENNE (OCAM)
B.P. 965, Bangui, République Centrafricaine

RADIO FRANCE INTERNATIONALE (RFI)
116, avenue du Président Kennedy, 75016 Paris, France
Tél. :   (33)-1-42 30 30 71

RICHELIEU INTERNATIONAL
260, rue Dalhousie, B.P. 2, Ottawa (Ontario), K1N 8V1, Canada

SERVICE DE LA LANGUE FRANÇAISE
44, boulevard Léopold II, 1080, Bruxelles, Belgique
Tél. :   (32)-2-413 22 94

SECRÉTARIAT PERMANENT DES PEUPLES
FRANCOPHONES (SPPF)
N.B. Le SPPF a cessé d'exister le 1er avril 1992 mais ses archives
ont été transférées au Musée de l'Amérique française
9, rue de l'Université, Québec (Qué), G1R 4R7, Canada

SOCIÉTÉ DES AMIS DU FRANÇAIS UNIVERSEL-BIENNALE
DE LA LANGUE FRANÇAISE
cf. AFAL

UNION INTERNATIONALE DES JOURNALISTES
DE LA PRESSE DE LANGUE FRANÇAISE (UIJPLF)
3, cité Bergère, 75009 Paris, France
Tél. :   (33)-1-47 70 02 80
Télécop. : (33)-1-48 24 26 32

UNION DES INGÉNIEURS ET TECHNICIENS UTILISANT LE FRANÇAIS (UITF)
23, avenue de Messine, 75384 Paris cedex 08

UNIVERSITÉ FRANCOPHONE D'ALEXANDRIE
Tour du Coton 1, Midan Ahmed Orabi, El Mancheya
Alexandrie, Égypte

ILLUSTRATIONS et CARTES

Le général passe en revue la garde d'honneur de l'armée canadienne.

Après avoir reçu un doctorat d'honneur, le président Senghor signe le livre d'or de l'Université Laval. Ci-dessus, entre le cardinal archevêque de Québec, Mgr Maurice Roy et le recteur de l'Université Laval, Mgr Louis-Albert Vachon.

Le président Tunisien Habib Bourguiba.

Le président du Niger et Madame Hamani Diori, reçus à l'Élysée.

L'INTERVIEW :
ÉDOUARD LACROIX,
PRÉFET

T.U.C. :
QUE LES PETITS
SALAIRES
LÈVENT LE DOIGT

HOMMAGE A CÉSAIRE
L'ESPRIT DE MIAMI

DE L'ENTREPRISE
NFLOR

À l'issue du colloque de Miami, le poète Aimé Césaire, député-maire de Fort-de-France (Martinique) fait la manchette des revues antillaises.

Les chefs d'État et de gouvernement au Premier Sommet de Paris, en février 1986.

Conférence de presse après le Sommet de Paris. De gauche à droite, M. Hassan Gouled Aptidon, président de Djibouti, M. Abdou Diouf, président du Sénégal, le maréchal Mobutu Sese Seko, président du Zaïre, M. François Mitterrand, président de la France, M. Brian Mulroney, Premier ministre du Canada, M. Robert Bourassa, Premier ministre du Québec, M. Moussa Traoré, président du Mali, M. Didier Ratsiraka, président de Madagascar. Au deuxième rang, l'ambassadeur Jacques Leprette, organisateur du Sommet.

La satisfaction se lit sur les visages à l'issue du Premier Sommet.

Les chefs d'État et de gouvernement au Deuxième Sommet franco-phone, Québec, 2-4 septembre 1987.

Félix Leclerc, la première voix magistrale de la chanson francophone.

L'écrivain et compositeur camerounais, Francis
Bebey. Membre du Haut Conseil de la francophonie, Grand Prix littéraire de l'Afrique Noire,
et Grand Prix de la chanson francophone.

Le Président du Sénégal, M. Abdou Diouf, qui accueillera le 3ᵉ Sommet à Dakar en 1989.

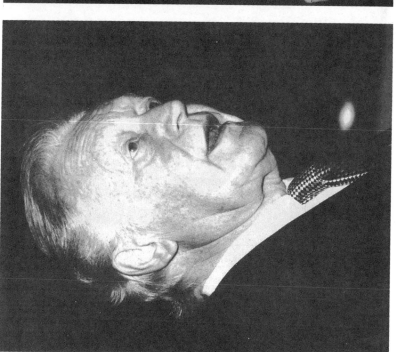

Deux personnalités françaises influentes lors des premiers sommets. À gauche, M. Maurice Druon, secrétaire perpétuel de l'Académie française, ancien ministre de la culture. À droite, l'historien Alain Decaux, membre de l'académie française, ancien ministre de la francophonie.

ESPRIT

Etranger : 8,30 NF   NOVEMBRE 1962   France : 7,90 NF

11

Un numéro particulièrement remarquable de
la revue *Esprit*.

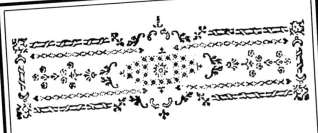

DE

L'UNIVERSALITÉ

DE LA

LANGUE FRANÇAISE.

Qu'eſt-ce qui a rendu la Langue Françaiſe univerſelle !
Pourquoi mérite-t'elle cette prérogative ?
Eſt-il à préſumer qu'elle la conſerve ?

Une telle queſtion propoſée ſur la Langue
Latine , auroit flatté l'orgueil de Rome , & ſon
hiſtoire l'eût conſacrée comme une de ſes belles
époques : jamais en effet pareil hommage ne
fut rendu à un Peuple plus poli par une Nation
plus éclairée.

Le sujet du concours de l'Académie de Berlin
que remporta Rivarol.

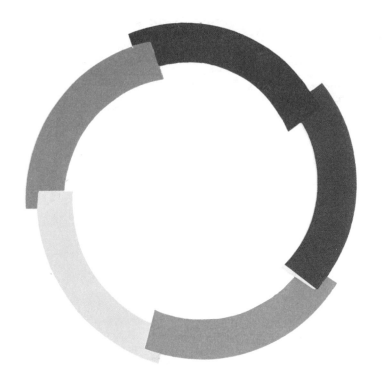

Logo du
SOMMET DE QUÉBEC

devenu logo officiel des Sommets

Les participants au Sommet de Chaillot en novembre 1991.

M. Jean-Marc Léger, secrétaire général fondateur de l'AUPELF et de l'ACCT prenant la parole à l'occasion du vingtième anniversaire de l'Agence.

M. Jean-Louis Roy, secrétaire général de l'ACCT lors du 20ième anniversaire de l'Agence en 1990.

Conférence des ministres de la culture de la Francophonie, à Liège en automne 1990.

Un grand francophone, le chanteur wallon Julos Beaucarne.

Les pays francophones dans le monde

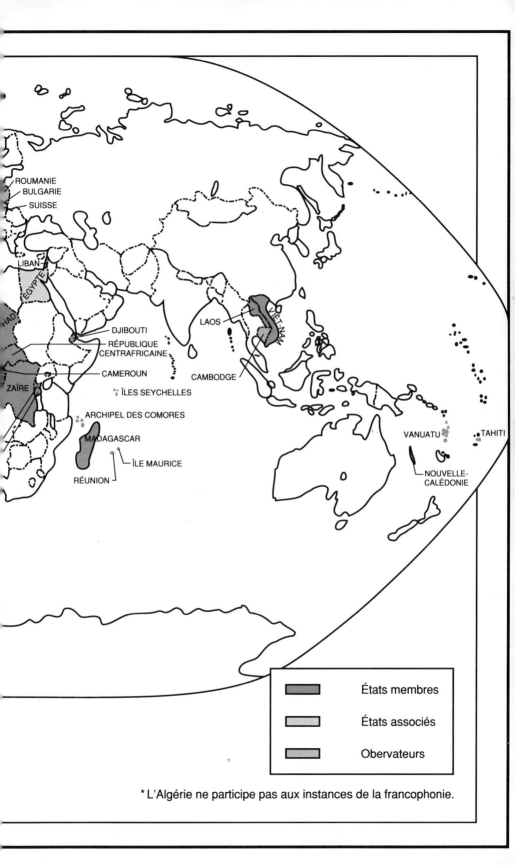

ROUMANIE
BULGARIE
SUISSE

LIBAN
ÉGYPTE
HAD

DJIBOUTI
RÉPUBLIQUE
CENTRAFRICAINE

LAOS
VIÊT-NAM

CAMEROUN
CAMBODGE

ZAÏRE

ÎLES SEYCHELLES

ARCHIPEL DES COMORES

MADAGASCAR

VANUATU
TAHITI

ÎLE MAURICE

RÉUNION

NOUVELLE-
CALÉDONIE

États membres

États associés

Obervateurs

* L'Algérie ne participe pas aux instances de la francophonie.

INDEX

Index des personnes

A

B

S

T

Index des principales associations et organisations

A

AATF, American Association of Teachers of French, 366

Académie de Berlin, 41

Académie française, 40, **80 à 83,** 86 à 88, 203, 211, 224, 365

Académie royale d'Espagne, 212

Académie royale de langue et de littérature française de Belgique, 45, **88,** 220, 365

ACCT, Agence de coopération culturelle et technique, 22, 23, 28, 69, 75, 103, **112 à 121,** 123, 124, 141 à 143, 145 à 147, 149, 162, 163, 190, 193, 202 à 205, 209, 220, 248 à 251, 255, 266 à 269, 271, 272, 275, 281, 282, 294, 296 à 298, 306 à 308, 310, 319, 325 à 327, 357, 358, 360, 361, 365

ACDI, Agence canadienne de développement international, 109, 246

ACELF, Association canadienne d'éducation de langue française, 366

ADEB, Association des éditeurs belges, 366

ADELF, Association des écrivains de langue française, 125, 126, 366

AFAL, Association francophone d'amitié et de liaison, 126, 366, 371

AFEC, Association francophone d'éducation comparée, 367

AFIT, Agence francophone d'images de télévision, 306

AIEAF, Association internationale des éditeurs africains francophones, 367

AIFA, Association internationale francophone des aînés, 367

AIFF, Association internationale des femmes francophones, 367

AIMF, Association internationale des maires francophones, 92, 125, 367

AIPLF, Association internationale des parlementaires de langue française, 28, 60, **97 à 102,** 107, 204, 214, 270, 327, 361

M

O

P

R

S

U

Table des matières

La francophonie

Achevé d'imprimer
en l'an mil neuf cent quatre-vingt-douze
sur les presses des ateliers Lidec,
Montréal (Québec)